나를 세우는 단단한 힘
문사철

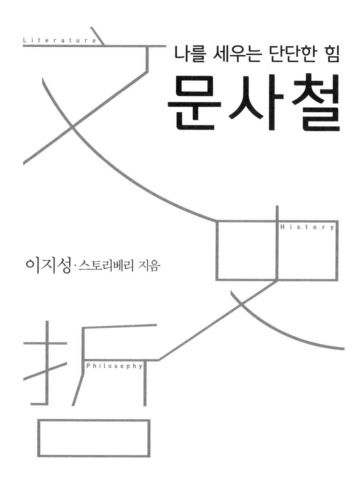

나를 세우는 단단한 힘

문사철

이지성·스토리베리 지음

Literature

History

Philosophy

자음과모음

차례

이 책에 등장하는 사람들 • 006

프롤로그 세 친구, 비탈에 서다 • 009

1부 지금 당신은 어디로 가고 있는가

성난 얼굴로 돌아보라 • 021

무기력한 인생에 던지는 하나의 질문 • 031

인간관계를 풀기 위한 소통 연습 • 044

우리가 더 나은 세상을 만들 수 있을까? • 058

천당과 지옥, 우리는 그 사이 어디쯤 • 077

진정한 자유로 향하는 첫 번째 계단 • 097

2부 지식을 넘어 지혜를 향하여

내가 누구인지 말할 수 있는가 • 111

중용으로 향하는 진자 운동 • 124

삶을 바라보는 주관성과 객관성 • 141

돈을 어떻게 다룰 것인가 • 157

욕망, 앞으로 나아가게 하는 힘 • 174

목표로 향하는 여러 갈림길 • 193

후회하는 삶에서 반성하는 삶으로 • 204

3부 무엇을 위하여 어떻게 살아갈 것인가

스승 없는 시대에 스승 찾기 • 215

타인의 불행과 나의 행복 • 230

사람은 무엇으로 사는가 • 241

앎에서 실천으로 옮겨가기 • 259

우리는 나선형으로 나아간다 • 272

지금 여기에 존재하지 않지만 • 285

문사철의 궁극적 가치는 사랑 • 303

부록 일상에 지혜를 더하는 리딩멘토의 추천도서 • 317

제갈대로(30세)

대학 다닐 때는 문사철에 관심이 있었지만, 회사에 들어가면서 책과는 거리를 둔 채
산다. 성실하지만 지나친 의협심 때문에 불의를 보면 참지 못한다. 어느 날 상사인
김부장의 비리를 알고 이를 바로잡으려다 회사에서 해고될 위기에 놓인다. 설상가상
으로 집안 형편까지 어려워져 진퇴양난에 빠져 있다가 옛 스승 황희를 만난다. 친구
들과 문사철 분야의 책 읽기를 통해 자기 안의 '중심'을 찾아간다. 황희의 사부인 이
지한을 만나고 이웃과 세상을 생각하는 더 성숙한 사람으로 성장해나간다.

한방인(30세)

인생은 '한 방'이라고 생각하는 제갈대로의 친구. 늘 엉뚱한 아이디어를 내며 인생역
전을 꿈꾸다가 상수동에 카페가 많지 않던 시절에 장사를 시작했다. 처음에는 카페
가 잘됐지만 시간이 지날수록 점점 늘어나는 다른 카페 때문에 위기를 느낀다. 카페
를 그만두고 다른 일을 알아볼까 고민하던 중 카페를 자주 방문하던 황희 선생과 모
임을 시작한다. 친구들과 문사철 공부를 하며 '관계의 중요성'을 터득하고 직업에 대
해 진지하게 성찰한다.

유명환(30세)

자칭 예술가로 세계적인 디자이너를 꿈꾸지만 현실은 그와 다르다. 성공에 대한 욕망이 강해 일을 시작하면 어느 누구도 건드리지 못할 정도로 성격이 날카로워진다. 그로 인해 종종 주변 사람들에게 상처를 주기도 한다. 예전에 같이 일했던 선배가 명환의 디자인을 도용하는 사건이 일어나면서 더욱 예민한 성격이 된다. 문사철 공부를 통해 디자인의 '본질'이란 무엇인지 성찰하며 성장해간다.

나주리(28세)

제갈대로가 마음에 둔 입사 동기다. 자기 의견을 똑 부러지게 말하는 탓에 잘 모르는 사람은 나주리가 인정이 없다고 느낀다. 회사 동료이자 흥분을 잘하는 대로를 다독일 줄 안다. 김부장 사건으로 대로가 위기에 처하자 안타까워한다. 주변 사람들이 대로에 대해 부정적으로 얘기할 때 유일하게 대로의 편에 서는 사람이다. 대로보다 문사철에 대한 소양이 높으며 늘 바르게 사는 길이 무엇인지 고민한다.

황희(42세)

제갈대로에게 문사철을 통한 자기 성찰의 방법을 알려준 사람이다. 예전에는 여러 대학에서 강의를 했으며 현재는 개인 사업가로 활동한다. 대로의 롤모델. 대로와 친구들을 문사철의 세계로 안내하며 그들의 성장을 흐뭇하게 지켜본다. 자신이 맡은 역할을 다했다고 느끼자 세 젊은이를 자신의 사부인 이지한에게 소개한다.

이지한(45세)

황희의 사부. 문사철을 '아는 것'에서 멈추는 것이 아닌 '실천'으로 행하려는 사람으로 문사철의 끝은 '사랑'이라고 믿는다. 황희의 소개로 자신의 강연회에 참석한 대로와 친구들과 인사 나누게 된다. '대화법'을 대로에게 가르쳐 자기를 진지하게 받아들이고 이 땅에 태어난 사명감을 깨닫게 한다. 급변하는 세상에서 변하지 않는 것은 사람에 대한 진정성이라고 믿으며 봉사와 사회활동에 적극적으로 참여한다.

노다비(26세)

대로와 같은 부서에 있는 후배. 깐죽거리는 말투로 대로를 약 올린다. 대로는 노다비를 너무 철이 없어 '노답'이라고 생각하지만 정작 다비는 대로를 굉장히 무식한 사람이라고 생각한다.

세 친 구 , 비 탈 에 서 다

제갈대로가 비상구 계단을 내려올 때였다. 누군가 전화로 싸우는 듯한 소리가 들렸다. 비상구 통로를 울리는 목소리는 신경질적이고 깐깐하기로 소문난 김부장이었다. 김부장은 화를 내며 누군가와 통화 중이었다. 뭔가 꿍꿍이가 있는 듯한 대화라는 것을 직감했다.

'이게 말로만 듣던 사내 비리? 신고해야 하는 거 아냐? 그럼 증거가 있어야 하는데.'

대로는 조심스레 주머니에서 휴대전화를 꺼냈다. 녹음 버튼을 누르려는데 김부장이 통화를 하다 말고 비상문 쪽을 올려다봤다.

"제갈대로 씨?"

깜짝 놀란 대로는 그만 휴대전화를 떨어뜨리고 말았다. 휴대전화는 계단 아래로 굴러 김부장 발밑에서 멈췄다. 순간 등줄기에서 땀

방울이 또르르 흘렀다. 김부장이 휴대전화를 들고 천천히 대로 곁으로 다가갔다. 대로를 본 김부장의 눈이 매섭게 빛났다.

"어디 가던 길인가?"

"아니요…… 저기…… 그게…….."

대로는 얼버무리며 휴대전화를 건네받았다. 김부장은 알겠다면서 먼저 사무실로 향했다. 비상구 철문 닫히는 소리가 통로 전체를 울렸다. 마치 '넌 이제 죽었어!'라고 외치는 것 같았다. 그러나 대로는 흡사 자기가 회사의 운명을 걸머지기라도 한 것처럼 두 주먹을 불끈 쥐었다. 그리고 비상문을 힘차게 열었다.

"회사에서 구린 짓을 하는 인간은 쫓아내야 해. 그나저나 증거가 있어야 꼬리를 잡지. 내가 그 증거를 찾아보겠어. 이 회사를 위해."

사무실에 들어가 김부장부터 살폈다. 평소처럼 거침없이 행동하는 김부장을 보자 당장이라도 달려가 당신이 그러고도 부장이냐며 소리치고 싶었다.

'무슨 수로 증거를 잡지? 일단 내 편으로 만들기 위해 김부장한테 복종하는 척하자.'

대로는 주변을 두리번거렸다. 아랫입술을 잘근잘근 씹으며 자기와 한배를 탈 동지를 찾았다. 그러다 주리와 눈이 마주쳤다. 대로는 입사 동기인 주리를 전부터 눈여겨봤다. 자기 의견을 똑 부러지게 말하는 강단 있는 모습이 정말 매력적이었다. 대로가 볼 때 그녀는 옳고 그름이 분명한 사람 같았다. 그렇다면 자기가 하는 말을 믿을 수도 있겠다고 생각했다.

대로는 같은 부서 사람들이 김부장을 어떻게 생각하는지 궁금했다. 한 명이라도 김부장에 대해 좋지 않은 감정이 있다면 일을 터뜨렸을 때 지지를 받을 수 있지 않을까 싶었다. 부서 휴게실에서 사람들이 김부장을 어떻게 생각하는지 은근슬쩍 떠봤다.

그들이 말하는 김부장은 무척 일을 잘하는 상사이자 화가 나면 아무나 물어뜯는 '미친개'였다. 그러나 때에 따라 베풀 줄도 아는 사람이었다. 불우이웃돕기 성금모금을 하면 대로네 부서가 회사 전체 1위를 했는데 그때 지대한 영향을 미친 사람이 바로 김부장이라는 것이다.

"올 추석에 돌린 떡값, 대로 씨도 받았잖아. 그거 김부장님이 개인적으로 주신 거야."

한 사원의 말에 대로는 깜짝 놀랐다. 떡값을 부서원 전부에게 돌렸다면 그게 도대체 얼마나 될까 계산해보았다. 그러다 혹시 자기가 받았던 떡값이 검은돈이 아니었을까 하는 데 생각이 미쳤다. 대로는 김부장이 부서 직원들에게 쓴 돈이 전부 뒤로 챙겨 얻은 것이라는 생각을 떨칠 수가 없었다.

"어떻게 때마다 몇백만 원씩 쓰실까요? 집이 엄청 부자인가요? 아니면 우리 회사 부장 연봉이 그렇게 많아요? 주식을 해서 대박을 치셨나? 아니면 투잡을 뛰시나? 아낌없이 돈을 펑펑 쓸 때마다 부러워서 그래요. 어떻게 하면 그렇게 돈을 벌 수 있는지 궁금하기도 하고요."

대로가 사원들의 표정을 살폈다. 그러나 그들은 잘 챙겨주면 그만이라고 했다. 그리고는 갑자기 왜 김부장에 대해 궁금해하느냐며 오히려 대로를 이상하게 여겼다.

다음 날 김부장은 대로를 부쩍 많이 불렀다. 그리고 아주 사소한

일까지 대로에게 지시했다. 옆에 있는 동료들은 혹시 대로가 김부장에게 찍힌 것이 아니냐며 덩달아 엮일까 봐 그와 대화하는 것조차 꺼렸다. 사무실에 있는 모든 잡일은 대로의 몫이었고 김부장이 시킨 일 때문에 그는 김부장을 제대로 감시할 틈도 없었다.

'이렇게 일만 하고 있으면 증거는 언제 찾지?'

이리저리 치이는 대로를 보며 부서원들은 종종 휴게실에서 대로의 뒷담화를 했다. 그럴 때면 나주리 사원은 본인이 없는 데서 말하지 말라며 그들에게 핀잔을 주었다. 그들은 대로 편을 드는 주리에게 조심하라며, 김부장에게 한번 찍히면 결코 빠져나갈 수 없다고 경고했다. 대로는 휴게실에 들어가려다 사람들이 하는 말을 듣고 몸을 부르르 떨었다. 그리고 자기편을 드는 주리가 새삼 고마웠다.

'비열한 인간 같으니. 이렇게 해서 나를 내쫓으려고? 아, 그때 녹음을 해야 했는데.'

구내식당에 들어서니 김부장 주변에 부서원들이 모여서 밥 먹는 모습이 보였다. 대로는 그 무리에 가려다 좀 떨어져서 혼자 밥을 먹었다. 식당으로 들어온 주리가 식판을 들고 대로 앞에 앉았다. 대로는 주리를 보자 김부장이 앉은 쪽으로 가라며 고갯짓을 했다.

"대로 씨, 뒤에서 없는 사람 얘기하지 마세요. 정확한 사실도 아니면서. 하고 싶은 말이 있으면 당당하게 그 사람 앞에서 해요. 그럴 수 없으면 아예 입을 열지 말고요."

대로는 주리한테 겉과 속이 다른 김부장에 대해 말해주고 싶었다. 하지만 주리 말대로 정확한 증거가 없어 차마 입을 뗄 수 없었다. 대로는 주리 말이 다 맞다며 고개를 끄덕였다. 대로와 주리가 함께 식사를 하고 사무실에 들어오자 김부장이 주리를 불렀다.

"오늘부터는 주리 씨가 대로 씨 야근할 때 좀 도와줘야겠어요."

주리는 아무렇지 않게 알겠다고 대답했다. 직원들이 대로와 주리를 번갈아 봤다. 그들은 속으로 생각했다.

'너희는 이제 둘 다 찍힌 거야.'

대로는 속이 부글부글 끓어올랐다. 더럽고 치사한 김부장을 자기가 먼저 버리겠다고 마음먹었다. 그것은 바로 회사를 그만두는 것이었다. 자기 때문에 주리까지 괴롭힘당하는 모습은 참을 수 없었다.

야근을 마치고 사직서를 썼다. 사무실 안을 훑어보니 자기와 주리만 있었다. 대로는 조용히 일어나 김부장 자리로 갔다. 그러고는 사직서를 책상 위에 놓으려는데 주리가 불렀다.

"대로 씨, 김부장님하고 무슨 일 있는 거 맞죠? 내내 지켜봤는데 대로 씨가 부당한 대우를 받는다고 생각했어요. 내 말이 틀렸나요?"

대로가 천천히 고개를 저었다.

"그럼 왜 김부장님한테 묻지 않아요? 남들이 봐도 다 이상한데 물어보지도 않고 그냥 물러서는 거예요?"

"확실하지 않아 묻지 않는 거예요. 나만 빠지면 사무실 분위기는 예전처럼 돌아가겠죠."

"여기서 그만두면 대로 씨는 김부장님을 모함하다 양심에 찔려 그만둔 사람이 되는데 괜찮으세요?"

그 말에 대로는 화들짝 놀랐다.

'아, 다들 그렇게 얘기하는구나. 방귀 뀐 놈이 성낸다더니. 적반하장도 유분수지.'

"오늘만 날이 아니에요. 좀 더 생각해봐요. 그리고 혼자 생각하기 힘들면 같이해요. 입사 동기 좋다는 게 뭐예요. 지난 이삼 년 동고동락하고 혼자만 빠지겠다는 거예요? 나만 두고?"

주리가 대로를 빤히 쳐다봤다. 주리의 까만 눈동자에 흔들리는 자기 모습이 비쳤다. 생각해보니 이 부서에서 입사 동기는 주리와 자기뿐이었다.

"내가 주리 씨 옆에 있는 게 과연 도움이 되는 건지 모르겠네요. 이 상황에서."

"도움이 되고 안 되고는 상대방이 판단하는 거예요. 도움을 주는 사람이 아니라."

주리가 환하게 웃었다. 대로는 그 웃음을 보니 왠지 든든했다. 대로는 알겠다며 사직서를 양복 안주머니에 넣었다. 주리를 안심시키려고 사직서를 거둬들였지만 언제까지 참을 수 있을지 스스로도 자신이 없었다.

* * *

집으로 들어가기 전, 대로는 친구 한방인이 운영하는 카페에 들렀다. 그곳에는 친구 유명환도 와 있었다. 명환은 구석 테이블에 앉아 오만상을 찡그리고 있었다.

"무슨 일 있어? 얼굴을 왜 그렇게 구기고 있냐?"

"망했어. 예전에 내가 만든 디자인을 도용당했어."

"뭐?"

놀란 대로와 방인이 물었다.

"예전에 내가 만든 디자인이 있었는데 선배라는 작자가 훔쳐갔어. 너희도 알 거야. 예전에 같이 일했던 놈인데 일을 그만두면서 내 디자인을 훔쳐간 게 확실해. 그렇지 않고서는 이렇게 비슷할 리가 없잖아."

명환은 가방에서 아이돌 그룹의 앨범 재킷을 꺼내서 보여주었다. 그러고는 반드시 선배라는 놈을 잡아서 고소할 거라며 입에 거품을 물었다. 그 이야기를 듣던 대로도 자신의 이야기를 털어놓았다.

"난 상사의 비리를 아는 것 같은데 회사에 말도 못 하고 오히려 그 상사한테 당하고 있어."

"뭐?"

이번에는 방인과 명환이 대로를 봤다.

"비리를 알면 아는 거지, 아는 것 같은데는 뭐야? 알면 빨리 회사에 고발해버려. 지금 세상이 어떤 세상인데. 비리가 말이 되냐?"

방인이 흥분해서 말했다. 대로는 증거가 없어서 확실히 밝힐 수가 없다고 했다. 괜히 잘못 건드렸다가 오히려 자기가 당할 수도 있다고.

"나만 당하는 건 괜찮은데. 다른 사람까지 당할까 봐."

대로는 주리를 생각하며 한숨을 쉬었다. 친구들은 정의의 사도 제갈대로는 어디에 갔느냐며 의아해했다. 그러자 대로는 다 옛말이라며 확 들이받고 싶은데 증거가 없으니 움직이지 못해 속이 터지기 일보직전이라고 했다.

"어휴! 유유상종이란 말이 틀리지 않네."

이번에는 방인이 한숨을 깊게 쉬었다.

"너는 또 뭔데?"

"어쩜 우리는 힘들면 같이 힘드냐. 너희들 내 카페 좀 둘러봐."

방인의 말에 대로와 명환은 카페 안을 쓱 훑었다. 어둡고 침침한 분위기는 예전과 다르지 않았다. 대로는 무슨 문제가 있느냐며 물었다.

"손님이라곤 너희밖에 없어. 따지고 보면 너흰 손님도 아니잖아. 이 상태로 계속 가다가는 손가락 빨게 생겼다. 그래서 요즘 업종을 바꿔야 하나 고민 중이야."

대로는 회사를 그만두면 방인의 카페에서 아르바이트라도 하려고 했는데 그것도 글렀다며 쓸쓸히 웃었다.

* * *

집으로 돌아가는 내내 김부장과 주리 얼굴이 계속 겹쳐 떠올라서 머리가 터질 것 같았다.

"임금님 귀는 당나귀 귀!"

어디 가서 소리라도 꽥꽥 지르고 싶은데 그럴 수 없어 더욱 답답했다. 그런데 집에 들어서니 집안 분위기가 아침하고는 사뭇 다르다는 것을 느꼈다. 부모님께 인사를 드리려고 안방 문을 여니 어머니가 자리에 누워 끙끙거리며 앓고 있었다. 깜짝 놀라며 옆에 앉아 있는 아버지에게 무슨 일이냐고 물었다. 아버지는 아무 말이 없었다. 어머니가 마치 다 죽어가는 사람마냥 힘없이 말했다.

"아버지가…… 그렇게 사지 말라고 했는데 이번에 또…….."

"네? 아버지! 이제 그만하시라고 했잖아요!"

"걱정 마, 이번엔 틀림없어. 전세가는 물론이고 매매가도 금방 오를 거야. 이런 식으로 몇 채만 더하면 부자 되는 거 순식간이야."

대로는 하고 싶은 말이 많았지만 그대로 등을 돌렸다. 아버지가 아파트와 빌라를 전세 끼고 매입했다가 되파는 일에 재미를 붙인 지 벌써 3년째였다. 소위 갭 투자였다. 그런데 남들은 갭 투자로 돈을 적잖이 번다는데 어찌 된 일인지 아버지에게는 운이 따르지 않았다. 새로 들어올 세입자를 구하지 못해 은행에 저당을 잡혀 전세보증금을 돌려준 것만 해도 두 채였다. 이러다가 큰일 나겠다 싶어서 두 채 모두 부동산에 급매로 내놓았지만 집을 보러오겠다는 사람조차 나타나지 않았다. 당장 이번 달 은행 이자 낼 생각만으로도 대로는 머리가 지끈거렸다. 게다가 곧 전세 만기가 돌아오는 빌라 한 채가 또 있지 않은가. 순간 대로는 심장이 멎는 것 같은 기분이 들었다. 대로는 양복 주머니에서 사직서를 꺼냈다.

'객기에 사직서부터 냈으면 앞으로 어떻게 됐을까?'

대로는 피식 웃음이 나왔다. 마치 이 모든 것을 주리가 알고 퇴사를 막은 것만 같았다.

'주리 씨한테 고맙다고 인사라도 해야 하나? 김부장 얼굴은 정말 보기 싫은데.'

대로는 앞으로도 자기의 월급이 집안에 얼마나 필요한 돈인지 알고 있었다. 그렇게 생각하자 김부장이라는 늪에서 점점 빠져나오기 어렵겠다는 걱정도 들었다. 김부장이 비리를 저질렀다는 증거를 찾지 못하는 이상 대로의 앞길은 험난할 것이기 때문이다. 이런저런 생각을 하자 다시 회사를 당장이라도 그만두고 싶었다.

'당장 회사를 그만두면? 우리 집 생활비는?'

대로는 이런 고민을 하는 자신에게 짜증이 났다. 생활고를 생각하기 전에는 불의를 보면 참지 못하고 물불을 가리지 않았는데, 생활고와 타협하면서 점점 불의를 외면하는 사람이 된 것 같아 속상했다. 갈팡질팡하는 자신에게 길을 알려줄 누군가가 있었으면 좋겠다고 간절히 바랐다.

文史哲

1부

지금 당신은
어디로 가고 있는가

성 난 얼 굴 로
돌 아 보 라

김부장은 아주 교묘한 방법으로 대로를 괴롭혔다. 다른 사람에게는 평소처럼 화를 내기도 하고 신경질을 내기도 했지만 오히려 대로에게는 절대 화를 내는 일이 없었다. 다만 대로가 결재를 받으러 올 때마다 일관되게 하는 말이 있었다.

"다시 해오세요."

대로는 같은 내용의 서류를 네다섯 번이나 고쳤다. 처음에는 내용을 고쳤다. 그래도 소용이 없자 내용과는 전혀 관계없는 글자체를 바꾸기도 하고 서류의 테두리까지 바꿨다. 그래도 김부장은 "다시!"라고 외쳤다. 머리끝까지 화가 난 대로는 도저히 참을 수가 없었다.

"부장님, 어디가 어떻게 잘못됐는지 정확하게 말씀해주세요. 제 능력으로는 도저히 잘못된 점을 찾을 수가 없습니다."

대로의 발언에 순간 사무실 공기가 차가워졌다. 모두 슬그머니 고개를 들고 김부장과 대로를 봤다. 김부장이 대로의 서류를 쓱 훑었다. 서류를 보는 성의 없는 태도에 대로의 주먹이 부르르 떨렸다. 대로는 그런 김부장 앞에서 수십 번 마음이 오락가락했다.

'그만둘 것인가, 계속 다닐 것인가. 그것이 문제로다.'

"다시!"

얼굴을 쳐다보지도 않고 서류를 내미는 김부장의 손을 확 낚아채 비틀어버리고 싶은 마음이 굴뚝 같았다. 이대로 물러서고 싶지 않았다.

"김부장님, 제대로 읽으신 거 맞나요? 속독법을 배우지 않고서야 그렇게 읽으면 누구라도 내용 파악을 못합니다."

김부장이 그제야 얼굴을 들었다. 귀찮다는 기색이 역력했다.

"잘 아네. 내용 파악. 무슨 내용을 썼는지 통 모르겠어. 서류 작성을 어떻게 하는지 모르면 노다비 씨한테 다시 배워."

부서의 막내 격인 다비한테 배우라는 말을 들으니 대로의 얼굴이 화끈거렸다. 대로가 자리로 돌아오자 다비가 대로에게 다가왔다.

"선배님, 무엇을 도와드릴까요?"

대로는 살짝 미소를 짓는 다비의 양쪽 볼을 확 잡아당기고 싶었다. 그때 주리가 대로한테 다가와 서류를 봤다. 그러고는 대로가 말릴 틈도 없이 서류를 들고 다시 김부장 앞으로 갔다. 주리의 행동에 놀란 직원들은 김부장이 어떤 말을 할지 주시했다.

"부장님, 서류 확인 좀 부탁드립니다."

김부장이 주리의 서류를 꼼꼼히 보고는 사인을 했다.

"이대로 진행해도 되겠습니까?"

맑고 경쾌한 주리의 목소리가 사무실 안을 울렸다. 김부장은 좋다며 고개까지 크게 끄덕였다. 주리가 서류를 다시 대로에게 돌려주었다.

"대로 씨, 이대로 하면 된대요."

여기저기서 안도의 한숨을 쉬었다. 가장 놀란 것은 대로였다. 그는 주리를 뚫어지게 봤다.

'이렇게까지 강단이 있는 여자였나?'

대로는 주리를 우러러봤다. 대로가 휴게실로 들어가자 직원들이 주리랑 무슨 사이냐고 캐물었다. 대로는 있는 그대로 동기일 뿐이라고 했지만 직원들은 의심의 눈빛을 보냈다.

직원들은 이 일 때문에 주리가 김부장한테 더 심하게 찍힐지도 모른다고 했다. 그렇지 않아도 대로는 자기 때문에 야근하는 주리가 안쓰러웠다. 아무래도 회사를 그만두는 것이 낫겠다는 생각이 들었다.

'정말 답답해 미치겠네. 누가 내 앞길을 속 시원히 알려줬으면 좋겠다. 아니, 난 왜 지금까지 멘토 한 명 없을까?'

그때 눈치 없는 다비가 대로에게 다가왔다.

"선배님, 오늘은 주리 선배 덕분에 똑같은 서류를 다섯 번밖에 안 쓰셨네요. 김부장님 말씀처럼 저한테 서류 작성법을 배우세요. 저녁 식사 세 번에 속성으로 가르쳐드릴게요. 그러면 한 번에 결재를 받을 수 있지 않겠어요?"

대로는 싱글거리며 자기를 보는 다비 얼굴에 그동안 퇴짜 맞은 서류 뭉치를 집어 던지고 싶었다.

"다비 씨가 도와주지 않아도 돼요. 서류 작성이 문제가 아니라 서류를 보는 사람의 마음이 문제인 거니까."

주리의 목소리에 대로는 뒤를 돌아봤다. 언제 왔는지 주리가 대로 뒤에 서 있었다. 대로는 주리를 보자 속상했던 마음이 조금 가라앉는 것 같았다. 그런데 좀 지나자 미안한 마음이 들었다. 대로는 주리에게 사내 메신저로 말을 걸었다.

— 오늘의 고마움을 보답하고 싶은데요. 괜찮으시면 주말에 같이 식사하실래요?

— 주말은 좀 바빠요.

— 왜요? 혹시 데이트하세요?

대로는 다음 답을 기다리는데 왠지 모르게 가슴이 떨렸다. 그리고 바빠도 좋으니 데이트는 아니었으면 하고 바랐다.

— 데이트가 아니고 공부하러 가요.

'아싸!'

대로는 속으로 쾌재를 부르며 고개를 살짝 들어 주리 쪽을 봤다. '주리와 친해지려면 공부를 해야 하나?' 대로는 잽싸게 대화를 이어갔다.

— 무슨 공부 하세요? 영어? 중국어? 일본어? 저도 주말에 시간 많은데 혹시 같이 공부해도 될까요?

대로는 두 손을 부여잡고 제발 허락해달라고 주리 쪽으로 텔레파시를 보냈다.

— 문사철文史哲이라는 말을 들어보셨나요? 인문학의 기둥이라고 할 수 있는 문학·역사·철학을 이르는 말이죠. 문학은 우리가 살고 있는 세계가 과연 살 만한 곳인지 돌아보게 하는 동시에 정서를 고

양시키고, 역사는 우리가 살아온 발자취를 되돌아보고 어디로 가야 할지를 내다보게 하죠. 그리고 철학은 나는 누구이며 우리는 무엇을 알고 있고 어떤 가치를 추구해야 하는지 생각하게 하고요.

'웬 문사철? 요즘 그런 공부를 하려고 시간 내는 사람이 있다는 뉴스를 보기는 했지만……'

대로는 주리의 답이 정말 의외라고 생각했다.

'대학교 때 교양과목으로 듣던 문사철을 사회에까지 나와서 듣다니.'

공부를 여간 좋아하지 않고서는 할 수 없는 일이라는 생각이 들었다. 대로는 주리가 자기와는 다른 사람처럼 느껴졌다.

'문사철이라……. 나도 대학생 때는 관심이 있긴 했지. 근데 지금 시대에 문사철이 무슨 소용이 있다는 거야? 정말 독특한 여자야. 주리 씨와 같은 수업을 들을 수 있는 게 아니라면 나한테는 필요 없지.'

야근을 하는 내내 대로의 머릿속에는 문사철과 주리라는 단어만 맴돌았다. 그러다 문득 자기가 대학생 때 문사철에 관심을 가지고 외부 강의까지 찾아 들었던 것이 생각났다.

'벌써 9년 전 이야기네. 그때 강의하시던 분이 정말 젊었는데. 이름이…… 맞다, 황희. 한번 들으면 절대 잊지 못하는 이름이지. 지금도 강의하시나? 그땐 내가 열정적으로 수업을 들었는데. 끝까지 못한 게 아쉽네. 수료를 했다면 지금까지도 선생님과 연락을 하고 있었을까? 아, 그랬다면 얼마나 좋았을까?'

대로는 황희와의 수업을 떠올렸다. 황희는 학생들의 모든 질문에 성의껏 대답을 해주었다. 때로는 대로가 일부러 짓궂은 질문을 해도 그는 화 한 번 내지 않고 친절하게 답했다. 가만히 생각해보니 직설적으로 답을 가르쳐준 게 아니라 상대방에게 질문을 하여 본인 스스로 답을 찾도록 이끌었다. 수업 방식이 참 신선했던 것으로 기억한다.

대로는 황희를 다시 만나고 싶었다. 지금 황희만 옆에 있다면 자기의 모든 문제가 명쾌하게 해결될 것 같았다. 그는 얼른 인터넷에서 황희를 검색하기 시작했다. 그러나 수십 개의 글을 봤지만 그가 찾는 황희는 어디에도 없었다. 모든 것이 헛수고였다. 황희를 찾을 수 없다고 생각하자 답답함이 차올랐다. 이런 답답한 마음으로 집에 들어가면 숨이 막혀 죽을지도 몰랐다.

'인생, 헛살았어. 서른이 돼서 내 문제 하나 해결을 못하다니, 못난 놈.'

* * *

밤늦게 대로는 방인의 카페로 향했다. 카페에는 달랑 방인과 명환만 있었는데 명환은 여전히 시든 배추마냥 의자에 앉아 있었다. 대로는 명환 옆에 털썩 앉았다. 카페 안에서는 그룹 아바^{Abba}의 멤버들이 '나에게는 꿈이 있다^{I have a dream}'고 열심히 외쳐댔다. 세 명은 그 노래를 들으며 마치 인생을 다 산 사람처럼 중얼거렸다.

"그래, 나도 한때 꿈이 있었지."

답답했던 대로의 마음에 쓸쓸함까지 더해졌다. 세 명이 동시에 한숨을 쉬었다.

"난 회사에 꼭 필요한 인재가 되고 싶었는데."

"난 세계적인 그래픽디자이너."

"난 이 카페를 체인점으로 만드는 것이었지."

"죽어라 살면 뭐 하나? 세상이 날 받쳐주지 않는데. 이번 생은 글렀어. 내 뜻대로 살기엔. 다음 생이나 기약하련다."

대로가 한숨을 쉬었다.

"무릇 사람은 위아래를 막론하고 하루에 해야 할 일을 그날 마쳐야 한다고 했어."

방인의 말에 대로와 명환이 힐끗 봤다.

"누가? 누가 그런 말을 했는데? 너 왜 갑자기 유식한 말을 하고 그래? 너답지 않게. 안 어울리니까 평소대로 해. 장사가 너무 안 돼서 애가 이상해졌어."

대로가 혀를 쯧쯧 찼다.

"누구긴 누구야. 정조^{正祖}대왕께서 이렇게 말했대."

대로는 별일이라는 듯이 방인을 빤히 봤다.

"정조가 그랬다? 조선의 정조대왕? 그건 누가 말해줬는데?"

"실은 얼마 전 우리 카페에 귀인이 나타나셨지."

"귀인? 점 보는 사람이야?"

명환이 의자 등받이에서 상체를 일으키며 심드렁하게 물었다.

"점쟁이가 아니고 아주 특이한 선생님."

방인이 본 특이한 선생님은 이랬다. 몇 주 전, 그것도 아주 간만에 여러 명의 손님이 카페로 우르르 몰려왔다. 방인은 오랜만에 본 손님이 어찌나 반가웠는지 수제 쿠키를 서비스로 건네며 다짐했다.

'반드시 단골로 만들고야 말겠어.'

방인은 성심을 다해 그들이 주문한 음료를 만들었다. 그리고 그의 바람대로 바로 어제 그들이 카페를 두 번째 방문했다. 방인은 서빙을 하면서 그들이 선생님이라고 부르는 사람과 다른 사람들이 나누는 대화를 우연히 들었다. 스치듯 들었지만 고개가 저절로 끄덕여졌다. 그리고 정조의 이야기도 선생님한테 들은 거라고 했다.

"무슨 얘기를 했는데?"

대로가 물었다.

"별 얘기 아니야. 독서모임 같은데 책 읽고 삶에 대해 진지하게 토론하는 것 같았어."

"그게 뭐가 특이해?"

명환이 흥미 없다는 듯이 말했다.

"이야기 자체가 특이하다는 것이 아니라, 대화하는 방식이 특이하더라고. 뭐랄까. 어떤 사람이 질문을 했는데 질문을 받은 사람이 다시 질문을 하더라고. 무슨 대화가 그러냐."

"뭐?"

방인의 말에 대로의 귀가 번쩍 뜨였다. 대로가 방인을 다그쳤다.

"이름은? 키는? 안경은 썼어? 생김새는 어떤데? 나이는?"

"야, 내가 그걸 다 어떻게 아냐? 안경을 썼고. 나이는 당연히 우리보다 많지. 키는 보통? 성은 황, 이름은……."

"황희?"

대로 말에 명환이 어이없다는 듯이 피식 웃었다.

"여기가 조선 시대냐? 사람들이 황희 정승을 모시고 다니게?"

대로에게 명환의 비아냥은 들리지 않았다.

"황희야? 이름이 황희야, 아니야?"

방인이 고개를 갸웃거렸다.

"사람들이 그렇게 불렀던 것 같기도 하고. 근데 왜? 그분 알아?"

"황희 선생님이 틀림없어. 그 선생님 수업 방식이 그렇거든. 질문하고 또 질문하고. 그리고 그 안에서 답을 찾는 거지. 그렇게 대화하는 거 맞지?"

"응. 어떻게 알았어? 보지도 않고?"

이번에는 방인이 대로를 보며 놀랐다. 대로가 자리에서 벌떡 일어나 방인을 꽉 껴안았다.

"고맙다, 친구. 네 덕분에 드디어 황희 선생님을 찾았어!"

방인과 명환은 대로가 무슨 말을 하는지 좀처럼 알 수가 없었다. 대로는 자기 문제에 대해 함께 고민해줄 멘토를 찾았다는 사실에 신이 났다. 하루라도 빨리 선생님을 만나고 싶었다.

"그래서, 그래서 선생님은 또 언제 오신대? 응?"

"같이 온 사람들하고 이번 주 일요일에 온다는 것 같았는데."

대로가 방인의 어깨를 덥석 잡았다.

"내가 이번 주 일요일에 아침부터 가게로 와서 무료 봉사를 하겠어. 명환이 너도 꼭 와야 해. 선생님 만난 것을 절대 후회하지 않을 거야. 오지 않는다고 하면 강제로라도 끌고 오겠어."

대로의 눈빛이 강렬하게 반짝이는 것을 방인과 명환은 오랜만에 봤다. 그들은 도대체 황희라는 사람이 얼마나 대단하기에 대로가 이처럼 흥분하는지 궁금했다.

"그 선생님이 도대체 어떤 사람인데 그래?"

명환이 물었지만 대로는 말로 표현할 수 없다며 일단 만나보면 알거라고 했다. 집으로 향하는 그의 발걸음은 더없이 경쾌했다. 황희를 만나면 무엇부터 물어봐야 할지 지금부터 준비를 해야 할 것 같았다. 그는 누군가를 이토록 간절히 바란 적이 있었는지 스스로에게 물었다. 그는 집으로 가는 내내 연습하고 또 연습했다.

"선생님, 저의 멘토가 되어주세요."

그는 잠자리에 들어서도 멘토가 되어달라고 되뇌었다.

무기력한 인생에 던지는
하나의 질문

드디어 대로가 기다리고 기다리던 일요일이 왔다. 대로는 명환을 데리고 일찍부터 카페로 향했다. 방인을 대신해서 카페 안을 깨끗하게 청소까지 했다. 하지만 가게는 오전 내내 파리만 날렸다.

"괜히 대로한테 끌려왔어. 잠이나 더 잘걸. 난 이만 간다."

명환이 툴툴거리며 카페를 나가려는데 한 무리의 사람들이 문을 열고 들어왔다. 대로는 그들 중 자기가 찾는 황희가 있는지 눈을 크게 뜨고 찾았다.

"키는 보통에 안경을 끼고 싱글싱글 웃는 사람이라면…… 아, 저기 계시네. 황희 선생님. 정말 황희 선생님이 내 눈앞에 나타나셨어."

대로는 어찌나 반가운지 하마터면 황희에게 달려가 악수를 청할 뻔했다. 답답한 인생이 풀리는 것은 이제 시간문제였다. 그러나 기대와 달리 대로는 황희 일행의 대화가 끝날 때까지 기다릴 수밖에 없었다. 그는 아르바이트생 대신 음료를 나르며 희와 눈인사라도 나누려고 애썼다. 무슨 대화를 나누는지 알아들을 수는 없었지만 무척 진지한 분위기가 이어졌다.

"저 팀은 항상 진지해. 저 눈빛 좀 봐. 도대체 오늘은 무슨 이야기를 하는 거야?"

방인이 대로에게 물었다.

"오긍이 뭐야? 오긍 어쩌고 하던데. 요즘 유행하는 말이야?"

방인과 명환은 고개를 저었다. 세 친구가 오긍에 대해 궁금해할 때 황희 일행이 자리에서 일어났다. 대로는 그들이 헤어지는 모습을 보고 희를 향해 잽싸게 달려갔다.

"혹시 황희 선생님 아니세요?"

"네. 맞습니다만."

대로는 희의 손을 덥석 잡았다.

"선생님, 정말 뵙고 싶었습니다. 예전에 선생님 강의를 들었던 사람인데 지금까지 그때의 수업을 잊을 수가 없어요. 요즘도 강의하세요? 어디 가면 선생님 강의를 들을 수 있지요?"

"내 수업을 기억해줘서 정말 고마워요. 그런데 요즘은 강의를 하지 않아요."

희가 인사를 하고 나가려 하자, 대로는 잡은 손에 힘을 주었다.

"그렇다면 선생님, 혹시 시간 좀 내주실 수 있으세요? 오늘이 아니어도 좋으니 꼭 선생님을 다시 만나 뵙고 싶습니다."

대로의 눈빛이 그 어느 때보다 반짝였다. 희는 대로의 모습에서

무엇인가 간절함을 느꼈다. 대로는 희를 놓칠세라 친구들에게 도와
달라는 눈짓을 보냈다. 그러자 방인과 명환도 희 앞에 섰다.

"선생님, 선생님께서 다른 분들과 나누는 대화를 허락 없이 들었
습니다. 그리고 저도 모르게 선생님의 말씀에 귀를 기울이게 됐어요.
이상하게 들리실지 모르겠지만 선생님 일행이 올 때마다 그 대화에
끼고 싶었어요."

방인의 말에 대로는 그럴 줄 알았다며 고개를 크게 끄덕였다. 대
로는 몇 년 전 희의 수업이 어땠는지 미주알고주알 떠들었다.

"선생님, 제발 저희에게도 인생에 도움이 되는 말씀을 해주세요.
부탁드립니다."

대로가 허리를 깊이 숙인 채 정중하게 인사를 했다. 그러자 방인
과 명환도 얼떨결에 인사를 했다. 희는 잠시 난감한 표정을 짓더니
이내 환하게 웃으며 다시 의자에 앉았다.

　　　　　　　　　 * * *

급하게 희를 잡기는 했지만 대로는 정작 어디서부터 이야기를 시
작해야 할지 몰랐다. 희는 서두르지 않고 대로가 먼저 입을 열 때까
지 조용히 기다렸다.

"선생님의 강의를 듣던 그 시절에는 제가 이렇게 살 줄 몰랐어요.
아등바등 열심히 살려고 노력했는데, 서른이 돼서도 똑같아요."

어렵게 꺼낸 대로의 말에 방인과 명환도 고개를 끄덕이며 자기들
도 뭐 하나 나아진 것이 없다고 고백했다. 대로는 한숨을 크게 쉬고

는 자기의 상황을 주저리주저리 뱉어냈다. 대로가 말을 마치자 이번에는 방인이 손님 없는 자기 카페를 보라며 신세 한탄을 시작했다. 방인의 이야기를 듣던 명환이 갑자기 그의 말을 끊었다.

"선생님, 동료에게 배신당하신 적 있으세요?"

그러고는 자기가 지금 얼마나 열 받은 상태인지, 좀처럼 열을 식힐 수가 없다고 말했다. 명환이 말을 마치자 카페 안은 물을 끼얹은 듯이 고요해졌다. 희가 지긋이 그들을 봤다. 세 명이 동시에 입을 열었다.

"선생님, 저희는 앞으로 어떻게 해야 할까요?"

그들은 마치 희가 점쟁이라도 되는 양, 앞으로 그들의 향방에 대해 물었다.

"다들 정말 힘든 시간을 보내고 있네요. 제가 지금 당장 도움이 되면 좋겠는데 안타깝게도 저는 미래를 점치지 못해요."

명환이 그럴 줄 알았다며 팔짱을 낀 채 의자 등받이에 몸을 기댔다. 방인도 약간은 실망스러워했다. 희는 심드렁하게 앉아 있는 세 젊은이가 재미있다는 표정이었다.

"혹시 이런 말 들어봤어요? 자기의 현재 모습을 보면 미래를 알수 있다. 아울러 그 사람이 어떻게 살았는지 과거도 읽을 수 있지요."

희의 말에 세 명은 소리쳤다.

"안 돼요!"

그들은 몸을 부르르 떨었다. 대로는 계속 김부장에게 당할 생각을 하니 치가 떨렸다. 방인도 파리 날리는 카페는 더 이상 원하지 않았다. 명환은 자기같이 똑똑한 인간이 누군가에게 또 뒤통수 맞는다는 것은 용납할 수 없었다.

"선생님, 어떻게 그런 악담을 하세요?"

대로가 열을 냈다.

"아, 악담으로 들렸어요? 기분이 상했다면 정말 미안해요. 그런데 기분이 상한 이유가 정말 내가 한 말 때문인가요?"

세 명은 잠시 생각하다 그건 아니라고 대답했다.

"앞으로도 계속 이런 모습이라고 생각하니 갑자기 화가 나네요."

방인의 목소리에는 짜증이 잔뜩 배어 있었다.

"사실 저는 선생님 말씀에 정곡을 찔린 것 같아요. 인정하고 싶지 않지만 저는 예전에도 생각보다 말이나 행동이 먼저 나가 손해를 보는 일이 많았어요. 그리고 앞으로도 그럴 것 같아요."

대로의 목소리는 힘이 없었다.

"다들 지금의 모습이 불만인가요?"

"네."

세 명은 풀 죽은 목소리로 대답했다.

"왜 이렇게 됐을까요?"

희의 질문에 그들은 무엇인가로 뒤통수를 맞은 것 같았다. 그리고 스스로에게 질문을 던졌다.

'왜 이렇게 됐을까?'

그들의 생각은 꼬리에 꼬리를 물었다. 대로는 고개를 서서히 흔들었다.

"모르겠어요."

희가 조용히 말을 꺼냈다.

"좋아요. 우리는 자신에 대해 모르는 게 참 많죠."

"한꺼번에 너무 많은 생각이 들어서 머리가 복잡하네요."

명환이 머리를 감쌌다.

"하하하. 그거 좋은 신호인데요."

"좋은 신호라고요?"

"스스로에게 중요한 질문을 던질 때 우리는 생각이 많아지지요. 그만큼 생각이 깊어질 기회를 만났다는 뜻이고요."

"스스로에게 던지는 중요한 질문이요? 중요한 질문을 한 적이 없는데요."

대로가 희를 빤히 봤다.

"왜 사는가? 그리고 어떻게 살 것인가? 본질적인 질문은 언제나 중요해요."

세 명은 이런 질문이 중요하다고 생각해본 적이 없었다.

"그런 질문은 가끔 장난으로나 하는 것인데요. 그게 그렇게나 중요한가요?"

대로가 욱하는 성격 때문에 손해를 볼 때마다 친구들은 도대체 왜 그렇게 사느냐고 물었다. 하지만 그런 질문을 받고도 한 번도 진지하게 생각해본 적은 없었다. 아니, 애초에 자기 탓이라고만 여겼지 질문이라는 인식조차 없었다.

"중요하지요. 내가 왜 사는지 알지 못하면 어떻게 살아야 하는지도 알 수 없을 테니까요. 방법을 모르는데 어떻게 잘 살 수 있겠어요? 그냥 살기만 하면 될까요?"

희의 목소리는 작고 낮았지만 무게감이 느껴졌다.

"제가 그 질문에 대해 좀 더 진지하게 고민했거나 이미 답을 찾았다면 이렇게 살지는 않았겠죠?"

순식간에 달라진 대로의 목소리에 방인과 명환은 웬일이냐는 듯이 대로를 힐끗 봤다. 갑자기 희가 무릎을 탁 치는 바람에 세 명은 깜짝 놀랐다.

"이 짧은 시간에 그런 생각까지 했다니, 곧 답을 찾겠는걸요."

희의 말에 담긴 뜻을 대로는 알 수가 없었다. 자기가 무슨 생각을 했다는 것인지, 답을 어떻게 찾을 수 있다는 것인지.

'정말 비리 상사로부터 자유로워질 방법을 찾을 수 있다는 말인가? 주리 씨와 함께?'

세 명이 동시에 미간을 찌푸리며 다시 심각해졌다. 희는 그 모습에 미소를 지었다.

"아까 여러분이 저에게 했던 질문을 여러분에게 다시 해볼게요. 앞으로 여러분은 본인이 원하는 것을 해결하기 위해 어떻게 해야 할까요?"

희의 질문을 듣고 세 명은 다시 머리가 아파왔다.

"선생님, 저희가 알고 싶은 게 바로 그거라니까요."

세 명이 똑같이 머리를 감쌌다.

"제가 드릴 수 있는 답은 단순해요. 자기 삶의 주인으로 사세요."

"네?"

이건 또 무슨 소리인가 싶어 그들은 동시에 서로의 얼굴을 쳐다봤다.

"저는 잘 살고 있는데요."

명환이 퉁명스럽게 말했다.

"세 사람 가운데 내 삶의 주인공은 바로 '나'라고 당당하게 말할 수 있는 사람이 있나요? 간혹 이런 생각을 해본 적은 없나요? 혹시 지금의 나는 주변 사람이 원하는 조건에 맞춰 살고 있는 것은 아닐까?"

희의 질문에 세 사람의 머릿속이 하얘졌다. 카페에 흐르는 음악 소리 따위는 이미 그들에게 들리지 않았다.

'내가 내 삶을 사는 게 아니고 주변 사람에 맞춰 산다고?'

대로는 혼란스러웠다. 그러나 반발하고 싶었다. 희의 말에 수긍한 다면 지금까지 자기가 주체적으로 살았다고 믿었던 시간이 한순간에 무너져 내릴 것만 같았다.

"대로는 지나치게 주관적이에요. 그래서 자기 맘에 들지 않는 상황에 놓이면 욱해요. 그런 대로야말로 자기 뜻대로 사는 게 아닌가요? 어떨 때는 너무 욱해서 옆에 있는 사람까지 민망할 때가 있어요."

방인이 대로를 보며 말했다.

"상대에게 솔직하게 말하는 것도 무척 중요해요. 하지만 지금 제가 말하는 '솔직함'은 상대에게가 아니라 자기에게 얼마나 솔직하냐는 거예요. 불의를 보면 욱하는 대로 씨, 본인에게는 얼마나 솔직하세요?"

대로는 희의 시선을 피했다.

"그건, 그러니까……."

대로는 뭐라도 말하고 싶었다. 하지만 제대로 대답할 수가 없었다. 대답을 못 하는 것이 그동안 스스로에게 솔직하지 못해서 말을 못 하는 것 같아 얼굴이 화끈거렸다. 왠지 희한테 들킨 것만 같았다.

"자기 삶의 주인공으로 살려면 먼저 자기한테 솔직해야 하지 않을까요? 내가 무엇을 원하는지, 나의 한계는 어디까지인지 정확하게 알 필요가 있어요. 그래야 현실을 바로 보고 문제를 직시할 수 있겠지요."

분위기는 숙연했다. 희의 이야기를 듣고 있자니, 세 사람은 마치 신부에게 고해성사를 하는 기분이 들었다.

"내가 나한테 솔직하지 못한데 어떻게 내 삶의 주인이라고 할 수 있죠? 다른 이들에게 큰소리친다고 해서 그걸 보고 자기 삶의 주인공이라고 할 수 있을까요? 내가 나를 솔직하게 대면하지 못하는 이상, 그렇게 상대에게 소리를 치는 것은 단지 교만한 게 아닐까요?"

희가 세 사람과 눈을 맞추며 한 명씩 봤다.

"그렇다면 제가 지금 해결책을 찾지 못하는 건 자신에게 솔직하지 못해서일 수도 있겠군요. 남한테는 잘못했다고 엄청 손가락질을 해대면서, 정작 제 자신은 무엇이 부족한지, 무엇이 차고 넘치는지 제대로 보지 못했어요."

대로는 자기가 잘못 살았다는 생각을 떨칠 수가 없었다. 문제가 무엇인지도 모르면서 답이 안 나온다고 짜증만 낸 꼴이었다.

"그렇다고 자기를 지나치게 자책할 필요는 없어요. 자기 삶의 진짜 주인으로 사는 사람은 드물어요. 정말 무엇을 원하는지, 원하는 것을 구하려면 어떻게 해야 하는지, 원하는 것을 가진 다음엔 어떻게 해야 하는지 몰라요."

희는 세 젊은이의 표정을 보고 그들이 또 고민에 빠졌다는 것을 알 수 있었다.

"스스로에게 좋은 질문을 많이 하세요. 나는 무엇을 원하는가? 원하는 것을 구하기 위해서는 어떻게 해야 하는가? 원하는 것을 가진 다음에는 어떻게 해야 하는가?"

희의 말에 대로가 물었다.

"그런 질문을 하면 우리가 좀 달라지나요?"

"좋은 영양제를 먹는 이유는 뭘까요?"

희의 뜬금없는 질문에 방인이 답했다.

"그야 건강해지려고요."

희가 맞다며 고개를 끄덕였다.

"좋은 질문은 우리 삶의 질을 높여주죠. 질문의 질이 인생의 질을 결정한다고나 할까요. 질문은 잠들어 있는 우리를 깨워주지요."

방인이 믿을 수 없다는 듯 물었다.

"에이, 질문이 우리를 깨운다고요? 질문이 자명종도 아니고."

"질문에는 생각을 이끌어내는 강력한 힘이 있어요. 누구나 질문을 하지만 누구나 훌륭한 질문을 할 수 있는 건 아니에요. 그러나 한 가지 분명한 건 좋은 질문은 삶을 더 나은 방향으로 이끈다는 사실이에요."

"어떻게 하면 스스로에게 좋은 질문을 던질 수 있나요?"

대로가 진지하게 물었다. 희는 그들에게서 전과는 다른 분위기를 느꼈다.

"우선 어떤 것이 좋은 질문인지부터 배워야죠."

"어디서요?"

세 사람이 물었다.

"문사철에서요. 문사철은 역사상 가장 훌륭한 질문으로 가득 차 있어요. 그 책을 쓴 사람들은 위대한 질문을 던질 줄 아는 인류의 스 승들이지요."

"아, 역시 공부를 하라는 말씀이시네요."

방인이 자기는 공부와 거리가 멀다며 절레절레 고개를 흔들었다.

"우리는 모두 자기 삶의 주인으로 태어났잖아요. 그런데 살다 보 면 남의 비위를 맞출 때가 있어요. 만약 우리가 스스로에게 좋은 질 문을 던지지 못한다면 자기가 지금 남의 비위나 맞추며 살고 있다는 것을 깨닫지 못할 거예요."

희가 대로를 봤다. 대로는 아니라고 말하고 싶었다. 자기는 지금 비리를 저지른 상사의 비위를 맞추는 것이 아니라고. 하지만 그렇지 않다고 말할 자신이 없었다.

'지금의 내 모습이 비위를 맞추는 것이 아니라면 어떤 게 비위를 맞추는 것이지?'

대로는 적어도 자기는 사무실의 다른 직원들처럼 비리 상사에게 아첨은 하지 않는 인물이라고 자신했다. 하지만 정작 비리 상사의 잘못을 알면서도 아무런 대처를 하지 못했다.

'그렇다면 나는 왜 다음 행동으로 옮기지 못하는 걸까? 내가 나 자 신의 눈치를 보는 것이 아니라면 나는 도대체 누구의 눈치를 보고 있는 걸까?'

대로는 답답했다. 희는 대로의 미간에 점점 주름이 잡히는 것을 봤다.

"이렇게 사는 게 옳은가? 정말 이게 최선인가? 더 나은 방법은 없는가?"

희의 말을 듣다 보니 대로는 가슴이 뜨끔했다. 마치 희가 자기의 모든 것을 꿰뚫고 있는 것 같았다. 조금만 더 희 앞에 앉아 있다가는 옷을 홀라당 다 벗은 기분이 될 것 같았다. 부끄러움의 정도가 점점 깊어졌다. 그토록 만나고 싶은 희였지만 더 이상 그의 앞에 앉아 있는 것은 무리였다. 대로는 벗어나고 싶었다. 자기보다 자기를 더 잘 아는 것 같은 희로부터.

"우리가 문사철을 공부하다 보면 아까 던졌던 질문들을 수시로 하게 돼요. 그리고 그런 질문을 받으면 스스로를 점검하게 되지요. 과연 내가 잘 살고 있는지."

"하지만 문사철은 어렵지 않나요? 저 같은 사람이 읽어도 이해할 수 있을지 모르겠어요."

방인이 걱정하면서 물었다.

"하하하. 충분히 읽을 수 있어요. 초등학생인 제 딸도 읽는걸요."

"혹시 따님이…… 영재인가요?"

방인의 말에 희가 웃음을 터뜨렸다.

"말씀은 고맙지만 아니에요. 그만큼 문사철이 어렵지 않다는 거죠."

"그런데 저는 현실에서 변화를 원해요. 책만 읽어서 그게 가능할까요?"

명환은 아직까지 희라는 사람을 믿을 수 없었다. 오늘 처음 만났을뿐더러 두 친구를 쥐락펴락하는 모습이 꼭 사기꾼 같았다. 그러니 자기만큼은 정신을 바짝 차리고 희라는 사람의 정체를 잘 파악해야 겠다고 생각했다.

"제대로 읽은 문사철은 반드시 현실을 변화시키지요. 단, 제대로 읽으면요."

"어떻게 읽어야 하는데요?"

방인의 말에 희가 웃으며 대답했다.

"눈으로 읽고 입으로 읽지요. 그리고 마음으로, 정신으로 읽어야 죠. 하지만 그 전에 할 일이 있어요."

"그게 뭔데요?"

방인의 물음에 대로가 대답했다.

"우선 책부터 사야지!"

희가 빙그레 웃었다. 방인이 제법이라며 대로의 어깨를 툭툭 쳤다.

"이왕 사는 책, 반드시 서점에 가서 사세요. 인터넷 서점 말고요."

희의 말에 셋은 알겠다고 대답했다.

"혹시, 오늘 말씀을 나눴던 '오긍'도 문사철과 관련이 있는 건가요?"

대로가 물었다.

"맞아요. 오긍吳兢은《정관정요貞觀政要》라는 책을 쓴 사람이에요."

오긍이 사람의 이름이란 말에 셋은 서로의 무지함에 혀를 내둘렀다. 그리고 귀가 빨갛게 달아오르는 것을 느꼈다.

"한번 읽어볼래요?"

무지함을 만회하려면 읽는 수밖에 없었다. 세 친구는 모두 책을 읽겠노라며 희와 약속했다.

인 간 관 계 를 풀 기 위 한
소 통 연 습

태어나서 처음이었다. 광화문에 있는 대형 서점에 대로가 자진해서 발을 들여놓은 것은. 카페를 비울 수 없는 방인은 서점에 올 수 없어 대로와 명환만 서점을 찾았다. 서점 안으로 들어선 그들은 엄청나게 많은 책을 보고 입이 떡 벌어졌다. 대로는 책이 필요하면 인터넷 서점이나 동네 서점을 이용한 것이 전부였다.

"야, 어마어마하네. 누가 이걸 다 읽는 거야? 그동안에 이런 별천지를 와보지 않고 뭐 했냐."

대로는 희가 추천한《정관정요》를 찾았다. 희는 문사철을 함께 읽고 토론하기로 약속하면서 조건을 걸었다. 책은 반드시 서점에 가서 고를 것. 희가 이렇게 정한 이유는 인터넷 서점에서 책을 고를 때와 서점에서 직접 보고 고를 때 차이가 있기 때문이었다. 희는 서점이라는 장소에는 나름의 '아우라'가 있다고 믿었다.

장소가 사람에게 미치는 영향은 컸다. 성당에 들어서면 저절로 옷깃을 여미며 엄숙해지고, 미술관에 들어서면 목소리를 낮추듯 서점이라는 장소가 갖는 특별함이 있었다. 희는 이들이 그 특별함을 경험하길 바랐다.

대로는 어디로 움직여야 할지 도통 감을 잡지 못했다. 인터넷 서점에서 책을 찾는 것과는 확실히 달랐다. 왜 희가 서점에 직접 가보라고 했는지 어렴풋이 알 것도 같았다.

'대학에 다닐 때처럼 문사철 읽기에 푹 빠질 수 있을까?'

확신할 수는 없지만 대로는 그러고 싶었다. 적어도 문사철에 빠진 흉내 정도는 내고 싶었다. 문사철 책을 손에서 놓은 지 오래됐지만 희라는 멘토를 이번에야말로 제대로, 끝까지 따라가고 싶었다.

'끝까지 해보는 거야. 그러면 인생의 답까지는 아니더라도 그 답의 언저리까지는 갈 수 있지 않을까?'

방인은 대로만큼 희를 신뢰하지는 않았지만 그래도 카페에서 귀동냥으로 들었던 그의 대화법이 정말 마음에 들었다. 그래서 그도 문사철 모임에 빠져보기로 했다. 명환의 선택은 두 사람과는 다른 이유였다. 그는 디자인 도용으로 시끄러운 속을 잠재울 수 있는 무엇인가가 필요했다. 그래서 살면서 전혀 접해보지 않았던 분야를 가까이 해보자는 생각을 했다.

"아! 찾았다, 저기야."

대로가 가리킨 곳을 본 명환은 머리가 아찔했다. 벽면의 대부분을 문사철 분야의 책이 채우고 있었다.

"설마 저것이 앞으로 우리가 읽어야 할 책들은 아니겠지?"

명환은 모임을 괜히 시작한 것은 아닌가 하는 생각이 들었다.

"맞는 것 같은데."

책을 본 대로는 약간 설렜다. 어쩌면 다시 대학생 시절로 돌아갈 수도 있겠다는 생각을 했다. 둘은 어느 누가 먼저랄 것도 없이《정관정요》를 찾았다. 생각보다 쉽게 책을 찾았다. 하지만 난관은 책을 찾은 다음부터 시작됐다.

"뭐야,《정관정요》가 왜 이렇게 많아? 하나가 아니야?"

《정관정요》라는 제목의 책 예닐곱 권이 나란히 꽂혀 있었다. 둘은 그 가운데 어떤 것을 골라야 할지 몰랐다. 벽돌만큼 두꺼운 두께를 보고 명환은 한숨부터 쉬었다.

"이걸 언제 다 읽지?"

"자식이. 하기로 했으면 하는 거지. 다 읽지 못하면 못 박을 때라도 쓰면 되지."

명환은 대로의 말에 그러자며 책을 꺼내 책장을 넘기다 한 페이지에 시선이 멈췄다.

"뭔데? 재미있는 이야기라도 있어?"

대로가 어깨너머로 명환이가 보는 페이지를 훑었다.

"야, 이 책 죽인다!"

명환이의 눈이 점점 커졌다. 대로도 책을 꺼내 같은 페이지를 펼쳤다.

정관 13년, 태종이 신하들에게 말했다. "숲이 울창하면 새가 모여들고, 물이 깊으면 물고기가 노닐며, 인의(仁義)가 두터우면 백성들이 따를 것이오. 사람들은 모두 재앙을 두려워하여 피할 줄은 알지만, 인의를 행하면 재앙이 발생하지 않는다는 것은 모르고 있소. 인의란 항상 마음속에 기준을 두고 기억하고 발전시켜 나가야 하는데 그 준칙이 있소. 만일 잠시라도 이를 잊는다면 인의에서 멀어지는 것이오."

하지만 대로는 명환이 왜 이 부분에 꽂혔는지 도통 알 수가 없었다.

"며칠 전에 박물관 전시 포스터 디자인을 맡았는데 주제가 '인의'였어. 그걸 어떻게 표현하나 했는데 여기 답이 있네. 답이 있어."

뜬금없는 명환의 말에 대로는 무슨 뜻인가 싶어 몇 번이고 같은 부분을 읽었다.

"생각해봐. 인의라는 추상적 명제를 어떻게 시각적으로 표현할 수 있겠냐?"

명환은 깨달음을 얻은 사람처럼 책을 마구 흔들면서 목소리를 높였다.

"울창한 숲엔 새들이 모이고, 깊은 물엔 물고기가 모인다!"

"그거야 그렇겠지. 환경이 조성되면 저절로 모이는 법이니까. 사람도 돈도 그렇잖아."

대로가 대수롭지 않게 말했다.

"바로 그거야! 환경! 분위기! 우리도 클럽 갈 때 물이 좋아야 가잖아? 아무리 요란하게 호객 행위를 해도 딱, 봐서 아니다 싶으면 안 가잖아."

갑자기 대로가 눈을 동그랗게 떴다. 그는 명환이 하는 말을 듣는 둥 마는 둥 했다. 그의 시선이 멈춘 곳에 명환의 눈길도 따라갔다. 어떤 여자가 두 손 가득 두툼한 책들을 들고 서 있었다.

"대로 씨, 여기서 보네요?"

"아, 네. 주리 씨도 책 사러 오셨어요?"

주리가 고개를 끄덕이며 대로가 들고 있는 책을 힐끗 봤다.

"고전에 관심 있으셨어요?"

"아, 네, 아니, 이건……."

대로가 얼버무리자 주리가 다른 책을 건네주었다.

"《정관정요》는 그 책보다 이 책이 더 나아요."

대로가 주리를 빤히 봤다. 주리를 좋아할 수밖에 없는 이유가 더 생긴 것 같았다.

'주리 씨도 문사철 공부를 한다고 했지. 나도 조금만 공부하면 곧 주리 씨를 따라갈 수 있을 거야. 그러면 주리 씨와 같이 공부를 할 수도 있겠군.'

대로는 인사를 하고 걸어가는 주리의 뒷모습을 하염없이 바라봤다. 입가에 미소가 저절로 번졌다. 명환은 정신을 놓고 있는 대로를 보니 대충 그녀가 누구인지 알 것 같았다. 명환은 주리가 추천해준 책을 훑어봤다. 그러고는 만족스럽다는 듯 고개를 끄덕였다.

"역시 이 책의 번역이 우리가 고른 것보다 낫네. 혹시 네가 마음에 뒀다는 사람이 나주리 씨야?"

대로가 흐뭇한 표정으로 천천히 고개를 끄덕였다. 명환이 주리가 걸어간 쪽을 보며 말했다.

"성격이 똑 부러질 것 같은데?"

"자기주장이 확실한 편이긴 해. 그만큼 신념이 확고하다고 할까?

어디에 있든 자기 존재를 드러내거든."

"그래? 그렇게 당당해? 언제나, 무슨 일이든?"

"내가 아는 주리 씨는 그래."

대로는 주리가 보이지 않는데도 그녀가 걸어간 길을 계속 쳐다봤다.

"도대체 어떻게 하면 그렇게 당당할 수가 있을까? 나는 그녀의 그런 모습이 좋아."

그때 명환이 《정관정요》를 내밀었다.

"혹시 알아? 이 책 안에 답이 있을지? 아까 내가 디자인 아이디어를 떠올렸듯이. 황희 선생님 말씀처럼 책을 읽다 보면 답답한 인생이 환하게 느껴질지도 모르지."

"정말 그럴까? 하긴 주리 씨도 문사철을 공부한다고 했어. 그래서 당당하게 행동한 건가?"

대로는 무엇인가를 결심한 듯 크게 고개를 끄덕였다. 그러고는 주리가 추천한 책을 덥석 잡아들고 계산대로 향했다.

* * *

한 달이 지나 세 친구는 다시 희를 만났다. 카페 안 구석진 테이블 위에는 두툼한 《정관정요》 네 권이 있었다. 《정관정요》를 제대로 다 읽은 사람은 희뿐이었다. 대로도 읽기는 했지만 뜻을 정확하게 이해하며 읽은 것을 아니었다. 방인과 명환은 어느 부분은 재미있게 읽었지만 지루해서 그냥 넘긴 부분도 있었다.

"《정관정요》어땠어요? 역대 대통령들도 곁에 두고 읽었다는 리더십의 고전이에요."

"말이 잘 통하지 않는 클라이언트가 있었어요. 그런데 책을 읽다가 힌트를 얻어 이전과는 다르게 대했더니, 그 사람도 자기 본심을 꺼내더라고요. 그게 좀 신기했어요."

명환의 말에 모두들 어떤 일이 있었는지 궁금해했다.

"원하는 걸 직접 말하지 않고 굉장히 에둘러 말하는 사람이었거든요. 프로젝트 실무자지만 직급은 대리이니 위로 과장, 부장, 사장 눈치까지 보느라 자기 의견을 분명히 말하지 못하더라고요. 사장의 한마디면 기껏 결정된 게 뒤집어지기도 하고요."

"흥미롭네요. 그런 상황이《정관정요》랑 어떻게 연결이 되던가요?"

잠시 망설이던 명환이 다시 말을 이었다.

"솔직히 말씀드리면 책은 자세히 읽지 못했고《정관정요》를 쓴 오긍이 왜 이걸 썼는지 배경을 좀 알아봤거든요. 측천무후^{則天武后}가 막대한 권력을 함부로 휘둘러 백성들의 삶이 힘들어진 것은 물론 나라에 재앙을 불러올 정도였잖아요. 최고 통치자가 행동을 잘못하면 어떻게 되는지, 역사를 거울 삼아 썼더라고요."

"맞아요. 사관이었던 오긍이 불후의 명작으로 손꼽히는《정관정요》를 남긴 이유도 정치 철학을 통해 나라 발전에 기여하고자 했기 때문이었어요. 그는 춘추필법^{春秋筆法}을 고수했지요."

"춘추필법이요?"

희의 설명에 대로가 물었다.

"중국인들이 역사를 서술할 때 지키던 원칙인데 비판적이고 엄정하게 역사를 기록함으로써 가치 판단을 나타내던 방식이에요. 오긍은 사관이었기에 한 사람의 인생에 대해 선악과 장단점 등의 빛과 그림자를 모두 평가하고 역사적인 의미를 부여하는 권한이 있었어요. 그래서 《정관정요》에는 신하들뿐만 아니라 황제의 뒷모습까지 적나라하게 쓰여 있잖아요."

옛날이야기를 들려주듯 쉽게 이야기하는 희 덕분에 《정관정요》가 무척 친근하게 다가왔다.

"책을 읽기 전에 배경을 찾아보다니, 정말 좋은 자세예요."

희의 칭찬에 명환은 별거 아니라며 얼굴을 붉혔다.

"작업할 때 버릇이에요. 클라이언트가 의뢰한 일을 제대로 하려면 왜 이 작업이 필요한지, 무엇을 원하는지, 선후 맥락을 파악해야 하거든요."

"훌륭해요. 사실 고전을 읽는 건 먼 과거의 일을 뚝 떼어내 알기 위함이 아니에요. 고전이 고전인 이유는 현대인에게 여전히 시사하는 바가 많기 때문이거든요. 《정관정요》를 암기한다 한들 그 정신과 뜻을 새기지 못하면 의미가 없지요."

"어떻게 읽을 것인가, 관점이 중요하단 말씀인가요?"

대로가 자세를 고쳐 앉으며 물었다.

"바로 그거예요. 역사는 다시 쓰는 현대사라고 하잖아요? 고전을 읽는 것도 마찬가지죠. 지금 내 삶에, 지금 우리가 살고 있는 이 사회에 비추어 재조명해야 하는 것이지요. 당대 사회가 지녔던 문제와 그 시대를 살았던 사람들의 정신을 바탕으로 현재와 미래를 모색해보는 거예요. 아무 문제의식 없이 읽는다면 시간 낭비에 불과할 뿐이에요. 정확한 목표 없이 소일거리로 읽는다면 아마 지루해서 한 장도 읽지 못할걸요."

방인이 피식 웃었다. 한 장도 넘기지 못하고 졸았던 적이 많았던 탓이다.

"다시 명환 씨 이야기로 돌아갈까요?《정관정요》의 배경이 현재의 어떤 문제에 어떻게 영향을 미쳤는지 궁금해요."

"대단한 건 아니고, 그저 좀 더 생각하게 됐어요. 실권이 없는 실무자를 앞에 두고 내가 길길이 날뛰어봤자 서로 얻을 게 없잖아요. 그래서 그 사람에게 초점을 맞추지 않고 맡은 임무에 대한 궁리를 했죠. 사장이 원하는 게 무엇일지, 어떤 그림을 그리고 싶을지 그 입장에서 최대한 상상해보니 방향이 나오더라고요. 게다가 지금은 대리지만 그 사람도 몇 년 후에는 과장이나 팀장이 되어 실권을 가지고 일할 사람이잖아요. 정신이 번쩍 들더라고요."

대로는 명환의 이야기를 들으며 내심 감탄했다. 명환은 상황을 파악할 때는 영악할 정도로 현실적이었다. 독한 데가 있고 가끔 독설을 쏟아내지만 적어도 클라이언트한테 예의 없는 태도를 보이진 않는 모양이었다. 그렇게 상황 파악이 빠른 친구가 선배한테 뒤통수를 맞았다니 명환의 성격상 상처가 오래갈 것이 뻔했다.

"소통의 묘미를 배우고 싶을 때도《정관정요》는 큰 도움이 될 거예요. 내 주장을 하기 전에 사람들의 이야기를 듣는 게 얼마나 중요한지 배울 수 있거든요. 옆에 놓고 두고두고 읽어보세요. 고전의 힘은 시대를 뛰어넘는 지혜에 있지요. 평생 읽어도 그 깊이를 다 알지 못할 수도 있어요."

다들 묵묵히 고개를 끄덕였다. 묵직한 책의 두께만큼이나 울림이 있는 말이었다. 특히 대로는 '소통'이란 말을 몇 번이고 되씹었다. 녹록하지 않은 회사 생활이 떠올랐다. 자기는 직원들과 소통을 제대로 하지 못하고 있다는 생각이 들었다. 한숨이 절로 나왔다. 희는 한 사람 한 사람 돌아보며 말했다.

"다들 이제 시작이에요. 명환 씨가 오늘 중요한 이야기를 했어요. 제가《정관정요》에서 가장 중요하게 꼽는 것과도 일맥상통해요."

가장 중요한 것이라니, 희가 어떤 이야기를 할지 궁금했다. 대로는《정관정요》의 핵심이 무엇인지 알고 싶었다.

"제40장 신종愼終, 신중한 끝맺음에 나오는 말이에요. 아는 것보다 실천이 최우선이다."

"아는 것보다 실천이 최우선이다."

세 명은 꼭꼭 씹어 먹듯이 천천히 따라 했다.

* * *

"결국엔 실천이 중요한 거군요."

대로가 목소리에 힘을 주었다.

"물론이죠."

"하아, 그 실천이라는 것이 참 어렵단 말이에요. 작심삼일이 되기 십상이고.《정관정요》를 읽는 일만 해도 그래요. 매일 한 시간씩 읽겠다고 다짐했는데 이삼일 하다 말았거든요."

방인이 실천한다는 것은 큰 결심이 필요하다며 목소리를 높였다.

"하하하. 그래서 오긍도 그랬잖아요. 아는 것이 어려운 게 아니라 실천하는 것이 어렵고, 실천하는 것이 어려운 게 아니라 그것을 끝까지 지키는 것이 어렵다고요. 알고 행하고 지속하는 것, 무엇을 목표로 삼든지 이렇게 할 수 있다면 성공에 가까이 다가갈 수 있을 거예요. 작은 것이라도 좋아요. 결정을 하고 행동으로 옮기고 지속해보세요. 짧게는 한 달, 길게는 일 년, 기간을 정해두고 해보는 것도 한 방법이죠."

"우리 내친김에 여기서 각자 약속 한 가지씩 할까? 그동안 했어야 하는 일을 하나 골라 한 달 동안 해보는 걸로."

대로의 눈빛이 반짝거렸다. 그의 제안에 다른 두 친구도 흔쾌히 동의했다. 방인이 먼저 손을 번쩍 들었다.

"나는 하루에 만 보 걷기."

그의 말에 대로와 명환이 방인의 불룩 튀어나온 배를 쳐다봤다. 방인은 그렇지 않아도 잘 움직이지 않는 편이었는데 카페를 열고 운동량이 더 줄어 몸무게가 엄청 불었다.

"네 배를 보니 당연히 만 보는 걸어야겠지만 처음이니까 할 수 있는 걸 해."

"한 달은커녕 일주일도 못 할 거면서."

대로와 명환이 한마디씩 했다.

"이 자식들이. 모처럼 운동 좀 하겠다는데 왜 딴지를 거냐."

"딴지가 아니고, 실천 가능한 걸 하라고!"

대로가 손가락으로 엑스를 그렸다.

"그러는 넌? 넌 뭘 할 건데?"

방인이 씩씩거리며 물었다.

"내일부터 사무실 나가면 무조건 내가 먼저 인사할 거야. 그래서 다음 달엔 모든 직원들과 원만한 관계를 만드는 거지."

대로의 말에 두 친구는 비리 상사가 있는 한 불가능한 일이라며 절레절레 고개를 흔들었다. 대로가 갑자기 그들 앞에 검지를 들어 흔들며 아니라고 표현했다.

"군주의 위세 따위를 두려워하지 않고 사실대로 역사를 집필한 오긍처럼 나도 두려워하지 않으려고.《정관정요》는 소통을 위한 책이라잖아. 오늘 선생님 말씀을 되새겨서 다시 읽어보려고. 그리고 그 사람이 무엇을 잘못했는지 깨닫게 하겠어."

대로의 단호한 모습에 두 친구는 깜짝 놀랐다. 희는 환하게 웃었다.

"당나라 태종의 시대를 들어 '정관의 치貞觀之治'라고 부른 이유는 위징이나 방현령 같은 충신이 있었기 때문이에요. 위징 같은 인물은 태종을 죽이라고 모략을 세웠던 사람이기도 해요. 당 태종은 그를 자기의 측근으로 두고 직언을 들었지요. 만약 여러분이라면 적을 옆에 둘 수 있었을까요?"

희의 말에 방인과 명환은 언제 배신할지 모르니 결코 그럴 수 없다고 했다. 그런데 대로는 다르게 말했다.

"저는 김부장의 측근이 되고 싶어요."

그러자 두 친구는 그러다 바로 잘린다며 아예 생각도 말라고 했다. 그러자 희가 물었다.

"왜 측근이 되고 싶지요?"

"회사를 위해서요. 그리고 작게는 나와 그를 위해서요. 저, 이 회사에 입사하려고 무지 노력했거든요. 이 책을 읽기 전에는 몰랐는데 읽고 나니 그런 생각이 드네요. 쉽게 물러서지는 않겠다."

그 말에 방인과 명환이 대단하다며 박수를 쳤다.

"대로 씨는 책을 읽으면서 특별히 마음에 든 부분이 있었나요?"

책을 제대로 읽지 않은 방인과 명환은 쉽게 생각나지 않았다. 그러나 희는 무엇인가를 알겠다는 표정을 지었다.

"네. '어진 관리의 임명과 간언의 중요성'을 보며 많은 생각이 들었어요."

방인과 명환이 대충 알겠다며 대로의 말에 수긍했다.

"사실, 저도 마음에 드는 부분이 있긴 했어요."

방인도 책에 대해 한마디 거들고 싶었다. 친구들이 궁금해하자 방인이 "에헴" 하며 헛기침을 했다.

"거울을 보면 나의 의관을 단정하게 할 수 있고, 역사를 거울로 삼으면 왕조의 흥망성쇠 원인을 알 수 있고, 사람을 거울로 삼으면 내가 얻고 잃는 것을 분명히 알 수 있다."

방인의 말에 대로와 명환이 그렇다며 서로 호응을 했다. 그러고는 서로를 거울 삼아 자신의 득실을 분명히 보자고 했다. 희는 세 젊은 이가 흥분하며 말하는 모습을 보며 환한 미소를 지었다.

"이제 시작하는 단계의 모임에서 이런 성과를 얻다니 앞으로도 정말 기대가 됩니다."

희가 모두를 번갈아 보며 웃었다.

"나는 앞으로 여러분을 스승이자 친구로 삼고 싶군요."

희의 말에 대로가 부끄럽다는 듯이 씩 웃었다.

"당 태종이 신하를 사우師友로 대했다고 하는데 저희가 어떻게 감히 선생님의 스승이자 친구가 되겠어요? 한참 부족합니다."

대로가 말하자 방인과 명환도 그럴 수 없다며 벌떡 자리에서 일어나더니 허리를 숙여 앞으로도 잘 부탁한다며 인사를 했다. 그러자 대로도 질세라 일어나 희에게 넙죽 인사를 했다. 넉살 좋은 이들의 행동에 희는 박장대소를 했다.

우 리 가 더 나 은 세 상 을
만 들 수 있 을 까 ?

"좋은 아침, 이대리! 어제보다 더 멋져 보이네."

대로는 활짝 웃으며 옆자리에 있는 이대리에게 인사를 했다.

"어, 그래? 어제 야근했는데, 뭐가 멋지다는 건지. 어쨌든 고마워."

이대리는 반사적으로 김부장 자리를 봤다. 그리고 김부장이 출근
전이라는 것을 알고 안도의 한숨을 쉬었다. 이대리는 요즘 들어 부
쩍 친근하게 인사하는 대로가 부담스러웠다. 그냥 예전처럼 눈인사
정도만 했으면 좋겠는데.

"오늘도 파이팅 하자고!"

대로가 큰 소리로 말하며 손바닥을 쫙 펼쳐 하이파이브를 하려 했
지만 이대리의 반응은 시큰둥했다. 대로는 펼쳤던 손을 내리며 멋쩍
게 웃었다.

그는 스스로와의 약속을 지키기 위해 사무실 직원들에게 열심히

인사를 했다. 그런 대로의 인사를 받아주는 사람은 딱 두 명이었다. 한 명은 진심으로 받아주는 주리였고 나머지 한 명은 눈치 없이 떠드는 다비였다. 그 외 사람들은 대로에게 건성으로 인사를 하거나 여전히 그를 유령처럼 취급했다. 시간이 지나도 대로의 노력은 별다른 소득이 없었다. 여전히 주리와 다비를 빼고 대로에게 먼저 인사를 하거나 말을 거는 이들이 없었다.

'나, 아직도 무시당하는 거 맞지? 김부장 때문에? 아직도 다들 김부장 눈치를 보는 거야? 그 인간이 그렇게 무서워?'

대로는 주위를 둘러봤다. 서로 농담도 잘하고 간혹 여기저기서 웃음소리도 들렸다. 사무실 분위기는 좋았다. 대로만 빠진다면 금상첨화였다.

'나는 여기서 뭐지?'

대로는 김부장 쪽을 봤다. 쉽게 얕볼 수 있는 인간이 아니었다. 대로는 그가 이렇게 큰 회사에서 부장 자리까지 오를 때는 뼈를 깎는 고통이 있었을 거라고 짐작했다. 게다가 뒷주머니까지 찰 때는 더욱더.

'철두철미한 인간 같으니라고. 그런 사람이 나에게 들키는 실수를 했으니 더욱 경계가 심하겠지. 하루라도 빨리 그를 내치려면 증거를 모아야 하는데. 어떻게 해야 하지?'

그때 박과장이 자리에서 일어나 직원들을 향해 말했다.

"여러분, 지난번에 있었던 '더 좋은 회사 만들기' 공모전에서 우리 부서 대표로 나갔던 나주리 씨와 우정상 씨가 2등을 했습니다. 그래서 부장님께서 오늘 회식을 쏘신답니다!"

직원들이 환호를 지르며 박수를 쳤다. 대로는 주리를 우러러봤다.

늘 자기와 야근을 하면서 언제 그런 공모까지 참여했는지, 그녀가 자랑스러웠다. 박과장은 계속 말을 이었다.

"우리가 앞으로 올해 남은 기간 동안 지금처럼 잘 이끌어간다면 이번 하반기에도 우수 부서로 뽑힐 확률이 높아진 거지요. 이것은 다른 부장님보다 월등히 뛰어나신 리더, 김부장님께서 우리를 잘 이끌어주신 덕분이라고 생각합니다. 이에 부장님께 박수!"

대로는 김부장에게 잘 보일 기회라는 생각에 정신없이 박수를 쳐 댔다. 그리고 잘 나오지 않는 휘파람도 휙휙 불었다. 그의 과장된 행동을 본 주변 사람들은 눈살을 찌푸렸다.

"그런데 우리가 회식을 다 같이 가면 좋은데 오늘 마무리할 일이 있지요? 누군가 남아서 그 일을 해줬으면 좋겠는데……."

박과장의 말을 들은 대로는 직감적으로 자신이 회식 자리에 참석할 수 없다는 것을 느꼈다. 주위를 둘러보니 다들 자기 책상에 머리를 박고 뭔가를 열심히 하는 척했다. 옆에 있던 주리가 자원을 하려고 하자, 대로가 그녀를 막았다.

'주인공이 빠지면 안 되지. 주리 씨가 나 때문에 희생할 수는 없어.'

대로가 번쩍 손을 들었다.

"제가 남아서 마무리하겠습니다."

여기저기서 안도하는 모습이 보였다. 박과장은 대로에게 마무리할 서류가 무엇인지 이대리한테 잘 배우라고 했다. 대로가 다시 자리에 앉으려 할 때 김부장과 눈이 마주쳤다. 김부장은 눈으로 사람을 비웃는 묘한 재주가 있었다. 대로는 속이 부글부글 끓어올랐다. 그는 외치고 싶었다.

'나는 당신이 지난번에 한 일을 알고 있다!'

순간, 대로는 김부장의 입술이 움직였다고 생각했다. 대로는 그의 입술을 뚫어지게 봤다.

'증거 있어? 그럼 이 자리에서 말해보든가.'

대로가 두 주먹을 불끈 쥐었다. 그리고 사무실이 쩌렁쩌렁 울릴 정도로 소리쳤다.

"김부장님!"

모두 대로를 쳐다보자 김부장도 고개를 살짝 들어 그를 봤다. 대로는 꿀꺽 침을 삼켰다.

"열심히 하겠습니다!"

김부장은 고개를 두어 번 까딱하고는 이내 책상 위에 놓인 모니터로 시선을 옮겼다. 대로는 김부장 옆으로 순식간에 모이는 하이에나 떼를 보았다. 그들은 듣기 좋은 소리로 김부장에게 계속 알랑거렸다.

'진정한 리더가 뭔지도 모르면서. 하루라도 빨리 김부장의 진짜 모습을 보여주고 더 좋은 회사 만들기에 솔선수범하는 거야.'

대로는 주먹 쥔 손에 힘을 주었다. 그런데 김부장이 있는 무리의 분위기가 화기애애할수록 손에서 힘이 점점 빠졌다. 대로는 깊은 한숨을 쉬었다.

'역시 계란으로 바위 치기인가?'

대로는 책꽂이에 꽂힌 책 한 권을 유심히 봤다.

'바르지 못한 리더에 간신 무리라. 딱 망조가 든 나라 같잖아. 아, 이럴 때 모두를 깨우칠 수 있는 현자가 나타나 일침을 가해야 하는데. 내 힘으로는 무리야. 약해, 너무 약해. 힘을 키워야 하는데 어떻

게 키우지?'

대로는 슬그머니 일어나 직원 휴게실로 향했다. 수천 마리의 새들이 귓가에서 지저귀는 것처럼 머리가 너무 시끄러웠다. 나름대로 노력을 한다고 했는데 김부장의 마음을 얻는 일은 나무에서 물고기를 구하는 것보다 더 어렵게 느껴졌다.

'더럽고 치사한 꼴은 당하지 말자고 다짐했건만. 그래, 절이 싫으면 중이 나가면 되잖아. 그리고 더 나은 회사를 찾으면 되지.'

대로는 양복 안주머니에 손을 넣고 늘 가지고 다니는 사직서 봉투가 잘 있나 확인했다. 봉투가 만져지자 손이 파르르 떨리고 가는 한숨이 새어나왔다. 대로는 마치 길을 잃은 사람처럼 자판기 앞에 멍하니 서 있었다. 그때였다. 작고 하얀 손이 불쑥 들어오더니 동전 주입구에 돈을 넣었다. 그리고 커피를 꺼내 대로 코앞에 갖다 댔다. 달콤한 커피 향에 정신이 들었다.

"무슨 생각을 그렇게 골똘히 하세요? 커피가 다 나온 것도 모르고. 커피는 제가 삽니다."

주리가 커피를 건네며 대로를 빤히 봤다.

"온 줄도 모르고 죄송해요. 잘 마시겠습니다."

주리가 커피를 뽑는 동안 상 받은 거 축하한다며 인사를 했다. 그리고 잠시 뜸을 들이다 입을 열었다.

"늘 야근하느라 바쁜 것 같았는데 언제 공모전에 기획안을 낸 거예요? 정말 몰랐어요. 어떤 생각으로 더 좋은 회사를 만들려고 하는지 궁금하네요. 저도 요즘 더 좋은 회사를 만들려고 고민 중이거든요."

대로의 진지한 모습에 주리가 살짝 미소를 지었다.

"저희 기획안의 뼈대는 '1인ᐧ 1업ᐧ'을 만들자는 거였어요."

"네? 1인 1업이요? 그게 뭔가요?"

대로는 자기가 잘못 들었나 싶었다. 이미 회사에 들어와 자기 일을 하는 사람들에게 1인 1업이라니 이해할 수 없었다.

"대로 씨도 알지 않나요?"

"제가요?"

주리가 고개를 끄덕였다. 대로는 자기가 무엇을 안다는 것인지 도통 알 수가 없었다.

"플라톤Platon의《국가Politeia》를 읽고 있는 거 아닌가요? 대로 씨 책꽂이에서 봤는데요."

"아…… 아직 다 읽지 못해서요."

대로는 언제나 자기보다 한발 앞서는 주리가 놀라웠다.

"저는 어느 단체에 가면 이 단체가 플라톤이 언급한 그런 곳인가 아닌가 생각하는 버릇이 있어요. 그래서 그것과 비슷하면 다행이다 싶고, 전혀 다르다면 바꾸는 일에 도전하고 싶은 생각이 들지요.《국가》처럼 만들고 싶다는."

그녀의 목소리는 맑고 명쾌했다. 유리구슬처럼 투명한 그녀의 눈동자가 한없이 반짝였다. 그리고 그를 보고 말하는 것 같았다.

'당신도 그렇지 않나요?'

그는 얼른 고개를 돌렸다. 부끄러웠다. 다음 모임에서 토론할 책은 플라톤의《국가》였다. 그런데 대로는 여러 가지 일로 머리가 복잡하다는 핑계를 대고 책꽂이에 꽂아만 두었다. 그리고 모임 날짜까지 정 책을 읽지 못하면 인터넷에서 요약본을 찾아보자는 안일한 생각을 했다. 솔직히 대학생 시절에도 《국가》를 제대로 읽지 않고 아는 척만 했다.

'못난 놈. 진실은 언제 탄로가 나도 나는데. 남이 밝히지 못해도 나 스스로는 알잖아. 내가 얼마나 무식한지. 내 습관이 얼마나 잘못된 것인지. 귀찮아서 모른 척한 것뿐이잖아.'

그는 창피해서 도저히 고개를 들 수가 없었다. 주리는 대로가 왜 그렇게 얼굴을 붉히는지 의아해했다. 대로는 처리할 일이 생각났다며 황급히 그곳을 떠났다. 자리로 돌아오자마자 얼른 《국가》를 꺼내 가방에 넣었다. 다른 이들이 책꽂이에 꽂힌 책을 보면서 자기를 어떻게 생각했을지 상상하니 창피했다.

'속으로 나를 얼마나 비웃었을까? 아니, 읽지도 않은 책을 왜 꽂아둔 거야? 잘난 척하는 것도 아니고.'

그는 하루 종일 주리와 마주치지 않으려고 애썼다. 대화를 나누다가 자신의 무식함이 완전히 들통날 것 같아 두려웠다. 직원들이 모두 퇴근을 한 후에야 가방에서 《국가》를 꺼내 읽기 시작했다. 1인 1업이 무엇인지 궁금해서 도저히 참을 수가 없었다.

* * *

희는 세 젊은이가 그동안 얼마나 많은 생각을 했을까 궁금했다. 두 번째 만남에서 그들의 모습은 더 피폐해 보였다. 그 가운데 대로는 눈이 퀭한 것이 며칠 밤을 지새운 사람 같았다.

"다들 괜찮은 거예요? 오늘 많이 힘들면 다음으로 미룰까요?"

세 명은 할 수 있다고 대답했다. 특히 대로는 오늘 반드시 이야기를 나누고 싶다고 했다. 불타오르는 그들의 의지에 희가 알겠다며 고개를 끄덕였다.

"오긍의《정관정요》를 읽고 플라톤의《국가》를 읽으니 어때요?"

희는 지난번처럼 그들의 대답을 기다렸다.

"저는 이번에도 비리 상사 때문인지, 리더의 자격을 다룬 부분이 눈에 띄었어요. 세상은 참 이상해요. 리더 같지 않은 사람들이 버젓이 리더를 하고 있으니까요."

대로는 정말 마음에 들지 않는다고 덧붙였다.

"리더 같지 않은 사람들이라, 리더가 되려면 필요한 조건이 있다는 말이군요. 리더가 될 사람은 따로 있나요?"

희가 세 사람을 한 명씩 응시했다.

"하긴 내가 리더가 되고 싶다고 해서 리더가 되는 것은 아닐 텐데요."

방인이 고개를 갸웃거리며 말했다.

"넌 이번에도 책을 제대로 못 읽은 거야?"

명환이 핀잔을 주자 방인은 머리를 긁적거렸다. 명환은 방인의 모습에 한술 더 떴다.

"이렇게 책을 읽지 않아서야. 우리가 하는 말이 무슨 말인지나 알아듣겠어?"

"그럼 못 알아듣는 날 위해 네가 플라톤처럼 나를 대화로 이끌어주면 되잖니. 좋다. 오늘 내가 너를 스승으로 삼지. 유명환 선생님, 무지한 저를 일깨워주소서."

방인이 넉살 좋게 명환을 향해 고개를 숙였다. 방인의 모습에 명환이가 '흠흠' 목을 가다듬었다. 희는 그런 그들의 모습이 보기 좋았다. 자기의 부족한 점을 바로 인정하고 또한 그 부족한 점을 채워주려는 모습이 훈훈했다.

"좋아. 내가 플라톤처럼 물어보지. 경제부 장관은 누가 되면 좋을까?"

명환의 질문에 방인이 바로 대답했다.

"정말 플라톤이 그런 식으로 물었어? 누가 경제부 장관이 되면 좋겠냐고? 그야 돈을 잘 쓰는 사람이지."

방인은 플라톤이 참으로 현대적인 대화를 했다는 생각이 들었다.

"돈을 잘 쓰는 사람이란 어떤 사람을 말하는 거지요? 때와 장소를 가리지 않고 마구 쓰는 사람을 말하는 건가요?"

희가 방인에게 다시 질문했다.

"그러니까 제가 말하는 돈을 잘 쓰는 사람은 집안 살림을 잘하는 사람을 뜻하는 거예요. 우리 셋 중에는 명환이가 맞겠네요."

방인의 말에 대로가 대뜸 대답했다.

"명환이는 살림을 잘하는 게 아니고 쓰지 않는 거지. 너무 짠돌이야."

방인도 그건 그렇다며 고개를 끄덕였다. 희는 웃으며 명환이 경제부 장관을 하면 좋겠다고 했다. 그 말에 명환이 어깨를 으쓱했다.

"네가 만약 경제부 장관이 되면 돈을 너무 풀지 않아 사람들이 더 힘들어하지 않을까?"

"왜 이래, 난 황희 선생님도 인정한 절제의 덕을 갖춘 사람이라고. 너희들 살림도 나한테 맡겨보면 확실히 알 거야. 너희는 낭비가 너무 심해. 자, 다음으로 국방부 장관은 어떤 사람이 좋을까?"

"군인?"

방인의 말에 두 친구는 그만 실소를 터트렸다. 그리고 명환은 방인의 무지함에 자기가 오히려 부끄럽다고 했다. 대로도 그 말에 동의했다. 그러자 방인이 버럭 열을 냈다.

"개구리 올챙이 적 생각 못한다고. 너희도 얼마 전까지는 나처럼 무지했다고. 이제 겨우 책 두 권 읽고 잘난 척하기는. 그리고 명환이 너, 넌 엄밀히 말하면 《정관정요》를 끝까지 읽지 못했으니 이제 한 권 읽은 거잖아. 내가 다음에는 반드시 꼭 읽어 온다."

"군인이 국방부 장관이 된다는 것이 왜 웃기지요?"

희의 물음에 방인이 천군만마를 얻은 듯 왜 웃긴지 빨리 말해보라며 두 친구를 닦달했다.

"군인이라고 다 국방부 장관이 될 수 있는 건 아닌데, 방인이의 말은 마치 모든 군인이 국방부 장관이 될 수 있다는 것처럼 들렸거든요."

대로의 말에 희의 눈이 반짝 빛났다.

"한 단어만으로도 그 안의 오류를 찾을 수 있군요. 좋아요. 계속 말해보세요."

방인이 의아해하며 대로의 말이 꼭 말장난 같다고 했다.

"군인 중에 가장 용감한 군인만이 국방부 장관이 될 수 있겠지요."

대로가 말을 마치자 방인이 짧게 탄성을 내며 이제야 알겠다며 고개를 끄덕였다.

"그렇다면 정치는 누가 맡으면 좋을까?"

명환이 질문하자 방인은 하마터면 "정치가"라고 답할 뻔했다. 그래서 대로가 말한 것처럼 다시 생각했다.

"정치를 한 사람 중에 가장 똑똑한 사람?"

방인의 말에 그들은 웃음을 터트렸다.

"야, 한방인. 정치인들 중에 똑똑하지 않은 사람은 거의 없어. 당선자들의 이력을 봐. 훌륭하잖아. 그렇게 공부 많이 한 사람들이 모였는데 왜 우리는 살기 좋다는 말보다 죽겠다는 말을 더 자주 하는 걸까?"

대로의 말에 희가 무릎을 쳤다. 그리고 방인이 뭐라고 말할지 궁금해하며 방인을 바라봤다.

"너무 똑똑해서?"

방인의 말에 두 친구가 핀잔을 주려고 하자 희가 왜 그렇게 생각하느냐고 물었다.

"아니, 자기들이 너무 똑똑한 걸 스스로 다 알잖아요. 그렇게 똑똑한 사람들이 모여서 안건 하나 올리는 데도 무슨 양보가 있겠어요? 그러니 옥신각신하는 거 아니에요."

방인이 목소리에 힘을 주었다.

"그럼 그렇게 똑똑한 사람들 중에 가장 똑똑한 사람은 어떤 사람일까요?"

희의 질문에 방인이 어떻게 답할지 두 친구도 무척 궁금했다.

"글쎄요. 다들 똑똑하지만, 그래도 그들 중에 자기의 잘못을 알고 다른 이의 잘못도 바로잡는 이가 있지 않을까요? 대로가 제 대답의 오류를 찾았듯이 말이에요. 아, 모르겠어요. 차라리 지금 시대에 플라톤이나 공자, 맹자가 있었으면 좋겠네요."

방인의 말에 그들은 박수를 쳤다. 방인은 그들의 반응에 영문을 몰라 눈만 멀뚱멀뚱했다.

"내가 맞췄어? 어느 부분이 정답이야?"

"플라톤, 맹자, 공자."

명환의 대답에 방인이 왜 그러느냐고 되물었다.

"지혜롭잖아."

그 말에 방인은 짧은 탄성을 지르며 크게 수긍했다.

"모든 정치인들이 지혜롭지 않다는 것은 아니에요. 지혜롭지만 더 지혜로워야 할 필요가 있지 않을까요?"

희의 말에 세 친구는 그렇다고 했다.

"그래서 플라톤은 철학자가 가장 나라를 잘 다스리고 올바른 정치를 한다고 믿었던 것 같아요. 정치인들이 철학서를 좀 읽고 정치를 한다면 우리가 살기 힘들다는 말을 덜하게 될까요? 사는 게 힘들다고 할 때마다 어디서부터 잘못된 것인지 궁금해져요. 잘못의 근원은 너무 뿌리가 깊어 뽑아낼 수는 없다고 해도, 뽑는 시늉이라도 해야 하는데 그런 시도조차 못 하는 것 같아 안타까울 때도 있고요. 못하는 건지, 안 하는 건지 그것조차 의문이에요."

대로의 말에 방인이 박수를 쳤다. 그러고는 대로가 좀 성장한 것 같다고 말했다.

"플라톤이 철학자여서 철학자가 정치를 잘할 거라고 말한 건 아니에요. 실제로 그는 시칠리아 섬에 이상 국가를 실현하려다가 실패했는데도 끝내 포기하지 않은 게 있었어요. 철학자가 왕이 되든지, 왕이 철학 공부를 해야 한다는 거였지요."

"아, 그게 말로만 듣던 '철인정치哲人政治'군요. 전 예전에 철인정치를 철인삼종경기와 같은 맥락으로 알았지 뭐예요. 그래서 아테네에서 정치를 잘하려면 체력도 좋아야 하는구나 생각했어요. 그땐 참 무식 했죠.”

아무렇지도 않게 말하는 방인에게 두 친구는 지금이라도 깨달아 서 다행이라고 했다.

“대로 씨는 상사 때문에 고민을 많이 한 것 같은데《국가》를 읽고 도움이 좀 됐나요?”

희의 눈빛은 한없이 부드러웠다. 그 눈빛만으로도 대로는 위로를 받는 것 같았다.

“저희 회사에 이런 사람이 있어요. 그 사람은 어떤 그룹에 속하면 그 그룹이 플라톤이 말한 ‘국가’와 비슷한지 살펴본대요. 그래서 비 슷하지 않으면 고치고 싶다는 도전 정신이 생긴대요. 그러면서 1인 1업을 말하더라고요. 우리 부서가 리더인 부장님 덕분에 팀워크가 좋다고 하는데 진짜 그게 다 부장님 덕분인지 생각해봤어요. 물론 부장님이 직원들에게 당근을 많이 준 덕도 있지만 우리 부서가 타 부서보다 1인 1업을 잘한다는 것을 알았지요.”

방인이 그게 뭐냐고 물었다.

“각자가 자기 취향이나 적성에 맞는 일을 하나씩 갖는 것. 이 세상 에서 자기 성향에 맞는 일을 하는 사람들이 얼마나 될까? 1인 1업은 국가 만들기의 기초래.”

대로의 대답에 희가 책을 열심히 읽은 것 같다며 칭찬을 했다. 희 가 말했다.

“모든 국민에게 직업이 하나씩 있다면 걱정이 좀 사라지지 않을까요? 그것도 자기와 딱 맞는 일을 한다고 생각해보세요. 일할 때마다 억지로 한다기보다 자발적으로 하려는 마음이 더 강하지 않겠어요? 즐기는 사람을 이기기는 어렵잖아요. 이렇게 만들어진 국가에서 일하는 모든 이들에게 자기 일에 대한 절제, 용기, 지혜가 자연스럽게 생겼다고 해봐요. 게다가 이것들이 잘 유지될 수 있도록 보존까지 잘하는 국가가 있다면 어떨까요?"

"당장 그 나라로 이민을 가겠죠. 그렇지 않아도 전 세계가 실업난 때문에 몸살을 앓고 있는데. 취업 걱정이 없다는 것만으로도 날아갈 것 같겠네요."

방인이 들뜬 목소리로 말했다. 희가 환하게 웃었다.

"이게 바로 국가 정의를 세우는 기초인 셈이에요. 이런 것들을 지키는 것이야말로 정의가 살아 있다고 하는 게 아닐까요? 국가 정의가 살아 있으면 당연히 개인 정의도 살아 있겠지요?"

희의 물음에 세 친구는 크게 고개를 끄덕이며 그럴 거라고 대답했다.

"그런데 각자가 자기 일을 하다 옆 사람이 하는 일에 감 놔라, 대추 놔라 한다면 어떻게 될까요? 간단한 예로, 대로 씨가 명환 씨 일에 참견하고, 명환 씨는 방인 씨 일에 참견하는 거지요. 또 방인 씨는 대로 씨가 하는 일에 잘잘못을 따지는 거지요."

희의 말이 끝나기 무섭게 세 명이 동시에 말했다.

"네가 뭘 안다고 참견이야! 너나 잘하세요."

희가 빙그레 웃었다.

"서로가 지켜야 할 자리를 지키지 못하고 남의 일을 넘본다면 어떻게 될까요? 플라톤은 그것을 악행이라고 했으며 부정의라고 말했지요."

"한마디로 자기 주제를 파악하지 못하고 까불다가는 큰코다친다는 얘기군요. 나까지 망하는 것이 아니라 남까지 망하게 하는."

방인의 말에 두 친구가 그렇다고 했다. 대로는 김부장을 생각했다. 결국 자기 주제도 모르고 잘못된 리더십으로 팀을 이끌었다가는 좌초될 게 불을 보듯 뻔했다.

"신라 시대의 시 가운데 〈안민가安民歌〉가 있어요. 각자가 맡은 바일을 잘 해낸다면 나라가 태평해진다는 내용이지요. 플라톤이 말한 이상 국가란 결국 이런 나라가 아닐까요? 나라가 잘 굴러가려면 권리만 주장할 게 아니라 의무도 같이 잘 이행해야 해요."

세 친구는 맞는 말이라며 크게 인정했다.

"가만 생각해보니 이상 국가가 따로 있는 게 아니란 생각이 드네요. 굳이 다른 곳에서 이상 국가를 만들지 말고 현실을 이상적으로 만들면 되잖아요?"

방인의 말에 두 친구가 박수를 쳤다.

"맞아요. 내가 지금 몸담고 있는 국가를 이상 국가로 만들면 되겠지요. 그런데 그걸 알면서도 왜 그렇게 하지 못하는 걸까요?"

희가 조용히 그들을 봤다.

"그러면 좋겠지만 너무 뿌리 깊은 적폐 때문이 아닐까요? 그걸 모조리 뿌리 뽑는 게 힘들다는 것을 아니까 소설이든 현실에서든 새 땅에서 때 묻지 않은 상태로 시작하려는 거겠지요. 정경 유착을 어떻게 끊을 수 있겠어요? 안타깝지만 현실에서는 그 고리를 끊는다는 건 기적과도 같은 일이라고 봐요."

대로의 목소리는 단호했다. 두 친구도 천천히 고개를 끄덕였다.

"그 말은 정말 절망적으로 들리네요. 그럼에도 불구하고 정말 현실에서는 희망이 없을까요?"

희의 물음에 세 친구는 아무 대답도 할 수 없었다.

"플라톤도 이상 국가를 만들려다 실패했는데, 현실에서 이상 국가를 만든다는 발상부터가 역설적이에요. 현실에 이상 국가를 만들면 그게 이상 국가겠어요? 현실 국가지. 결국 무릉도원, 유토피아, 청산 등과 같은 것은 비현실적일 수밖에 없는 것 같아요."

대로가 말했다. 어둡고 무거운 목소리였다.

* * *

대로의 말에 반론을 제기한 건 명환이었다.

"저는 좀 다르게 생각해요."

희는 호기심에 가득 찬 얼굴로 명환이 계속 말하기를 기다렸다.

"저는 이상 국가가 존재할 수 있다고 생각해요. 그건 마치 이데아가 존재하는 것과 같은 게 아닐까요? 제가 이 책을 읽으면서 가장 크게 공감했던 부분이기도 해요. 모든 존재하는 사물에는 그 사물만의 원형이 있다는 거지요. 이상 국가를 하나의 사물로 본다면 잘못된 이야기는 아닌 것 같아요. 생각해보면 그렇잖아요. 우리가 어떤 현상을 보고 '이건 아니다, 이건 잘못된 것이다'라고 하는 것은 그것의 잘잘못을 구분 지을 수 있는 기준이 있기 때문이 아닐까요? 그렇다면 그 기준은 뭘까요? 제 짧은 생각으로는 그 기준이 바로 진리, 플라톤이 말한 이데아라는 생각이 드네요."

명환은 잠시 말을 끊었다가 대로를 보며 다시 시작했다.

"대로, 너도 잘 생각해봐. 네가 비리 상사를 따르지 못하는 이유가 분명 있을 거야. 넌 그것 때문에 괴로운 거 아니야? 다른 사원들은 그에게 잘 맞춰 지내는데 넌 그렇게 못하잖아. 그건 너만의 기준이 있기 때문이겠지. 너만의 이데아?"

명환이 진지하게 대로를 봤다.

"그건 좀 다른 이야기인 것 같은데. 그는 범죄를 저질렀다고. 직원들이 그를 따르는 것은 그 사실을 모르기 때문이야. 만약 안다면 그들도 나처럼 김부장에게 등을 돌릴 거야."

"자신할 수 있어? 모든 직원들이 다 김부장에게 등을 돌릴 거라고?"

"난 아직 이데아가 있는지 확신할 수는 없지만 만약 있다면 우리 직원들을 플라톤이 말한 동굴 속에서 모두 데리고 나올 거야. 그리고 지금까지 그들이 본 그림자가 착각이었다는 것을 밝히고 말 거야."

대로의 눈빛이 무섭게 반짝였다. 희가 그의 어깨를 다독였다. 그리고 명환도 뜨거운 박수를 대로에게 보냈다.

"플라톤이 말했던 것처럼 네가 무지한 그들을 참된 세계의 빛이 있는 곳으로 이끌려고 노력하는 것은 정말 훌륭해. 하지만 친구로서 부탁하고 싶은 것은 그로 인해 네가 다치지 않았으면 좋겠어. 플라톤의 스승도 옳은 신념을 지키려고 했다가 독약을 마셨잖아."

명환이 진지하게 말하는 바람에 대로가 제발 그러지 말라고 손을 내저었다.

"하하하하. 날 소크라테스에 비유하는 거야? 어디 가서 그런 얘기 하면 그야말로 나 맞아 죽는다. 하지만 친구, 날 높이 평가해줘서 고맙네. 그런데 난 그렇게 지혜로운 사람이 아니야. 소크라테스 발뒤꿈치에도 못 미치는 걸 알면서."

대로의 웃음에 잠시 무거웠던 분위기가 눈 녹듯 사라졌다.

"그렇지. 대로는 너무 무식해서 용감하지."

방인이 한마디 거들었다. 희는 그들의 대화를 듣고 있는 것만으로도 즐겁고 행복했다.

"철학은 플라톤 이전과 이후로 나뉘고, 플라톤 이후의 철학은 모두 플라톤 철학의 주석이라는 말이 맞는 것 같군요. 실제로 많은 철학자들이 그의 사고를 찬성도 하고 반론도 제기하면서 철학을 발전시켰지요. 그의 사상은 철학뿐만 아니라 정치, 경제, 예술에도 많은 영향을 미쳤어요. 지금 여러분이 말한 내용을 듣고 있으니 대한민국의 세 청년이 플라톤의 철학에 주석을 더하고 있다는 느낌을 지울 수가 없네요. 정말 보기 좋습니다. 몇천 년 전의 플라톤 철학이 오늘날 이렇게 현실에서 논의될 수 있다는 것이 말이에요."

"아! 시간과 공간을 초월할 수 있는 힘. 이것이야말로 철학의 위대한 힘이 아닌가 싶네요."

방인의 말에 모두 공감했다.

"마지막으로 이런 상상을 해봅시다. 만약 국가가 없어진다면 어떨까요?"

세 친구는 그런 상상은 하고 싶지도 않다며 손사래를 쳤다.

"국가의 범위가 너무 넓다면 여러분이 속한 단체를 생각해봅시다. 여러분이 속해 있는 회사나 단체가 없어진다면 어떨까요?"

대로가 먼저 대답을 했다.

"솔직히 지금 마음 같아서는 저희 부서가 해체된다면 조금은 시원할 것 같아요. 항상 1등을 하는 부서라 좀 아쉽기는 하지만 그래도 지금 그들이 있는 곳은 진실한 세계가 아니니까요."

"좋아요. 대로 씨, 그럼 현재 대로 씨는 회사에 대한 사명감이 없다고 봐도 되나요? 직원들을 동굴 속에서 데리고 나오고 싶다는 말을 했을 때는 회사와 직원들을 정말 아낀다는 생각이 들었는데 해체를 하면 속이 시원할지도 모른다고 하니, 앞뒤가 맞지 않지요?"

대로는 발끈하며 그건 아니라고 했다. 그리고 자기가 얼마나 애사심이 있는지 몰라서 하는 소리라고 했다.

"애사심과 사명감이 있는데 왜 부서가 해체되면 속이 시원할까요? 진짜 애사심과 사명감이 있는 게 맞나요? 같은 부서에 있다는 어떤 분처럼 왜 플라톤의 이상 국가로 만들어볼 생각을 하지 않나요?"

대로는 첫 번째 모임과 마찬가지로 정곡을 찔렸다는 생각이 들었다.

'난 분명 애사심도 있고 사명감도 있는데. 왜 해체해야 한다고 생각했지?'

대로는 자기 마음을 다시 들여다보고 싶었다. 그런데 생각하면 할수록 애사심과 사명감에 대한 자신이 점점 없어졌다. 희는 진지하게 고민에 빠진 대로의 모습이 아름답다고 생각했다. 두 친구도 자기들이 속한 곳에 대한 사명감이 어느 정도인지 진지하게 고민하는 듯했다.

천당과 지옥,
우리는 그 사이 어디쯤

　　집안 분위기는 날로 더 무거워졌다. 아버지는 대로 몰래 꼬마 빌딩 투자까지 뛰어들었다가 사기를 당해 돈을 모두 날리고 말았다. 얼마 뒤 집은 강제경매에 붙여졌고, 대로네 가족은 졸지에 달동네로 이사를 가야했다.

　'또 아버지의 부질없는 욕심으로 가족이 고생하는구나.'

　이사는 일사천리로 진행되었다. 방인과 명환이 이사를 돕겠다고 했지만 대로는 정든 집을 떠나는 초라한 모습을 보여주고 싶지 않았다. 이사를 하는 내내 식구들은 아무 말이 없었다. 새집은 언덕 중턱에 있는 낡은 다가구 주택이었다.

　'아직도 서울에 이런 곳이 있다니. 이곳도 곧 철거될 것 같은데. 어머니는 용케 이런 곳을 찾으셨구나.'

　대로는 이삿짐을 옮기는 부모님을 봤다.

'어머니는 또 몇 년 전처럼 입을 꾹 다문 채 묵묵히 남의 집 도우미를 하며 돈을 모으시겠지. 세 식구가 그렇게 열심히 돈을 모아 마련한 집이었는데.'

집을 살 때 대로도 돈을 보탰으니 엄밀히 말하면 그 집에 대한 몫이 그에게도 있었다. 그러나 대로는 왜 자기 몰래 집을 저당 잡혔느냐고 따지지 않았다. 아니, 따지고 싶지 않았다. 아버지에게 화가 머리끝까지 났지만 말을 할수록 소모적일 뿐이라는 것을 알고 있었다.

'어머니는 돈 아낀다고 무릎관절 수술도 못 받았는데. 또 통증이 도질 거야. 그동안 나는 수술비도 못 모으고 뭘 했지?'

어머니와 아버지가 숨을 몰아쉬며 계단에 앉아 있었다. 대로는 울컥 뜨거운 것이 치밀었다.

'대한민국은 없는 사람이 살기 힘든 곳이야. 더구나 없는 사람끼리 등쳐 먹다니. 전씨 아저씨 내 눈에 띄기만 해봐라.'

대로의 얼굴에 점점 열이 올랐다. 그는 잡념에서 벗어나려고 온 힘을 다해 짐을 옮겼다. 뼈마디가 쑤시고 계단을 오르내릴 때마다 다리근육은 점점 당겼다. 아버지가 그에게 말없이 생수 한 병을 건넸다. 그러나 그는 본체만체하고 계단을 오르며 이를 악물었다.

대로는 힘겹게 짐을 옮기는 부모님을 볼 때마다 자기가 무능력하다는 생각을 떨쳐버릴 수가 없었다. 집으로 오르는 계단 손잡이는 페인트칠이 다 벗겨져 붉은 속살을 내비치고 있었다. 흔들거리는 계단 손잡이는 지지대 역할을 제대로 하지 못했다. 손잡이를 잡았던 손바닥에 빨간 쇳가루가 묻어나왔다. 조금만 힘을 줘 잡아 뽑으면 쑥 뽑힐 것 같았다. 당장 내일 이 건물이 무너져도 이상할 것이 없었다.

'만약 철거가 되면 그땐 어떻게 해야 하는 거지? 변두리 중의 변두리로 내몰리는 건가? 내몰리면 살아갈 집과 돈은 있고?'

대로는 현관 옆 작은 방에 자기 짐을 툭 내려놓았다. 집이 무너져라 소리를 치고 싶었다.

'이상 국가? 현실에 그딴 게 어디 있어? 철학가들? 다 뜬구름 잡는 소리나 하는 거지.'

대로는 갑자기 철학가들에게 분풀이를 하고 싶었다. 그들을 한 명씩 앉혀 놓고 그들이 말하는 세상이 도대체 어디에 있는 거냐고 따지고 싶었다. 그리고 한마디 던지고 싶었다. 당신들은 얼마나 삶을 치열하게 살았느냐고. 제발 그 현학적인 말로 무지한 사람들을 현혹시키지 말라고.

대로는 쌓인 짐 속에서 노끈으로 묶은 철학책들을 정신없이 찾았다. 그리고 노끈을 풀어 책들을 거칠게 방바닥으로 집어 던졌다.

"제발 입이 있으면 말을 해보라고!"

방바닥은 책으로 난장판이 되었다. 짐을 들고 거실로 들어온 아버지가 대로의 방을 보았다. 대로는 아버지와 눈이 마주쳤다. 대로는 거칠게 방문을 닫고 책 위에 벌러덩 누웠다. 누렇게 바랜 천장에 김부장의 얼굴이 떠올랐다. 김부장의 입꼬리 한쪽이 쓱 올라갔다.

'그래, 그게 제갈대로 씨의 현실이야. 보이지도 않는 나의 비리를 캐겠다고 하지 말고 그냥 내 손을 잡아. 어때?'

대로는 벌떡 상체를 일으켜 세웠다. 바닥에 깔린 책 모서리에 등골이 찔렸다. 그는 등 밑에 있던 책을 들어 올렸다. 이사 오기 전날 밤에 읽던 책이었다. 대로는 책을 든 손을 앞으로 쭉 뻗었다. 그리고 책 표지를 뚫어지게 보았다.

"다 부질없어."

그는 자기 처지에 문사철 모임도 다 사치라는 생각이 들었다. 어쩌면 환상 속에서 김부장이 제안한 것처럼 그와 손을 잡는 게 더 현명한 일인지도 모른다는 생각이 들었다. 그는 눈을 질끈 감아버렸다.

* * *

대로는 몸에 한기를 느끼며 눈을 게슴츠레 떴다.

"내가 언제 잠들었지?"

일어나려고 손으로 바닥을 짚자 흙이 만져졌다. 누군가 옆에서 말을 걸었다.

"이런 곳에서 잠이 들었다가는 바닥 냉기 때문에 입 돌아가요."

누군가 그의 어깨에 겉옷을 걸쳐주었다. 그는 놀라 자리에서 벌떡 일어섰다.

"어떻게 된 거죠?"

그는 목소리를 향해 고개를 돌렸다.

"앗? 황희 선생님!"

그는 주위를 두리번거렸다. 어떻게 된 일인지 자기와 희가 숲으로 난 길 앞에 있었다.

"왜 제가 여기에 있죠? 선생님은요?"

희는 평소처럼 부드러운 미소를 대로에게 보냈다.

"대로 씨는 오늘 여행을 해야 하는데 제가 동행하려고요."

"여행이요? 이삿짐도 아직 정리를 못 했는데요?"

"오늘 하루쯤 집안일은 잊어도 돼요."

대로는 그 말이 자기를 구원해주는 것만 같았다. 희의 말처럼 힘든 현실을 하루쯤 잊는 것도 나쁘지 않다고 생각했다. 그런데 희를 만나기 전 철학자들을 원망했던 말이 떠올라 대로는 희의 얼굴을 똑바로 볼 수가 없었다. 그런 대로의 마음을 알기라도 하듯 희가 그의 어깨를 다독였다. 대로는 희를 보고 배시시 웃었다.

"네. 선생님. 선생님과 함께라면 어디라도 좋습니다. 어디로 가야하지요?"

대로는 희가 이끄는 대로 산길을 따라 하염없이 걸었다. 그는 온종일 이삿짐을 나른 탓에 한 걸음 떼는 것도 버거웠다. 그는 자리에 털썩 주저앉았다.

"선생님, 죄송합니다. 더 이상은 무리예요."

그는 아예 바닥에 누워버렸다.

"다 왔어요. 이제 저 문으로 들어가면 돼요."

"문이요? 이 산속에 문이 있다고요?"

희가 가리킨 곳에는 돌문이 있었다. 마치 〈알리바바와 40인의 도적〉에 나올 법한 돌문이 그들 앞에 버티고 있었다. 대로는 힘겹게 일어났다.

"열려라, 참깨라고 하면 열리는 문인가요?"

돌문 앞에 서 있는 대로에게 희는 손으로 밀어보라고 했다. 장정열 명이 밀어도 움직일 것 같지 않던 문은 신기하게도 대로가 손으로 살짝 밀자 굉음을 내며 열렸다.

문 안쪽은 캄캄했다. 대로는 선뜻 안으로 들어설 용기가 나지 않았다. 희는 익숙하다는 듯 문 안으로 쑥 들어갔다. 대로는 마지못해 희의 뒤를 따랐다. 그러자 돌문이 쾅 소리를 내며 닫혔다. 차가운 공기가 대로의 몸을 감싸자 오소소 소름이 돋았다.

어둠은 대로의 형체까지 모두 삼켜버렸다. 자기조차도 인식할 수 없는 어두운 곳에서 대로는 희를 놓칠세라 팔을 뻗어 그를 잡으려고 했다. 그러나 희는 잡히지 않고 어둠 속에서 그의 목소리만 울렸다.

"대로 씨, 두려워하지 말고 발을 앞으로 내딛어요. 그러면 바닥으로 미끄러지듯 떨어질 거예요. 안심하세요. 절대 다치지 않아요. 그럼 먼저 가서 기다리겠습니다."

슝. 한차례 바람이 일더니 그의 목소리는 더 이상 들리지 않았다.

"선생님!"

어둠 속 공포가 그의 몸을 휘감았다.

"진퇴양난이군. 이제 어떻게 하지? 돌문이 언제 열릴지 모르는데. 정말 발을 내딛으면 선생님 말씀처럼 될까? 여기서 선생님을 따르지 않으면 뾰족한 수가 있나?"

대로는 심호흡을 크게 했다. 그리고 희를 따르기로 결심했다.

"선생님!"

한 발을 내딛자 땅이 꺼지며 희의 말처럼 대로는 끝도 없이 밑으로 떨어졌다. 견딜 수 없는 속도감에 온몸이 갈가리 찢겨지는 것 같았다.

'이 속도로 떨어지다가는 바닥에 충돌해서 결국 죽을 거야. 난 이렇게 죽을 운명이었어. 아버지, 어머니! 불효자는 먼저 갑니다! 아,

주리 씨!'

대로는 모든 것을 포기하고 떨어지는 속도에 몸을 맡겼다. 그런데 어찌 된 일인지 이대로 죽겠다 싶을 때 마치 공기가 몸을 떠받히듯 대로의 몸이 붕 공중에 떴다. 그러고는 그를 지상으로 사뿐히 내려놓았다. 대로는 헉헉거리며 숨을 몰아쉬었다. 옆을 보니 희가 있는데 전혀 힘들어하는 모습이 아니었다.

"선생님, 괜찮으세요? 저는 죽는 줄 알았어요. 그런데 여긴 어딥니까?"

"지옥입니다."

"네?"

대로는 잘못 들은 게 아닌가 싶어 희를 뚫어지게 봤다. 그러고는 농담은 그만하라고 했다. 그러나 희의 표정이 예사롭지 않아 대로는 주위를 살폈다. 아무것도 보이지 않았지만 여기저기서 이상한 소리가 났다. 어떤 사람은 아픈지 끙끙 앓는 소리를 냈고 어떤 이는 누군가를 저주하는 듯이 욕을 퍼부었다. 무슨 뜻인지 알아들을 수 없는 말들이 사방에서 들려왔다. 대로는 너무 놀라 뒤로 주춤 물러서며 희의 옆에 바싹 붙었다. 여기저기에서 지르는 비명 소리에 대로는 어찌할 바를 몰랐다.

"저들의 소리가 너무 고통스러워 더 이상 참을 수가 없군요. 여기서 나가고 싶습니다. 제발요, 선생님."

대로는 희의 손을 덥석 잡았다. 희가 그를 데리고 걷자 주위가 조금씩 환해지며 주변의 모습이 드러났다. 그들이 멈춘 곳 앞에는 강이 흐르고 있었다. 강 건너편에서 늙은 노인이 소리를 지르며 배를 몰고 왔다.

"당신들! 살아 있는 사람들이 어떻게 여길 들어왔지? 빨리 돌아가지 못해?"

"카론, 제 말씀 좀 들어보세요."

'설마 단테의 《신곡》에 나오는? 지옥의 강을 지킨다는 카론? 세상에!'

희는 카론에게 무엇인가를 설명했다. 대로는 힐끗힐끗 카론을 봤다. 2미터는 족히 넘어 보였고 핏발이 선 부리부리한 눈은 마주치기만 해도 없는 죄라도 지어서 불어야 할 것 같았다.

"좋아. 이곳에서 나는 당신들을 보지 못한 거야. 이번 한 번만 봐줄 테니 어서 돌아가."

카론은 다시 배를 쏜살같이 몰아 사람들이 있는 곳으로 갔다. 그러고는 배에 늦게 오르는 이들에게 욕을 퍼붓기 시작했다. 카론은 노를 사정없이 휘두르며 서두르라고 재촉했다. 사람들은 울부짖으며 배에 오르지 않으려고 했다. 하지만 사방에는 그들을 향해 활을 겨누고 있는 궁수들과 무시무시한 송곳니를 드러낸 늑대들이 있었다.

배에 탔던 누군가가 도망가려고 강으로 뛰어들자 늑대들이 사납게 짖어대기 시작했다. 그때 강 위로 거대한 보아 뱀이 솟구쳐 올라 강에 뛰어든 사람을 한입에 삼켜버렸다. 그 모습에 놀란 사람들은 한 번만 살려달라며 아우성을 쳤다. 대로는 차마 눈 뜨고 볼 수가 없었다.

"저들은 누구죠?"

"죽은 자들이에요."

"지옥에 온 사람들은 어떻게 되는 건가요?"

"지옥에 온 사람들은 이곳에서 절대 나가지 못해요. 그들은 지옥에서 영원히 죽지도 살지도 못하면서 죄의 대가를 받아요. 살이 뜯기고 뼈가 부러지는 고통을요."

"저도 죽으면 지옥으로 갈까요?"

"지옥으로 갈지 어떨지는 대로 씨 자신이 더 잘 알겠지요."

희의 말에 등골이 오싹했다. 대로는 지옥이 이런 곳이라면 절대 오고 싶지 않다는 생각을 했다. 그러고는 그동안 자기가 어떤 잘못을 했는지 곰곰이 떠올렸다. 그때 누군가 카론이 젓는 노에 맞아 퍽 소리를 내며 배 안으로 쓰러졌다.

사람들은 앞 사람이 쓰러진 것에 아랑곳하지 않고 꾸역꾸역 배 안으로 밀려 들어갔다. 고통스럽게 소리치며 배에 오르는 사람들을 보자 전쟁도 이런 전쟁이 없다 싶었다. 그때 노를 맞고 배 안으로 쓰러졌던 사람이 배 밖으로 얼굴을 내밀었다. 그의 이마에서는 피가 아닌 검은 물이 하염없이 흘러내렸다. 대로는 그를 뚫어지게 봤다. 낯이 익었다. 그러다 대로는 그만 화들짝 놀라고 말았다.

"전씨 아저씨? 아저씨, 죽은 거야? 우리 집을 그 지경으로 만들어놓고?"

이마에 검은 물이 흐르는 사람이 천천히 고개를 들어 대로를 봤다. 그러고는 뭐라고 말을 하려는 듯 입을 옴짝거렸지만 아무 소리도 나지 않았다. 대로가 그에게 달려가 왜 그랬느냐고 따지려 했지만 희가 어서 가야 한다며 말렸다. 대로가 희의 손에서 벗어나려 하자 희가 그를 번쩍 들어 땅바닥으로 패대기를 쳤다. 그 바람에 대로는 정신을 잃고 말았다.

* * *

"팔자 좋네. 당장 일어나지 못해!"

놀란 대로는 눈을 번쩍 뜨고 주위를 두리번거렸다. 김부장을 본 대로는 자리에서 벌떡 일어났다.

"당신만 게으름을 피우고 있잖아. 작성한 서류들을 몽땅 사장실로 옮기는 일이 오늘 해야 할 일이야. 알겠어? 그 일을 하기 전에는 절대 여기서 못 나가."

책상을 보니 놀랍게도 분명 조금 전까지 없던 서류들이 잔뜩 쌓여 있었다. 대로가 알겠다며 고개를 끄덕였다. 그가 서류를 들고 움직이려는데 발이 너무 무거워 꼼짝할 수가 없었다. 아래를 보니 양쪽 발목에 무거운 쇠공이 달린 쇠사슬이 묶여 있었다. 대로는 어찌 된 일이냐며 김부장을 봤다. 그러자 김부장은 눈을 부라리며 어서 움직이라고 다그쳤다. 대로는 한 발을 간신히 떼었다.

'이런 속도라면 오늘 안에 못 끝내겠어.'

사무실 여기저기에서 앓는 소리가 들렸다. 둘러보니 직원들 표정이 하나같이 죽을상이었다. 대로는 그들의 발목을 봤다. 쇠공의 크기는 조금씩 달랐지만 그들 모두 쇠사슬을 달고 일을 했다. 대로는 주리를 찾았지만 사무실에서 보이지 않았다.

"대로 씨 그렇게 멀뚱히 있다가는 일만 더 는다고."

옆에 있던 이대리의 말이 끝나기 무섭게 책상 위에 쌓여 있던 서류가 배로 늘었다. 대로는 뭔가 이상하다는 생각에 희를 찾았다. 희라면 어찌 된 영문인지 알 것 같았다. 하지만 희는 보이지 않았다. 그는 일을 빨리 끝내야겠다는 생각에 책상 위에 있는 서류를 몽땅 들었다. 그리고 힘겹게 발을 뗐다.

'엘리베이터를 타면 금방이야. 조금만 힘을 내자.'

엘리베이터 앞에 선 그는 주저앉고 싶었다. 엘리베이터 문마다 '고장'이라고 쓰인 종이가 붙어 있었다. 대로는 발목에 달린 쇠공을 끌고 44층을 향해 올랐다. 있는 힘을 다해 서류를 사장실까지 옮기고 사무실로 돌아왔다. 그런데 이게 어쩐 일인가? 책상 위에는 아까보다 더 높이 서류가 쌓여 있었다. 다시 44층까지 오를 생각을 하니 욕이 저절로 나왔다. 그때 고막을 찢을 듯한 사이렌 소리가 울리고 이어 안내방송이 나왔다.

"제갈대로 씨 경고입니다. 회사에 대한 불만을 표현하였으니 모두에게 벌을 내리겠습니다."

이곳저곳에서 탄식이 터졌다. 직원들의 발목에 매달린 쇠공이 순식간에 커졌다. 그리고 그들의 업무량은 두 배로 늘었다. 직원들이 일제히 대로를 노려봤다. 대로는 너무 미안해 그들의 얼굴을 제대로 볼 수가 없었다.

'업무과다로 누군가 쓰러지겠어.'

대로의 걱정대로 복사기 앞에서 땀을 뻘뻘 흘리며 복사를 하던 다비가 쓰러졌다. 대로는 그녀에게 가서 괜찮으냐고 묻고 싶었지만 다리가 무거워 움직일 수가 없었다. 자기 일에 바빠 누구도 다비를 돌보지 않았다. 갑자기 사무실 문이 열리면서 회색 정장을 입은 사람 둘이 들어와 다비를 질질 끌고 사무실 밖으로 나갔다.

'말도 안 돼. 사람을 저렇게 끌고 가다니. 희 선생님은 어디 계신

거지?'

대로가 일의 속도를 내지 못할수록 일의 양은 비례해 늘었다.

"제갈대로 씨, 이대로 나를 이길 수 있다고 생각하나?"

김부장의 목소리가 들렸다.

"내가 스스로 노후 대책을 세우겠다는데 당신이 무슨 참견이지? 당신도 내 배려를 받고 있었잖아. 그런 당신도 어차피 나와 한배를 탄 거야. 이 사무실에 있는 모든 사람이 공범인 거라고."

"회사 물건을 빼돌리다니…… 내가 반드시 고발할 거예요."

대로는 도저히 참을 수가 없어 소리를 질렀다.

"어떻게? 증거는 있고? 명예훼손으로 고소당하기 싫으면 잠자코 있으라고."

대로의 몸이 부들부들 떨렸다. 방법이 없다는 생각을 하자 절망의 늪에 빠진 것 같았다.

'나는 그를 결코 이길 수 없어.'

그는 땅이 꺼질 듯 한숨을 쉬며 양복 안주머니에서 봉투를 꺼냈다.

"더럽고 치사해서 내가 그만두겠어요. 하지만 당신! 당신은 반드시 지옥에 떨어질 거야. 그리고 그곳에서 영원히 고통을 받으면서 썩을 거야."

대로는 봉투를 김부장의 얼굴에 던지려고 팔을 높이 들었다. 그런데 누군가 그의 팔을 확 잡았다. 옆을 보니 희가 있었다. 그는 대로를 보고 고개를 좌우로 흔들었다.

"나갑시다."

대로는 희의 손에 이끌려 사무실에서 나왔다.

지금 당신은 어디로 가고 있는가

"도대체 왜 제가 사무실에 있는 거지요?"

"사무실이라고 생각하세요? 여긴 연옥이에요."

"연옥이요? 아니, 저한테는 지옥보다 더 지옥 같았어요. 참, 주리 씨가 보이지 않던데. 저만 나가면 안 돼요. 주리 씨도 같이 가야 하는데. 저런 곳에서 계속 고통을 당하게 둘 수는 없어요."

대로가 다시 사무실로 들어가려고 하자 희가 말렸다.

"주리 씨는 걱정하지 말아요. 조만간 그녀를 만날 거예요."

대로는 그제야 안심이 되었다. 한숨을 돌리고 났더니 이마가 따끔거렸다. 이마를 만진 대로의 손가락에 피가 묻어났다. 대로는 의아해하며 희를 봤다.

"이마에 대로 씨의 죄목이 새겨져 있군요."

"죄목이요? 뭐라고 쓰여 있나요? 제가 무슨 죄를 지었지요? 그럼 전 이곳에서 나갈 수가 없나요?"

희가 안절부절못하는 대로의 어깨를 잡았다.

"당신의 이마엔 '오만'이라고 쓰여 있군요."

"오만이요? 내가 언제 오만했나요? 불의를 보고 참지 못한 것이 오만한 행동이었나요? 이해할 수 없어요. 아니 인정할 수 없어요."

"대로 씨, 이곳에선 당신의 죄에 합당한 벌을 받아야 해요. 그 벌을 다 받고 나면 이곳에서 나갈 수 있어요. 그게 지옥과 다른 점이지요. 이미 대로 씨는 사무실에서 한차례 벌을 받았지요. 그래서 이마에 있는 낙인도 희미해졌고요. 다음 방으로 들어갈까요?"

대로는 벌을 다 받고 나갈 수 있을지 자신이 없었다. 문을 열고 나갔더니 새로 이사 간 집 앞이었다. 이삿짐센터 사람들은 트럭에서 끝도 없이 짐을 내렸다.

"이 많은 짐을 언제 다 나르지?"

일을 시작하기도 전에 다리가 후들거렸다.

"짐이 너무 많아. 나 혼자 다 옮길 수는 없어. 누군가 도와줬으면 좋겠는데."

그때 무거운 짐을 이고 힘겹게 걸어가는 두 노인이 눈에 띄었다. 그들은 여든 살도 넘어 보였다. 아무리 봐도 노인이 이고 가기에는 너무나 짐이 무거워 보였다. 대로는 금방이라도 쓰러질 것 같은 노인들의 앞을 가로막았다.

"할아버지, 할머니, 내려놓고 잠시 쉬세요. 제가 옮길게요."

대로는 그들의 얼굴을 보고 놀라 그만 자리에 주저앉고 말았다.

"아버지? 어머니?"

부모님은 부쩍 늙어 있었다. 백발의 머리는 엉켜 있었고 깊게 주름진 얼굴엔 검버섯이 가득했다.

"왜? 아버지하고 어머니가 여기에 계시는 거예요? 네?"

대로는 얼른 두 분의 이마를 보았다. 희미했지만 아버지의 이마에는 '나태'와 어머니의 이마에는 '착각'이 찍혀 있었다. 대로는 두 분이 머리에 이고 있는 짐을 내리려고 했지만 그들은 대로의 손을 뿌리치고 계단을 천천히 올랐다.

"이곳에서는 각자의 일이 있어요. 그리고 서로 도와줄 수 없지요."

희가 옆에서 말했다.

부모님은 짐을 집 안에 두더니 다시 트럭 쪽으로 갔다. 짐을 너무 많이 져서 그런지 그들은 서 있을 때조차 구부정했다. 젊은 일꾼들은 몸집보다 큰 짐을 부모님의 머리에 올렸다. 어머니가 짐을 받다가 비틀거리며 주저앉았다. 그는 달려가 넘어진 어머니를 일으켜 세웠다.

"어머니, 괜찮으세요? 당신들 말이야, 그렇게 큰 짐을 주면 어떻게 해? 사람이 감당할 수 있는 짐인지 아닌지 분간도 못 해!"

"여기 있는 짐들은 다 같은 크기예요. 우리한테 불만을 말해봐야 소용없어요. 우린 그저 짐을 주기만 하면 돼요. 그게 우리 일인걸요."

"뭐라고? 그걸 말이라고 해?"

대로가 일꾼의 멱살을 잡자 어머니가 대로를 말렸다.

"대로야, 이분 말씀이 맞다. 너도 도와줄 생각은 하지 마라. 부탁이다. 이 짐은 내가 감당할 나의 몫인 거야."

대로는 트럭의 짐칸을 봤다. 같은 크기의 상자들이 짐칸 가득 실려 있었다. 어머니는 주저앉아 무거운 짐을 머리에 이려고 애썼다. 대로가 도와주려 했지만 어머니는 한사코 거부했다. 무거운 짐 때문에 어머니의 목이 꺾일 것만 같았다. 두 다리는 사시나무 떨듯 사정없이 흔들렸다.

대로는 입술을 꽉 깨문 채 밀려오는 눈물을 참았다. 어머니를 도울 수 없다는 생각에 가슴이 터질 것만 같았다. 아버지가 짐을 등에 지고 계단을 천천히 오르는 모습이 보였다. 대로는 그만 소리를 버럭 질렀다.

"이게 다 아버지 때문이잖아요. 아버지 때문에 벌써 몇 번째 집을 옮기는 거예요? 아버지가 욕심만 내지 않았어도 어머니가 이런 고생을 하지 않아도 되는데. 왜 정신을 못 차리는 거예요. 네? 아버지!

뭐라고 말씀 좀 해보세요!"

그러나 아버지는 아무 말도 없이 쓰러질 듯 계단을 하나씩 올랐다.

"아버지!"

어머니가 대로의 손을 꼭 움켜잡았다. 차갑고 거친 감촉이 느껴졌다.

"대로야, 모든 일에는 누구의 탓이란 없단다. 다 그 자리에 내가 있어서 겪게 되는 일일 뿐이야. 아버지를 원망하지도 탓하지도 마라."

"하지만 어머니……."

눈물이 좀처럼 멈추지 않았다. 눈물 때문에 가녀린 어머니의 모습이 흔들려 보였다. 그는 어머니의 이마에 찍힌 낙인을 봤다. 비틀거리며 계단을 오르는 어머니의 뒷모습을 보다 이해할 수 없다며 희를 봤다.

"어떻게 착각이 죄가 될 수 있나요? 말도 안 돼요. 어머니는 우리 가족을 위해 희생만 하셨는데."

"가족들에게 내가 없으면 안 된다는 착각은 어쩌면 자기 최면이 아닐까요?"

"그래서 더 열심히 일하는 거잖아요."

"나 없으면 안 된다는 착각만큼 어리석은 것도 없지요. 물론 대로 씨 말이 맞을 때도 있어요. 그게 더 열심히 사는 이유가 될 때도 있겠죠. 하지만 나 아니면 안 된다고 생각하는 사람은 남들이 하는 일이 만족스럽지 않을 거예요. 그리고 다른 이들이 하는 것이 다 서툴고 잘못됐다고 생각하겠지요. 어쩌면 그들은 다른 이들이 성장하는 것을 기다리지 못하는 건 아닐까요? 그런 성급한 판단으로 상대방이

능력을 발휘하는 것을 막거나 성장할 기회를 빼앗는 것일 수도 있지 않을까요?"

대로는 어머니의 예전 모습을 떠올렸다. 집안의 모든 일은 어머니의 손을 타지 않은 것이 없었다.

'그저 어머니를 완벽주의자라고만 생각했는데, 누구보다 가족을 위해 희생하시니까 잔소리도 참을 수 있었는데. 그것이 죄가 된다니.'

"그럼 '나태'는 왜 죄가 되나요? 나태는 남에게 피해를 주지 않잖아요. 그냥 자신만 게으를 뿐인데."

"정말 나태가 남에게 피해를 주지 않는다고 생각하세요?"

"무슨 피해를 주지요?"

"치열하지 않은 생각. 다시 말해 생각을 나태하게 하면 다른 사람에게 피해를 주지요. 생각이 나태해지면 옳은 판단을 할 수 없어요. 가정에서 아버지가 혹은 어머니가 옳은 판단을 하지 못한다면 그 집은 어떻게 될까요?"

대로는 짐을 옮기는 아버지와 어머니를 말없이 바라봤다.

"우리 집처럼 되겠군요."

대로는 짐칸에서 손수 짐을 내려 어깨에 지었다. 그리고 묵묵히 부모님의 뒤를 따랐다. 그는 꼬박 사흘 동안 짐만 옮겼다. 마침내 트럭에 상자가 딱 하나 남아 있었다. 대로는 마지막 짐을 등에 지고 계단을 올랐다. 다리에 힘이 빠질수록 입술을 더욱 세게 깨물었다. 피가 신발 위로 뚝뚝 떨어졌다. 그는 마지막으로 젖 먹던 힘을 다해 짐을 방에 내려놓고 쓰러졌다.

"대로 씨, 대로 씨. 괜찮아요? 눈 좀 떠보세요."

어디선가 달콤한 향기가 났다. 그는 천천히 눈을 떴다. 주리가 대로를 내려다보고 있었다. 그는 주리를 보자 마음에 얹혔던 무거운 짐이 한순간에 사라지는 것 같았다. 간신히 몸을 일으킨 대로는 주리를 꽉 껴안았다. 그리고 그녀의 어깨에 기대어 소리 죽여 울었다.

"주리 씨, 정말 힘들었어요."

주리가 대로의 등을 다독였다.

"고생 많았어요. 이제 다 끝났어요."

"다요? 정말 다 끝난 거 맞아요?"

주리가 웃으며 고개를 끄덕였다. 그는 주변을 둘러보았다. 힘겹게 나르던 짐도, 부모님의 모습도 보이지 않았다. 그들은 노란 유채꽃이 펼쳐진 꽃밭에 앉아 있었다.

"선생님은 어디에 계시지요?"

"선생님은 대로 씨를 저한테 맡기면서 잘 보살펴달라고 하시며 원래 있던 곳으로 가셨어요."

"아, 저는 지옥도 봤고 연옥도 봤는데 그럼 여긴 천국인가요?"

"그 비슷한 곳이라고 할 수 있겠네요."

대로가 이마를 만졌는데 어떤 흔적도 느낄 수 없었다. 주리가 빙그레 웃었다.

"연옥에서 해야 할 일을 다 하면 낙인은 지워져요. 대로 씨한테 소개해줄 사람이 있어요."

지금 당신은 어디로 가고 있는가

주리가 대로의 손을 잡고 일으켜 세웠다. 대로의 몸은 새털같이 가벼워 마음만 먹으면 날 수도 있을 것 같았다. 대로의 눈앞에 한 줄기 강한 빛이 쏟아져 내렸다. 누군가 그 빛을 타고 내려왔다. 그는 왠지 모르게 굉장히 설렜다. 대로는 주리의 손을 꼭 잡았다. 주변의 빛이 거치자 하늘에서 내려온 사람이 누군지 보였다.

"맙소사. 주리 씨, 저 사람은…… 나는 외국어 잘 못해요. 더군다나 이탈리아어는……."

그들 앞에 한 남자가 온화한 미소를 지으며 서 있었다.

"정말 내가 아는 그 사람이 맞나요? 정말요?"

대로는 자기의 눈을 믿을 수 없어 마구 비볐다. 주리는 생각한 그 사람이 맞다며 고개를 끄덕였다. 대로는 심호흡을 크게 하고 나지막이 그의 이름을 불렀다.

"단테?"

단테가 그에게 손을 내밀어 악수를 청했다. 대로는 그의 손을 잡았다. 따뜻한 체온이 대로에게 전해졌다.

* * *

"단테?"

대로는 번쩍 눈을 떴다. 그리고 주위를 살폈다. 누런 벽지가 눈에 들어왔다. 고개를 좌우로 돌려 방을 보니 여전히 방바닥에는 책들이 너저분하게 널려 있었다. 가슴 위를 보니 책 한 권이 펼쳐져 있었다.

"단테 알리기에리Durante degli Alighieri의 《신곡神曲, Divina commedia》. 그럼 난

《신곡》에 들어갔다 온 거야?"

그 책은 대로가 다음 모임을 위해 이사 오기 전날까지 읽던 것이었다. 그는 멍하니 책을 내려다봤다. 그리고 어이가 없다는 듯이 피식 웃었다. 이사 오자마자 철학자들을 한참 욕했는데 그런 꿈을 꾸리라고는 상상도 못 했다.

시계를 보니 벌써 새벽 세 시를 지나고 있었다. 그는 일어나 거실로 나가 불을 켰다. 짐들이 한쪽으로 나란히 쌓여 있었다. 그는 부모님이 주무시는 방문을 조심스레 열었다. 어두워서 두 분의 모습은 자세히 볼 수 없었지만 주거니 받거니 코 고는 소리를 들으니 안심이 되었다. 다시 방으로 돌아와 책을 가지런히 정리했다. 그리고 거울 앞에 섰다. 대로는 이마를 가리고 있던 앞머리를 조심스레 올렸다.

"잘 때 이마에 손을 올리고 잤나? 뭐지?"

이마에는 와이셔츠 단추 크기만 한 자국이 동그랗게 찍혀 있었다. 이마를 문질렀지만 그 자국은 사라지지 않았다.

진정한 자유로 향하는
첫 번째 계단

대로는 방인의 카페에서 친구들을 보자마자 그들을 힘껏 껴안았다.

"너희를 다시 봐서 정말 반갑다."

영문을 모르는 방인과 명환은 저리 가라며 대로를 밀쳤다.

"내가 얼마 전에 지옥, 연옥, 천당을 갔다 왔잖아."

"뭐? 너 이사하고 힘들었구나. 그사이에 미쳤어?"

방인이 열이 있느냐며 대로의 이마를 짚었다.

"어? 그런데 이마에 이게 뭐야? 너 이런 상처는 언제 생긴 거야? 수두 앓았을 때 딱지를 막 잡아뗐군."

명환도 대로의 이마를 유심히 봤다.

"수두 흔적은 아닌데. 일부러 동그라미를 찍어놓은 것 같잖아. 너 어젯밤에 엎드려 잤냐? 그 자국이 아직도 남은 거 아니야?"

"그러게. 이 자국이 신기하다니까. 못 믿겠지만 내가 지옥, 연옥, 천당을 갔다 온 다음에 이런 자국이 생겼다니까."

"네? 대로 씨가 어디를 갔다 와요?"

뒤늦게 모임에 합류한 희가 자리에 앉으며 대로를 뚫어지게 봤다.

"글쎄, 이 미친놈이 지옥과 연옥, 천당을 갔다 왔대요."

방인이 어이가 없다며 웃었다. 희가 대로를 보고 빙긋 미소를 지었다.

"선생님도 나왔어요. 선생님이 저를 이끌고 다니셨는데요."

"야, 그럼 네가 단테고 선생님이 베르길리우스였단 말이야?"

대로가 그런 셈이라며 고개를 살짝 끄덕였다.

"베르길리우스라, 정말 영광인데요. 아까 하던 이야기를 좀 더 자세히 해줄 수 있나요?"

"사실, 제가 꿈을 꿨는데요. 그곳이 《신곡》에 나오는 곳과 같았어요. 어찌나 깜짝 놀랐던지. 지금도 생생해요."

대로는 흥분한 목소리로 얼마 전에 꿨던 꿈 이야기를 희와 친구들에게 들려주었다. 이야기를 다 들은 그들은 정말 신기해했다.

"대로 씨, 이번 독서는 정말 푹 빠져서 했나 봐요. 책의 내용이 꿈에 다 나왔다니. 저도 지금껏 그런 적은 없었거든요. 이것이야말로 진정한 책 읽기가 아니겠어요? 독자-작가-책 속 세계와의 만남. 생각만 해도 가슴이 벅차네요. 책만 읽었을 때보다 꿈에서 직접 경험을 해보니 느낌이 어땠나요?"

"《옹고집전》의 옹고집이나 《크리스마스 캐럴》의 스크루지 영감이 된 것 같았어요. 과거로 돌아가 자신의 잘못을 심도 있게 본 후 반성하는 모습이.”

“그래? 그들은 늙어서 반성을 했는데 넌 뭘 그렇게 잘못을 해서 이리도 젊은 나이에 그런 꿈을 꾼 거야?”

명환이 물었다.

“난 오만 덩어리였어.”

“흐흐. 네가 좀 그런 경향이 있어. 마치 이 세상에 정의의 사도는 너 혼자인 양. 그런데 그럼 뭘 하나. 정작 중요한 이 시점에서는 이러지도 저러지도 못 하잖아.”

방인의 말에 대로는 그렇다며 어깨를 축 늘어뜨렸다.

“그런데 오만도 죄라니, 그보다 더 심한 죄도 엄청 많은데 고작 오만으로 그런 경험을 하다니. 그건 좀 의외다.”

“명환이 말이 맞아. 내 말이 그거였어. 그리고 솔직히 난 내 죄를 인정할 수 없더라고.”

“죄의 정도가 정해져 있다면 좋겠다. 그렇지 않고서야 어디 살 수 있겠어? 네 말을 들어보니 지옥에 가면 아주 작은 행동도 다 심판을 받는 모양인데. 그렇게 따지면 난 못 산다. 더 범죄를 저지르기 전에 세상과 작별하고 말지. 도대체 어느 단계부터 죄라고 해야 하는 거야?”

방인이 절레절레 고개를 흔들었다.

희는 세 젊은이가 스스로 ‘죄의 본질’에 대해 토론하는 모습을 보고 흐뭇했다.

“착각도 나태도 다 죄더라니까.”

“착각? 왜?”

방인은 그 정도도 죄라는 것이 의외였다.

"나비효과라고 알지요?"

희의 질문에 세 친구는 그렇다고 끄덕였다.

"죄의 시작은 어디에서 오는 걸까요?"

"선생님, 너무 뻔한 질문을. 그야 그 죄를 저지른 사람에게서 오는 거지요."

방인이 대답했다.

"맞아요. 너무 뻔한 질문이었지요? 그럼 그 사람의 어디에서 죄가 비롯되는 걸까요?"

"네?"

세 친구는 멀뚱멀뚱 서로를 봤다.

'그 사람의 어디에서 죄가 비롯되냐고? 뭐야? 선생님, 또 시작하셨어.'

대로는 희와 눈이 마주치자 고개를 푹 숙였다. 꿈을 꾼 이후로 희가 더욱 자기를 잘 아는 것 같다는 느낌을 받았다.

"마음?"

침묵을 깬 것은 방인이었다. 대로와 명환은 방인이 점점 발전하는 것 같다며 그를 치켜세웠다.

"아, 그렇군요. 마음에서 비롯된 것이군요. 그럼 그 마음이란 건 어디에 있지요?"

"아, 선생님!"

세 명이 동시에 탄성을 질렀다. 희는 그들의 반응이 재미있었다.

"세 분, 저한테 마음의 실체를 보여줄 수 있나요?"

"선생님, 지금까지 중에서 가장 어려운 질문이에요. 역시 스승님이

십니다. 기대할 걸 기대하셔야지요. 저희 같은 바보 삼총사에게."

방인이 엄지를 들어 보이며 씩 웃었다.

* * *

"마음을 어떻게 보여줍니까?"

명환도 한마디 거들었다. 방인과 명환은 포기했다며 대로를 봤다. 한동안 어깨를 축 늘어뜨렸던 대로가 갑자기 허리를 쭉 펴더니 옆에 앉아 있는 명환을 꽉 껴안았다.

"이 자식이. 아직도 정신을 못 차렸나? 저리 가라니까."

명환이 대로를 밀었다.

"이게 마음입니다. 선생님."

대로의 반응에 두 친구는 어안이 벙벙했다. 그러자 희가 박수를 치며 크게 웃었다.

"어째서 그게 마음이지요?"

"그러니까요. 어째서 껴안는 게 마음이야?"

방인도 대로의 답이 궁금했다.

"아!"

명환이 뭔가를 알았다는 듯이 대로를 봤다. 그러고는 씩 웃었다.

"역시 지옥에 갔다 온 보람이 있다. 그렇지? 마음은 추상적인 거지만 구체적으로 표현할 수 있는 방법은 여러 가지가 있지."

명환의 말에 대로가 그렇다며 맞장구를 쳤다. 희는 웃으며 고개를 끄덕였다.

"저는 마음이 아주 작은 씨앗이라고 생각해요. 그것도 눈에 보이지 않을 정도로. 그런데 그 마음을 무시할 수 없는 게 마음을 어떻게 먹냐에 따라 결과물은 하늘과 땅 차이잖아요."

"아, 그래서 나비효과라고 말씀하신 거군요."

대로는 그제야 희의 의도를 알 것 같았다.

"착각, 나태, 오만. 그 자체로는 별거 아닌 것처럼 느껴져도 그 마음이 일으키는 범위는 엄청날 수 있겠어요. 이제야 왜 그것들이 죄가 될 수 있는지 조금은 알 것 같네요. 그래서 마음을 잘 먹으라고 하는 거군요."

"대로 씨 말처럼 마음이 말썽이에요. 형체도 없는 마음에 왜 그렇게 사람들은 휘둘릴까요?"

"그러게. 지옥에 갔다 온 대로가 말해봐."

방인이 어서 말해보라며 대로를 빤히 봤다.

"야, 그게 진짜 지옥이냐? 꿈이지? 그야 뭐, 사람이 약한 존재니까? 약할수록 마음이 잘 흔들리잖아."

"대로 씨, 지옥과 꿈을 구분할 수 있어요? 지금 이 공간은 진짜 현실이라고 어떻게 장담할 수 있지요?"

"선생님, 오늘 왜 그러세요. 네?"

방인이 머리카락을 쥐어뜯으며 울상을 지었다. 갑자기 방인이 손을 뻗어 대로의 뺨을 꼬집었다.

"아!"

"선생님 보셨지요? 이게 현실입니다."

방인의 모습에 다른 이들이 껄껄 웃었다. 대로는 꼬집힌 뺨을 문

지르며 방인을 흘겼다.

"뺨이 아프긴 하지만 사실 전 꿈속에서도 충분히 고통을 느꼈어요. 물론 육체적인 고통은 아니었지만 정신적으로는 충분히 고통스러웠고 울기도 했지요. 그땐 그게 진짜 현실 같았어요. 꿈과 현실이 모호했어요."

희가 부드러운 눈으로 대로를 봤다.

"많이 힘들었군요."

"네."

힘이 빠진 듯한 대로의 목소리에서 그가 진짜 힘들었다는 것을 느낄 수 있었다.

"요 근래 정신적으로 많이 힘들었어요. 솔직히 그 꿈을 꾸지 않았다면 오늘 모임에 나오지 않았을지도 몰라요. 문사철이니, 모임이니 다 사치라는 생각이 들더라고요. 난 이렇게 힘든데 이것들이 도대체 무슨 도움이 되는지 의심이 가는 거예요."

대로의 목소리가 차분했다. 두 친구는 그 정도로 힘든 줄은 몰랐다며 미안해했다.

"야, 그러니까 이삿짐 옮기는 거 도와준다니까 굳이 혼자 한다고……. 그러니까 당연히 힘들지."

방인이 핀잔을 주자 명환이 그만하라고 눈짓을 했다.

"뭐? 뭐? 내가 틀린 말 했어? 하여튼 고집불통 제갈대로. 그놈의 자존심이 뭐라고."

방인이 계속 구시렁거렸다.

"마음 혹은 정신이 무엇인가를 느끼고 있는 그 시간과 공간이 진짜가 아닐까요? 살아 있어도 정신을 놓고 있으면 살아 있는 게 아니라고 하잖아요."

옆에 앉은 명환이 대로의 어깨를 쓰다듬었다.

"하, 이거 죄송합니다. 분위기를 이렇게 만들려고 한 건 아닌데요. 뭐, 지금은 괜찮습니다. 그러니까 모임에도 나온 거지요."

"친구, 환영하네. 우리 모임이 많이 부족하긴 하지만 자네의 무지를 일깨워주는 정도는 되지."

방인이 목소리를 낮게 깔며 악수를 청했고 그 모습에 다들 한바탕 웃었다.

* * *

갑자기 대로가 방인의 손을 잡았다.

"고맙네. 친구."

그러자 명환도 둘이 잡은 손을 양손으로 감싸 쥐었다.

"오늘도 참 여러 가지를 느꼈어요."

명환의 말에 세 사람은 무엇이냐고 물었다.

"꿈과 현실을 구분할 수 있느냐고 하셨을 때 '호접지몽胡蝶之夢'이 생각나더라고요."

"호접지몽이 뭐야? 명환이가 이런 어려운 말을 다 하고."

방인이 명환을 치켜세우자 명환이 어깨를 으쓱였다.

"호접지몽은 예전에 내가 참여했던 프로젝트 이름이라서 아는 거야. 내가 어떻게 알았겠냐. 장자가 꿈에 나비가 됐다는 이야기 있잖

아. 장자는 꿈에서 나비가 되어 날아다니다가 나무 밑에서 낮잠 자고 있는 사람을 발견했어. 나비는 다가가 그 사람을 자세히 봤는데, 바로 장자 자신이었대. 꿈에서 깬 장자가 이렇게 말했잖아. '나는 사람으로서 나비의 꿈을 꾸고 있는가 아니면 내가 나비인데 사람이라고 꿈을 꾸고 있는가'라고."

"그 사람은 뭐 그렇게까지 생각을 했대. 그냥 자고 나면 그뿐인데. 장자가 나비 꿈을 꾼 거잖아. 나비가 꿈을 꿀 리는 없으니까. 안 그래요, 선생님?"

"늘 무위자연無爲自然을 강조했던 장자의 입장에서는 충분히 그런 생각을 할 수 있어요. 그는 무위자연을 이루기 위해 자연과 나, 사물과 나를 절대적인 기준에서 구별하지 않았거든요. 자연과 하나가 됨으로써 진정한 자유를 얻을 수 있다고 생각했어요. 저는 장자가 현실인가, 나비가 현실인가는 그다지 중요하다고 생각하지 않아요. 그의 이야기를 우리가 사는 데 어떻게 활용할 것인가 하는 게 중요한 것 같아요. 그의 이야기를 듣고 '아, 그렇구나'라고 끝낸다면 그건 죽은 지식이고 '그래서? 나는 그의 이야기를 듣고 어떻게 살아갈 것인가'라고 생각의 틀을 확장하고 실천한다면 그의 이야기는 살아 있는 지식이 되잖아요. 그럼 그때 그것이 현실이 되는 거지요. 진리가 살아 있으려면 내가 사는 삶 속에서 그것을 이용할 줄 알아야 해요. 똑같은 진리라고 해도 그것을 사용하는 사람에 따라 책 속의 진리가 되기도 하고 삶 속의 진리가 되기도 하는 거지요. 명환 씨 덕분에 오랜만에 장자의 '진정한 자유'를 생각했네요. 고마워요."

명환은 쑥스럽다며 머리를 긁적였다.

"그럼 고전 속의 그 훌륭한 말들이 제가 사용하지 않는 이상 죽은 진리나 마찬가지란 말씀이에요?"

방인이 조심스럽게 물었다.

"안타깝지만 전 그렇게 생각해요. 훌륭한 말이지만 그것을 제대로 이용하지 않으면 그건 단지 책 속에 갇힌 글자일 뿐이지요."

"선생님, 정말 신중하게 말씀하셔야 하는 거예요. 선생님의 말씀이 꼭 공자, 맹자, 장자의 말은 죽은 지식이나 다름없다는 것처럼 들리거든요. 이건 성인의 말씀에 대한 디스 중 디스라고요."

방인이 마치 비밀 이야기라도 하는 양 조용조용 말했다.

"아이고, 친구. 제발 머리 좀 쓰시게. 언제 선생님이 그들의 말이 죽은 지식이라고 했냐. 네가 그 가르침을 실천하지 않으면 그 지식은 너에게는 죽은 지식이라고, 이 친구야. 카페 안을 둘러봐! 네 주변엔 죄다 죽은 지식들이잖아. 책은 사다가 왜 카페에 쌓아놓는 건데?"

명환이 핀잔을 주었다.

"있어 보이잖아."

"그게 다 허세다, 허세. 다 쓸모없는 거지."

대로가 크게 고개를 끄덕이며 방인을 보고 혀를 찼다.

"아니, 그게 그렇더라고. 책을 읽기는 하지만 그걸 현실에 어떻게 써먹어야 할지 아직은 잘 모르겠더라고. 아직까지 문사철은 나한테 먼 당신이야."

방인이 솔직히 말했다.

"방인 씨 입장, 이해해요. 하지만 저는 방인 씨가 조금씩 변하고 있다는 걸 느껴요. 처음 만났을 때와는 달라졌거든요. 문사철 분야의 책을 아예 안 읽었을 때와 지금의 사고는 많이 다르다고 생각해요. 보기 좋아 책을 쌓아놓았다고는 해도 언젠가는 방인 씨가 이 책들을 다 읽을 거라고 믿어 의심치 않습니다.”

희가 방인을 보고 미소를 지었다.

“생각하는 힘이 커지면 세상을 다른 각도에서 볼 수 있어요. 우물 안 개구리에서 벗어나는 거지요. 오늘 여러분이 이야기하는 것을 보니 개구리가 우물 밖으로 나오려고 한 발을 뗀 느낌이 드네요. 축하합니다. 조금 있으면 넓은 세상으로 나오겠어요.”

희는 그들을 위해 진심으로 박수를 쳐주었다.

“좋아요. 그럼 더 넓은 세상으로 나가기 위한 지침서를 구입하러 이동해볼까요?”

대로가 갑자기 일어났다.

“어디로?”

방인이 얼떨결에 따라 일어났다.

“어디긴 어디야. 서점이지. 나의 마음이 실수하지 않도록, 바르게 생각할 수 있도록 문사철 서적을 찾아 떠나는 거지. 어때? 같이 동행하겠나? 친구?”

대로의 제안에 명환은 당장 가자며 나갈 준비를 했다. 방인은 카페는 어떻게 하냐며, 진짜 너무들 한다며, 나가려면 뜸들이지 말고 어서 나가라고 둘의 등을 밀었다. 희는 대로가 다시 기운을 차려 다행이라고 생각했다. 그리고 그들의 모습을 보며 아낌없는 응원을 보냈다.

文史哲

2부

지식을 넘어
지혜를 향하여

내가 누구인지
말할 수 있는가

"그 얘기 들었어? 지난번 '더 좋은 회사 만들기' 공모전에서 영업부가 2등을 했잖아. 그때 아이디어가 순수하게 창작된 게 아니래."

"그걸 자기가 어떻게 알아?"

"그때 공모전에 나간 우정상 씨한테 들었지. 같이 나간 사람이 나주리라는 사원인데 그때 아이디어를 적극적으로 냈대. 근데 그게 나주리 씨 생각이 아니었다는 거지."

"어머, 웬일이니? 그럼 표절했다는 거야?"

"그렇다니까. 사실은 외국에서 이미 실행되고 있는 거라고 하던데."

"어쩐지 뭔가 낯설다 싶었어. 참신하다고 생각했는데, 영업부 다시 봐야겠어. 자기들끼리는 표절한 거 알고 있었을 거 아니야. 너무했다."

"그럼 다시 심사해야 하는 거 아니야?"

"자긴 좀 억울하겠다. 영업부 아니었으면 자기네가 2등을 했을 텐데. 아무튼 요즘은 티 안 나게 표절하는 게 관건이라니까."

"이대로 있을 수 없어. 사내 전자 게시판에 올릴 거야."

대로는 엘리베이터 안에서 다른 사람들이 입에 거품을 물고 주리에 대해 험담하는 것을 들었다.

'설마 주리 씨가 표절을? 그럴 리가 없어. 뭘 표절했다는 거지?'

사무실에 들어서니 이미 소문이 났는지 여기저기서 쑥덕거리고 있었다.

"아니, 이게 웬 망신이야? 나주리 씨하고 우정상 씨 왔어요?"

박과장이 씩씩거리며 자리에 앉았다.

"아니, 요즘이 어떤 세상인데 표절이냐고. 표절하면 모를 줄 알았나? 이것 참! 부장님 얼굴에 먹칠을 해도 유분수지. 아니, 왜 아직도 출근을 안 하는 거야?"

대로는 사실도 확인하지 않고 주리를 탓하는 박과장이 마음에 들지 않았다.

"과장님, 본인한테 물어봐야 하지 않을까요? 확실한 것도 아니고. 소문만 듣고 그렇게 말씀하시는 것은 아니라고 생각합니다."

박과장이 한숨을 푹 쉬었다.

"대로 씨, 대로 씨는 본인 일이나 잘하세요. 지금 게시판에 공모전 심사를 다시 해야 한다고 난리도 아니에요. 부장님 얼굴은 물론 심사를 하신 윗분들 얼굴까지도 먹칠을 한 거라고. 뭘 알면서 편을 들어요. 왜 이렇게 출근이 늦는 거야? 빨리 둘한테 연락해봐요."

"저, 과장님. 오늘 나주리 씨하고 우정상 씨는 외근이라 오전에는 사무실로 안 오는데요."

이대리가 기어드는 소리로 말했다.

"잘한다. 사무실을 이렇게 발칵 뒤집어놓고 외근 나가면 그만이야? 일 끝나자마자 사무실로 들어오라고 해요!"

대로는 어떻게 된 일이냐며 잽싸게 주리에게 문자메시지를 보냈다. 하지만 주리에게 회신이 없었다. 직원들 사이에서 계속 쑥덕공론이 벌어지고 있었다.

"다들 부화뇌동하지 맙시다. 본인들이 와서 설명하기 전까지는. 아마 다른 부서에서 한마디씩 할 텐데 같은 부서 사람이라면 일단은 보호해줘야 하는 게 아닐까요?"

김부장의 말에 사무실은 순간 조용해졌다.

'뭐야? 김부장님, 저런 사람 아니잖아.'

대로가 김부장을 슬쩍 봤다. 확실히 양의 탈을 쓴 늑대였다.

"역시 부장님이십니다. 다들 부장님 말씀 명심하고 우리 부서원 보호! 철저하게 합시다. 알겠어요?"

박과장이 크게 말하자 다들 알겠다고 대답했다.

* * *

게시판에는 이번 공모전에 대한 뒷말이 이어지고 있었다. 대로는 게시판에 올라온 글을 읽다가, 다들 상황을 제대로 알고 얘기하라고 댓글을 달았다. 그 바람에 대로까지 덩달아 욕을 먹었다. 대로가 아는 주리는 결코 표절할 사람이 아니었다. 이번 일이 해프닝으로 끝난다면 주리는 정말 억울할 거란 생각이 들었다.

　퇴근 시간을 한 시간 앞두고 주리와 정상이 사무실로 돌아왔다. 안절부절못하는 정상에 비해 주리의 표정은 평온했다. 둘은 김부장 앞에 가서 어떻게 된 일인지 설명했다. 정상이 먼저 입을 열었다.

　"제가 1인 1업 아이디어가 좋다고 했더니 주리 씨가 본인 생각이 아니라고 했어요. 알 만한 사람은 다 아는 거라고 해서 이미 다른 곳에서 실행하는 프로그램이라고 생각했어요. 다른 부서에서 저희 아이디어를 칭찬하면서 어디서 착안한 거냐고 해서 다른 곳에서 하고 있는 거라고 말했는데……. 저는 이미 저희가 2등을 했고 심사위원들도 다 아는 사항이라고 생각했어요. 그래서 문제 될 것이 없다고……."

　'뭐야? 1인 1업? 그걸 가지고 이 난리를 친 거야? 아니, 도대체 다들 얼마나 무식한 거야? 1인 1업 몰라? 하긴 나도 책을 보기 전에는 몰랐지만. 그럼 부장님, 과장님도 몰랐다는 얘기잖아. 뭐? 나보고 너나 잘하세요? 흥, 당신들이나 잘하세요. 이 무식한 양반들아.'

　김부장과 박과장이 당황하는 기색이 역력했다.

　"그, 그래? 내가, 기억이 잘 안 나서 그러는데, 1인 1업이 어디서 나왔다고?"

　박과장이 물었다.

　"플라톤의《국가》에서 1인 1업은 국가가 유지되기 위한 조건 중 하나라는 주장이 나옵니다."

　'나이스!'

　대로는 조금도 떨지 않고 당당하게 설명하는 주리를 보며 속으로 쾌재를 불렀다.

"이사님들은 알고 계셔서 저희 아이디어를 뽑아주신 거라고 생각했습니다. 그리고 실제로 지금 회사 상황에 1인 1업 프로그램이 안성맞춤이라고 생각했고요."

"그, 그렇지. 플라톤이 국가적 차원에서 말한 거잖아. 아마 플라톤의 연설이었지? 사람들이 말이야, 플라톤이 한 말인지도 모르고. 하여튼 무식해요, 무식해. 다들 게시판에 댓글 좀 달아. 플라톤도 모르냐고. 그건 표절이 아니잖아요. 안 그렇습니까, 김부장님?"

"표절은 아니지요. 몇천 년 전 철학자의 생각을 옮겼다고 표절이라고 하면 어디 철학책을 읽기나 하겠어요? 나주리 씨, 앞으로도 쭉 기대하겠어요."

"네. 현재에 관심이 있는 사람이라면 찾아서 읽는 교양서니까요."

'오, 역시 주리 씨는 기죽지 않는군.'

주리의 태도에 이곳저곳에서 짧은 감탄이 터졌다.

"주리 씨 말을 듣고 보니 내가 부끄럽군. 우리 부서만큼은 철학책 읽는 시간을 가져야겠는걸."

"부장님! 지당하신 말씀입니다."

박과장은 김부장에게 알랑거렸다. 대로는 주리를 쳐다보는 김부장의 날카로운 눈빛을 놓치지 않았다. 먹이를 노리는 매의 눈을. 대로는 그 눈빛을 보자 본능적으로 주리를 지켜야겠다는 생각이 들었다. 그래서 주리를 위해 무엇인가를 해야겠다고 결심했다.

간만에 야근도 없고 주리와 같이 퇴근하는 대로는 기분이 날아갈 것 같았다. 걷는 내내 대로의 눈에는 주리만 보였다.

'유채꽃밭. 우리 둘만 있었는데. 그때 내가 주리 씨 품에 안겨 울었지.'

대로는 걸으면서 주리를 슬쩍슬쩍 봤다. 찰랑거리며 흔들리는 주리의 머리카락조차 매력적으로 보였다. 대로의 입가에서 미소가 떠나지 않았다.

'정말 좋아하길 잘했어.'

대로는 버스 정류장 앞에서 주리가 타고 갈 버스를 같이 기다렸다.

"요즘은 무슨 책 읽고 있어요?"

주리가 물었다.

"《소크라테스의 변명Apologia Sokratous》이요. 참, 그러고 보니 주리 씨. 억울하지 않아요? 왜 김부장님한테 했던 말을 게시판에 올리지 않았어요?"

"억울하긴요. 사람들이 몰라서 그런 건데요."

"아, 소크라테스의 심정이 이해가 됩니다. '무지無知'만 한 죄악도 없어요. 무지는 사람을 죽일 수도 있는 거잖아요."

"그건 좀 과장인 거 같고요. 전 죽지 않았잖아요."

주리가 대로를 보고 웃었다. 봄밤의 상큼한 바람이 불어 주리의 머리카락이 날렸다. 주리의 등 뒤로는 가로등 불빛이 은은하게 번지고 있었다.

"주리 씨. 제대로 알지 못하는 무지는 사람을 죽일 수도 있어요. 그래서 소크라테스도 죽었잖아요. 또 인터넷에 올라오는 악플로 상처받고 죽는 사람도 있고요."

"대로 씨 말을 듣고 보니 그러네요. 그럼 저도 소크라테스처럼 변명이라도 해야 할까요?"

주리가 대로를 보고 다시 웃었다. 그는 자기를 빤히 쳐다보는 주리의 모습에 정신이 혼미해 엉뚱한 말을 하고 말았다.

"지켜드리겠습니다, 주리 씨."

"네?"

뜬금없는 대로의 말에 주리는 피식 웃고 말았다.

"아니, 그러니까 제 말은……."

"말씀은 고마워요. 하지만 제 자신은 제가 지킬 수 있어요. 아직까지는요."

"아, 네."

대로는 자기가 한 말이 진심이었지만 타이밍이 맞지 않았다고 생각했다.

"하지만 도움이 필요하다면 대로 씨한테 말할게요. 그럼 그때 도와주실 거죠?"

대로는 자기의 귀를 의심했다.

'나한테 도움을 청하겠다고? 주리 씨가? 이렇게 당당한 주리 씨가?'

"네! 그렇게만 해주신다면 이 몸이 죽고 죽어 백골이 진토가 되는 한이 있더라고 성심성의껏 돕겠습니다!"

대로가 너무 크게 말하는 바람에 정류장에 있던 사람들이 그들을 보고 키득거렸다. 대로는 환하게 웃는 주리가 보름달보다 더 밝아 보였다. 주리가 탄 버스가 시야에서 사라질 때까지 대로는 자리를 뜰 줄 몰랐다. 방인의 카페까지 무슨 정신으로 갔는지 기억나지 않았다.

* * *

"저 자식 오늘 왜 저래?"

명환이 입을 헤벌리고 웃는 대로를 보고 물었다.

"아직도 《신곡》에 빠져 있는 거겠지. 오늘은 어디 갔다 왔는데? 지옥? 연옥? 천국?"

방인이 냉수를 대로 앞에 놓으며 물었다.

"천국."

"거 봐. 아직도 미친 거 맞지?"

방인이 절레절레 고개를 흔들었다.

"천국에 다녀온 걸 보니 대로 씨 오늘은 좋은 일이 있었나 봐요."

희는 대로가 헤벌쭉 웃는 모습을 보니 덩달아 기분이 좋았다.

"《소크라테스의 변명》이 웃을 일은 아니잖아."

방인이 뭘 좀 안다는 듯이 말했다.

"자네, 책 좀 읽은 모양이군."

명환이 웃으며 방인에게 말했다.

"책이 뭐 별건가. 요즘 같은 세상에 지식인이라면 이런 교양서쯤은 옆에 두고 있는 법. 카, 이 말 정말 괜찮지 않나?"

"어? 지식인! 그렇지. 난 우리가 지식인이라서 정말 다행이란 생각이 들어. 다 선생님 덕분이야."

대로가 벌떡 일어나 희에게 감사하다며 인사를 했다. 두 친구는 분명 회사에서 무슨 일이 있었던 게 틀림없다며 빨리 썰을 풀라고 했다. 대로는 낮에 있었던 일을 얘기하며 무지한 회사 사람들에 대해 거품을 물었다. 특히 김부장과 박과장을 싸잡아 무식의 대명사라고 말했다.

"대로 씨 이야기가 마침 오늘 우리가 읽은 책과 딱 맞는 상황이었군요. 생각해보면 플라톤의 책을 읽지 않았다고 그들을 탓할 수는 없어요. 그리고 그들의 무지를 비난할 수도 없고요. 사실 우리도 몇 주 전까지만 해도 그들과 같은 처지였으니까요."

"선생님 말씀이 맞아요. 우리 방인이 큰 거 보면."

명환의 말에 방인조차 자신의 무지를 인정하며 웃었다.

"사실 저희 회사에 다니는 사람들이 그 정도도 모를 거라고는 상상도 못 했어요. 입사하려고 얼마나 공부를 했겠어요."

"맞아. 너희 회사 들어가려고 재수, 삼수도 하잖아. 좀 충격적이다. 공부를 헛한 거지. 진짜 공부를 해봤어야 말이지. 에헴."

"하하하하. 방인아. 네가 그렇게 말할 정도는 아니지 않니?"

명환의 말에 희는 방인이 그렇게 말할 자격이 충분하다며 감싸줬다. 그러자 방인이 어깨를 더욱 으쓱였다.

"입사 면접에서 문학, 역사, 철학 등의 교양을 묻는 회사가 얼마나 될까?"

"글쎄. 간부들 중에 그런 교양이 있는 사람이 얼마나 되는지."

대로의 물음에 명환이 말했다.

"사실, 소크라테스 같은 신입사원이 들어오면 좀 피곤하기도 할 거야."

방인도 덧붙였다.

"소크라테스 같은 신입사원이 왜 피곤할까요?"

"생각해보세요. 계속 진리를 물으면서 여기저기 다닐 텐데 일을 하는 데 방해가 되지 않겠어요? 진리를 물으면서 다닌다는 것은 회사 입장에서는 잘못된 것을 계속 지적한다는 말인데요. 오죽했으면 소크라테스를 미워한 세력이 말도 안 되는 이유를 들어서 그를 죽였겠어요. 예나 지금이나 정치인들이 억지 쓰는 것은 변하지 않는 사실인가 봐요."

방인의 말에 친구들이 그런 것 같다며 동의했다. 명환도 방인의 말을 거들었다.

"가만 보면 보수 세력은 신선한 패러다임이 자기 울타리를 침범하는 걸 싫어하는 것 같아요. 다른 이의 의견을 경청하지 않으면 어떻게 발전이 있겠어요? 천년만년 자기들이 세력을 이어갈 수 있을 거라고 착각하는 것 같아요. 진짜 그러네요. 대로의 꿈처럼 '착각'은 죄악이네요."

명환이 대로에게 꿈 한번 잘 꿨다고 말했다.

"결국 진보도 세력을 잡고 시간이 흐르면 보수가 되는 거지요. 보수냐 진보냐가 문제가 아니라 명환 씨 말처럼 그 안에 있는 사람들이 다른 이들과 어느 정도 공감할 수 있냐는 것이 문제겠지요. 소크라테스의 죽음도 결국 소통의 부재가 빚은 비극이 아닐까 해요."

희의 말이 끝나자 방인이 친구들의 손을 덥석 잡았다.

"우리만큼은 서로의 말을 경청하고 소통도 잘하는 친구가 되자고."

방인이 진지하게 말하는 바람에 둘은 웃음을 참으며 그러자고 고개를 끄덕였다.

"세 분은 걱정할 게 없어요. 서로를 잘 돕고 있으니까요."

"고맙습니다."

세 친구는 희에게 공손하게 인사를 했다.

"사람들이 자기 주제 파악을 잘하면 얼마나 좋을까요? 모르면 모른다고 솔직히 말하고. 괜히 아는 척했다가 우스운 꼴만 당하잖아요."

대로가 차를 마시며 말했다.

"그래서 소크라테스가 위대하다는 거야. 그 시절 철학자가 소크라테스 한 명만 있었겠어? 수많은 철학자 중에서 자기가 모른다고 말한 사람은 소크라테스밖에 없었기 때문에 그가 대단한 거지. 어떻게 그렇게 현명한 사람이 모른다고 말할 수가 있어? 다른 사람은 다 어떡하라고."

명환의 말에 두 친구는 고개를 끄덕였다.

"그래요. 명환 씨 생각처럼 내가 모른다는 걸 인정한다는 것은 정말 중요한 거예요. 그런데 왜 그들은 인정하지 못했을까요?"

"무엇인가를 모른다고 인정하는 순간 주도권을 잃는다고 생각하지 않았을까요? 권력을 잡고 있는 집권층이 무엇인가를 모른다고 인정하면 시민들이 그들의 정책을 따라오겠어요? 알량한 자존심 때문이었을 것 같아요. 모르는 것을 인정하는 순간, 그 순간만 창피할 뿐인데. 무지도 죄악이라고 하지만 저는 무지가 죄악이 아니라 자기가 모르는 것을 숨기는 것이 죄악이라고 생각해요."

방인의 말에 두 친구는 놀라 그를 뚫어지게 봤다.

"저는 모르면 모른다고 하거든요. 그럼 이 두 친구가 핀잔을 줄 때도 있지만 대개는 설명을 해주거든요."

"방인이 말이 맞아요. 자기가 무엇을 모르는지 알아야 발전이 있겠지요. 또 모르면 모른다고 인정할 수 있는 자세가 필요해요."

"그래요. 내가 누구인지 말할 수 있는 사람이 얼마나 되겠어요. 그러니 함부로 말을 하면 안 되는데. 말만 많아서. 말을 말고 우리처럼 문사철 공부를 하면 자기가 어떤 사람인지 좀 보일 텐데요."

대로의 말에 희가 크게 놀랐다.

"그래요? 대로 씨는 문사철 서적을 보니 자신이 어떤 사람인지 알겠어요? 정말 대단한데요."

"정말 네가 누군지 알겠어? 엉?"

"그럼 네가 누군데?"

친구들도 덩달아 흥분해서 대로에게 물었다.

"아니. 안다기보다 아주 조금 보일락말락 한다 이거지. 내가 누군지 알면 이러고 살겠냐. 넘겨짚지 마라."

친구들은 그러느냐며 고개를 끄덕였다. 하지만 희는 대로의 반응이 몹시 즐거웠다.

"대로 씨가 우물 밖으로 나오는 것은 이제 시간문제네요."

희의 말에 대로가 머리를 긁적이며 아직 멀었다고 대답했다.

"오, 겸손해진 대로, 머지않았어!"

두 친구가 입을 모아 대로에게 힘을 주었다.

* * *

집에 돌아온 대로는 컴퓨터를 켰다. 그리고 사내 게시판에 들어갔다.

'더 좋은 회사 만들기'에 대한 변^辯

대로는 1인 1업이 어디에서 나왔는지 써 내려갔다. 그는 공부했던 플라톤의《국가》를 예로 들며 회사를 국가로 봤을 때 우리가 회사를 위해 어떤 노력을 기울여야 하는지 역설했다. 그리고 '무지'로 인한 '착각'이 얼마나 자기를 추하게 만드는지도 설명했다. 대로는 일목 요연하게 자기주장을 쓴 뒤 마지막 줄에 '영업부 제갈대로'라고 분 명히 밝히고 게시판을 나왔다.

중 용 으 로　향 하 는
진 자 　운 동

　　　　　주리를 둘러싼 무성한 소문은 대로가 게시판에 쓴
글로 인해 순식간에 사라졌다. 그 이후 사무실에서 대로를 대하는 태
도가 둘로 나뉘었다. 한쪽은 여전히 냉랭했으며 다른 한쪽은 대로에
게 다가오기 시작했다. 특히 대로는 주리가 자기를 보는 시선이 달
라졌다고 느꼈다. 사무실에서 가장 많이 달라진 사람은 다비였다. 더
이상 대로를 무시하지 않았으며 대놓고 친한 척을 했다. 대로는 다비
의 그런 행동이 부담스러웠다.

　"선배님, 어떻게 하면 선배님처럼 될 수 있어요?"

　"책 사서 읽으면 돼요."

　"선배님, 이번 주말에 뭐 하세요?"

　대로는 다비의 말을 뒤로하고 자리에서 벌떡 일어났다.

　"외근을 나가야 해서."

사무실을 나가려다가 잠깐 멈추고 주리 쪽을 봤다. 그녀는 여전히 흐트러짐 없는 자세로 자기 일에 충실했다.

'일하면서 한 번쯤 나 좀 봐주지.'

그때 일을 하던 주리가 잠깐 고개를 들었는데 대로와 눈이 마주쳤다. 그녀가 대로를 보고 살짝 미소를 지었다. 대로의 심장이 마구 뛰었다.

'심장 터지는 줄 알았네. 이러다 내가 좋아하는 거 들키겠어. 아니, 내가 주리 씨를 좋아하는 게 잘못된 일이야? 당당하자고. 난 잘못한 게 없어. 잘못이 있다면 주리 씨가 지나치게 매력적이라는 거야. 그런 모습을 보고 누군들 반하지 않을 도리가 없지. 그나저나 나 말고 또 좋아하는 사람이 있는 거 아니야? 설마 이대리? 남들이 고백하기 전에 내가 먼저 나서야 하는데.'

그의 마음에 주리가 점점 더 크게 자리 잡고 있었다.

* * *

"어? 오늘은 김부장님이 안 오시고 대로 씨가 오셨네요?"

거래처 남실장은 서글서글하고 친화력이 좋은 성격이었다.

"아, 부장님은 지난주부터 해외 출장 중이에요."

"어쩐지 연락이 안 되더라니."

"네? 저희 부장님하고 개인적으로 친분이 있으신가 봐요."

"모르셨구나. 고향 선배예요."

대로는 그러느냐며 고개를 끄덕였다. 대로는 남실장이 준 서류들을 보며 납품 현황을 꼼꼼하게 체크했다. 남실장은 음료를 건네며 대로가 일하는 것을 유심히 봤다.

"우리 대로 씨, 정말 꼼꼼한 성격이구나. 다른 분들처럼 쉬면서 보세요. 이따 식사는 뭘로 할까요? 한식, 중식, 일식 아니면 양식?"

"아니요. 일 끝나는 대로 다시 사무실로 들어가야 해요. 식사는 다음에 하지요."

"은근히 깐깐하시네."

대로는 서류를 검토하다 남실장을 한번 쳐다봤다. 그동안 어쩌다 마주친 적은 있었지만 이렇게까지 상대를 살갑게 대하는 사람이었나 싶었다.

"어? 이게 누구신가? 제갈대로 씨 아니세요?"

거래처 사장이 사무실로 들어오면서 큰 소리로 대로를 불렀다. 대로는 일하다 엉거주춤 일어나 그에게 인사를 했다. 사장은 남실장에게 대로를 잘 챙기라고 부탁하고 나갔다. 대로는 그들이 친절한 것 같으면서도 참으로 사람을 불편하게 한다고 생각했다. 남실장까지 자리를 비운 후에야 대로는 편하게 숨을 쉴 수 있었다.

"뭐지? 원래 저런 사람들이었나? 예전엔 데면데면했던 것 같은데."

대로는 화장실을 다녀오다 복도 끝 모퉁이에서 웅얼거리는 소리를 들었다.

"김부장이 말한 작자가 맞지? 하필 저자가 왔어. 서류는?"

"항상 정리하는 대로 잘 해뒀어요."

"요즘 그치랑은 왜 연락이 안 되는 거야?"

"지금 해외 출장 중이래요."

'뭐지? 김부장하고 무슨 관계가 있는 거야? 설마? 이번엔 확실히 녹음한다.'

대로가 허둥거리며 주머니에서 휴대전화를 꺼내려고 했다.

"어? 대로 씨. 일은 다 끝나셨어요?"

남실장이 먼저 알은체해서 대로는 깜짝 놀랐다.

"아, 아직. 그럼 전 마무리하러……."

대로는 서둘러 자리를 떴다. 그리고 보던 서류를 마저 검토했다.

'이 서류에 기록된 것들이 전부 사실일까? 혹시 짜고 치는 고스톱?'

대로는 그들이 사무실로 돌아오기 전에 서둘러 서류를 한 장씩 카메라로 찍은 후 검토를 마무리했다.

"아이고, 이렇게 수고만 하셔서 어쩌지요? 다음에 꼭 다시 오세요. 그때는 식사도 하시고요."

남실장이 호들갑스럽게 배웅했다.

"앞으로도 불량 없도록 제품 생산에 각별히 신경 써주세요. 아, 그런데 불량이 나오면 바로 폐기하는 거 맞죠?"

"아이고, 두말하면 잔소리. 불량 썼다가는 우리랑 대로 씨네 회사랑 영원히 갈라서는 건데. 그런 걱정은 붙들어 매세요. 지난달에 부장님이 현장도 다 둘러봤어요."

'지난달에 부장님이 여기까지 외근을 오셨다고? 직접? 왜?'

대로는 그들과 헤어져 돌아오는 길에 이대리에게 전화를 걸었다.

"지난달 외근 업무는 이대리님 차례 아니었어요? 아, 그래요? 이대리님 대신 부장님이 하셨다고요?"

"가끔 부장님이 우리 대신 외근 나가셔. 대로 씨 외근 나갈 때는 그런 일 없었어?"

"그러게. 나만 미워하시는 건가? 다음에는 부장님께 꼭 부탁을 드려야겠어요. 하하."

대로는 왜 김부장이 하지 않아도 되는 일을 직접 하는지 궁금했다. 대로는 회사로 복귀하려다 다시 거래처 공장으로 발길을 돌렸다.

"반드시 꼬리를 잡는다!"

대로의 심장이 정신없이 뛰기 시작했다. 온몸의 세포가 살아나는 느낌이었다.

* * *

대로는 공장에 도착하자 마치 액션 영화 주인공마냥 민첩하게 움직였다. 그리고 만약을 대비해 친구들에게 문자메시지를 남겼다.

ㅡ나, 범인들 아지트에 왔어. 만약 내가 오늘 안으로 서울에 도착하지 않으면 너희들이 이쪽으로 나를 찾으러 와. 여기는 안양시 ○○동 ○○업체야. 오버.

명환에게 바로 회신이 왔다.

ㅡ미친놈. 설마 또 영화 찍냐?

이번에는 방인한테 문자가 왔다.

ㅡ그냥 네가 알아서 와. 몇 번을 말하냐. 넌 돈키호테가 아니라고. 네 뒤치다꺼리는 이제 끝!

"내가 이런 것들을 친구라고 믿고 있으니."

대로는 거래처에 도착하자마자 공장 주변에 있는 쓰레기장부터 찾았다. 그러나 어디에도 쓰레기장은 보이지 않고 다만 공장 뒤편에 여러 개의 상자가 차곡차곡 쌓여 있을 뿐이었다. 대로는 상자를 열었다. 그리고 그 안에서 제품 하나를 꺼내 요리조리 살폈다. 분명 회사에서 주문한 제품인데 불량이었다. 대로는 상자 몇 개를 더 열어봤다. 모두 불량품이었다.

'그럼 그렇지. 딱 걸렸어. 이걸 다 어디로 빼돌리려고? 너희는 이제 끝났어. 그동안 이런 불량품을 팔아먹은 거야? 이렇게 회사 이미지를 깎아먹어? 김부장, 이중인격자 같으니라고.'

그때 누군가 다가오는 소리가 들렸다.

"어? 아직 안 가셨어요? 근데 쓰레기 상자 앞에서 뭐 하세요? 아, 진짜 우리가 불량품을 버리나 안 버리나 보러 오셨어요? 하하. 우리 대로 씨 꼼꼼해도 너무 꼼꼼하시다. 과유불급 모르세요? 지나치면 탈나요."

남실장이 실실 웃으면서 말했다.

"뭐요? 과유불급? 적반하장도 유분수지. 그동안 이 제품들을 빼돌려 부당이득을 챙긴 거 모를 줄 알아요? 이런 제품 쓰다 소비자들이 다치면 당신들이 책임질 거예요? 결국 우리 회사 탓으로 돌리겠지. 뭐지? 우리 회사에 무슨 악감정 있어요? 탈 나는 건 내가 아니고 김부장하고 당신들이라고!"

"하하하하. 대로 씨. 무슨 오해를 하고 계시네요. 드라마를 너무 많이 보셨어. 그렇게 앞서 달리다 넘어져요. 그러면 대로 씨만 다칠 텐데. 이 일을 부장님한테 말씀드리면 회사 생활 계속 할 수 있겠어요? 오늘 일은 열정 넘치는 대로 씨의 착각이라고 생각하고 넘어가

드릴게요. 그러니 이제 돌아가세요."

"아니, 난 절대 안 가요. 이 제품들이 어디로 가는지 두 눈으로 확인하기 전까진."

"쓰레기가 쓰레기 처리장으로 가지 어디로 가요. 왜요? 쓰레기 처리장까지 따라가려고요? 그럼 그러시든가. 다행이네요. 오늘 쓰레기 수거하는 날이에요. 어, 저기 쓰레기 운반차가 들어오네요."

대로는 남실장이 가리킨 곳을 봤다. 그의 말처럼 대형 차량이 흙바람을 일으키며 공장 앞마당을 지나 대로 앞에서 멈췄다. 그러고는 차량에서 사람들이 내리더니 묵묵히 상자들을 옮겼다. 그들은 일을 마친 후 남실장에게 인사를 하고 아까처럼 흙바람을 일으키며 공장을 빠져나갔다.

"……."

대로는 할 말이 없었다.

"왜요? 택시라도 불러드릴까요? 저 운반차 따라가려면 부지런히 달려야 할 텐데요. 하하."

대로는 쥐구멍이라도 찾아 들어가고 싶었다. 그는 오해해서 죄송하다며 남실장에게 정중히 인사를 했다. 그가 대로의 어깨를 탁탁 쳤다.

"젊은 양반이 의욕이 너무 앞서요. 적당히, 적당히 하세요. 그러다 몸 상해요. 오늘 일은 그냥 대로 씨와 저와의 비밀로. 오케이?"

대로가 다 죽어가는 목소리로 대답했다.

"네. 남실장님, 고맙습니다."

대로는 남실장이 불러준 택시를 탔다. 그는 기사에게 손님을 서울까지 잘 부탁한다고 말했다. 그러고는 대로에게 손을 흔들었다. 대로는 남실장에게 억지웃음을 지었다.

'망했어.'

대로는 내일 회사를 가야 하나 고민했다.

"저기 기사님, 여기서 가장 가까운 쓰레기 처리장이 어디 있어요?"

"왜요? 물건 잃어버리셨어요?"

"아니요. 쓰레기장에서 확 죽어버리게요. 쓸모없는 인간이라."

기사가 거울로 힐끗 대로를 봤다. 대로는 창문에 이마를 대고 열을 식혔다. 신호에 걸린 택시 옆에 쓰레기 운반차도 멈췄다. 신호가 바뀌자 운반차가 앞서 달렸다. 무심결에 번호판을 본 대로는 그 차가 공장에서 봤던 운반차라는 것을 알았다. 짐칸을 보니 상자가 실려 있었다.

"여기서 쓰레기 처리장은 먼가 봐요. 안양시 외곽으로 나가야 하나요?"

"일반 쓰레기 처리장은 안양시에 있지만 산업폐기물 같은 것은 수도권 매립장으로 가겠지요."

'그렇구나. 공장에서 나온 건 수도권 매립장으로 가겠군.'

앞서가던 운반차를 신호 대기선에서 다시 만났다. 대로는 아무 생각 없이 휴대전화를 꺼내 수도권 매립장을 찾았다. 운반차가 출발하자 대로는 무의식적으로 차량의 뒤를 찍었다. 운반차는 대로가 탄 택시와 반대 방향으로 달렸다.

"기사님, 저쪽으로 가면 어디인가요?"

"경부고속도로 타는 쪽이지요."

대로는 기사의 말에 몸을 바로 세웠다.

"경부선이요? 인천으로 가는 방향이 아니고요?"

"저쪽으로 나가도 인천은 갈 수 있지요. 좀 돌아서 그렇지."

"아, 네."

'이 오지랖. 이제 그만.'

대로는 머리를 감싸 쥐었다. 욱하는 성격을 좀 고쳤다고 생각했는데 오늘 자기가 한 행동을 보니 죽을 때까지 성격을 바꾸기는 힘들 것 같았다.

* * *

대로는 카페에 들어오자마자 의자에 푹 쓰러졌다. 방인이 놀리듯 대로를 불렀다.

"여, 우리의 돈키호테, 어찌 이렇게 일찍 왔어?"

"오늘 서울로 못 온다며? 범인은 잡았고?"

명환도 카페에 들어서자마자 맥을 못 추는 대로를 보고 한마디 했다.

"왜요? 대로 씨 무슨 일 있어요?"

희도 의자에 푹 묻혀 있는 대로를 보고 걱정을 했다.

"간만에 욱하는 성격이 도져서 탐정 놀이 하고 왔대요. 큭큭."

"선생님, 저는 왜 이럴까요? 이번에 《중용中庸》을 읽어서 평정심을 찾나 했더니 다시 다 무너졌어요."

"야, 그래도 너 예전보다 많이 나아진 거야. 전에는 심하다 싶을 정도로 정의를 부르짖었잖아."

명환이 위로했다.

"맞아. 생각 안 나? 너 담배 피는 고등학생들 지도한답시고 걔네들한테 뭐라고 했다가 맞을 뻔했던 거."

"그뿐이야? 길거리에 침 뱉는 여중생한테 뭐라고 했다가 욕만 잔뜩 먹었잖아. 예전의 넌 뭐 하나에 꽂히면 그것만 팠잖아. 솔직히 너희 회사 김부장 얘기 들었을 때 걱정했었어. 회사 일 제대로 하지 않고 그 뒤만 캐면 어쩌나 싶었어. 그래도 그 사람 일에 매달리지 않고 네 일을 잘한다 싶었지."

두 친구가 예전의 대로에 대해 말했다.

"대로 씨가 잘못한 것은 아니에요. 잘못을 보고 고치려고 한 것은 칭찬받을 일이지 비난받을 일은 아니거든요. 단, 상대에게 다가갈 때 어떤 자세로 다가가느냐가 문제겠지요."

"대로는 그게 문제였어요. 앞뒤 가리지 않고 저돌적인 자세로 덤볐다니까요. 상대에 대한 배려? 그런 건 찾아볼 수 없었지요. 그래도 함께 공부하면서 많이 차분해진 거예요."

명환이 설명했다. 방인도 크게 인정했다.

"평정심을 유지한다는 건 정말 힘든 일이에요. 공자孔子는 군자도 평정심을 갖기 어렵다고 했어요. 전 중용이나 평정심이란 단어를 볼 때마다 애니메이션 〈쿵푸 팬더〉가 떠올라요. 사부가 자주 외치는 '이너피스, 이너피스inner peace'라는 말이 그렇게 좋더라고요. 그래서 마음이 지옥일 때는 저도 이 말을 되뇌고는 해요."

"선생님도 만화영화를 보세요? 의외네요."

"감동을 주는 애니메이션이 많잖아요. 무엇인가를 찾아다니는 설정을 해둔 애니메이션을 보면 그게 꼭 '나를 찾아 떠나는 여행' 같더라고요. 친구를 찾든, 가족을 찾든. 험난한 여정 속에서 주인공이 좌절도 하지만 문제를 해결하면서 성장하잖아요. 그리고 결국에는 자기가 깨달은 대로 살아가죠. 그런 모습이 꼭 제가 문사철을 공부하는 목적과 일맥상통한다는 생각이 들어요."

"역시 선생님은 다르네요. 영화를 보더라도 그냥 보지 않는군요. 어떤 경우에서든 깨달음을 얻으려는 모습이 마치 수도승 같아요."

방인이 고개를 끄덕이며 말했다.

"나를 찾는다는 건 정말 어려운 일이에요."

대로가 풀이 죽어 말했다.

"어렵지요. '나'는 여기 있는데 그런 나를 두고 또 다른 '나'를 찾아야 한다니. 유교에서 말하는 합일이라는 것도 결국 '자아와의 대화'를 뜻해요. 그래서 이번에는 다들 《중용》을 통해서 '나'와 좀 가까워졌나요?"

"한쪽으로 치우치지 않는다는 게 참 어려운 것 같아요. 결국 중심을 잡고 있어야 어떠한 바람이 몰아쳐도 흔들림이 없을 텐데. 그러기에 세상의 유혹이 너무 많아요."

명환이 커피 잔을 빙글빙글 돌리며 말했다.

"저는 먹는 것 앞에서 꼭 무너져요. 다른 건 어느 정도 참겠는데 배고픈 건 못 참거든요. 그래서 다이어트도 물 건너갔어요. 참다가 꼭 한번에 몰아쳐 먹고 배탈이 나고. 탈이 날 때마다 꼭 후회를 하는데 습관을 고치기가 쉽지 않네요. 전 왜 이럴까요?"

방인이 또 과자를 먹으며 말했다.

"넌 먹는 것 앞에서는 의지박약이야. 너 혼자서는 절대 살을 못 뺀다니까 개인 트레이너가 있어야 해."

방인은 건성으로 고개를 끄덕였다.

"명환 씨 말을 듣고 보니《중용》이 꼭 개인 트레이너 같네요."

희의 말에 세 친구는 의아해했다.

"나를 찾는 방법을 알려주는 것이 중용이라는 생각이 들어요. 유교에서 말하길 인간은 하늘이 준 본성을 따라야 한다고 했는데 그게 인간의 도道예요. 그럼 어떻게 도를 닦아야 할까요?"

"훌륭한 말씀을 많이 읽을까요?"

방인이 말했다.

"그것도 좋은 방법이에요. 그럼 읽기만 하면 될까요?"

"아는 만큼 행동해야겠지요."

이번에는 대로가 말했다. 희가 무릎을 딱 쳤다.

"좋은 글을 읽는 것도 그에 따른 행동을 하는 것도 모두 도를 닦는 방법 중에 하나일 거예요. 그것을 궁리窮理라고 해요. 무엇인가를 행하기 전에 이런저런 생각을 해보고 실천으로 옮기잖아요. 궁리를 많이 한다는 것은 자기 행동도 많이 살펴본다는 거예요."

"대로야, 넌 아직 궁리가 부족한가 보다. 넌 행동을 먼저 하고 생각을 나중에 하잖아. 이름하여 선동후사先動後思."

"우와, 선동후사? 그런 말도 있어?"

명환이 방인을 봤다.

"내가 지어낸 말이지. 음하하하. 어때?"

"서당 개 삼 년이면 풍월을 읊는다더니. 공부하고 담 쌓았던 녀석이 완전히 변했네. 문사철이 무섭긴 무섭다."

명환이 대단하다며 고개를 끄덕였다. 희도 방인을 보고 웃었다.

* * *

"그러니까 궁리를 많이 하면 할수록 중용을 빨리 터득할 수 있겠군요."

대로의 물음에 희가 웃으며 고개를 끄덕였다.

"궁리는 무엇인가를 골똘히 연구한다는 것인데 결국 그것이 공부가 아니겠어요?"

"그럼 공부를 많이 한 사람일수록 중용을 잘 지키겠네요?"

방인이 물었다.

"공부도 어떤 공부냐에 따라 다르지 않을까요? 또 실질적으로 공부를 많이 했다고 해서 중용을 잘 실행할 수 있는 것도 아니에요. 많이 배운 사람들이 평정심을 잃고 사건사고를 일으키는 경우를 볼 수 있잖아요. 《중용》에 대한 여러 주석서를 집성한 《중용장구^{中庸章句}》에 이런 말이 있지요. '사람들은 모두 자기가 지혜롭다고 하지만 한 달도 중용을 택하여 살아내지 못한다.' 여러분도 스스로를 잘 생각해보세요. 하루에 몇 번이나 외부 환경에 흔들리나요?"

"수십 번, 수백 번? 저는 그런 것 같아요. 시도 때도 없이 마음이 변해 갈피를 못 잡을 때가 많아요."

"참, 그 마음이란 것이 요상하단 말이야. 눈에 보이지도 않는 것 때문에 우리가 마음고생을 하잖아."

"그게 눈에 보이지 않아서 문제인 것 같아. 눈에 보이면 확 잡아서 옆에 묶어놓으면 되는데 실체를 알 수가 없으니 어떻게 다가가겠어."

방인의 말에 대로가 답했다.

"그래요. 그래서 정약용丁若鏞은 《수오재기守吾齋記》에서 마음을 지키는 것이 가장 어렵다고 했지요. 그런데 여러분, 왜 옛 성현들은 그토록 마음을 다잡으라고 역설한 걸까요? 다들 해봐서 알겠지만 생각 없이 살면 편하잖아요. 왜 마음을 잡아야 할까요?"

대로가 친구들을 한 명씩 보더니 입을 열었다.

"생각 없이 살면 나야 편하겠지만 상대한테는 피해를 줄 수도 있잖아요. 아마도 옛 성인들은 나만 잘 사는 방법이 아닌 너도 같이 잘 사는 방법을 생각한 게 아닐까요? 상대도 같이 잘 살려면 상대 마음을 잡는 것보다 내 마음을 먼저 잡는 게 쉽겠지요."

대로의 말에 두 친구는 박수를 쳤다. 희도 만족스러운 미소를 지었다.

"그러니까 마음을 잡는 방법으로 중용을 택하라!"

방인이 탁자를 탁 치면서 말하자 모두 웃었다.

"그렇지요. 그럼 마음을 잡으면 뭐가 좋을까요?"

"아까도 말했듯이 나도 좋고 너도 좋다는 뜻이 아닐까요?"

대로가 물었다.

"'좋다'라는 말은 무슨 의미인가요?"

희의 말에 세 친구는 궁리하기 시작했다.

"너도 좋고 나도 좋으면 둘 다 만족스럽다는 거 아닌가? 좋다…….

좋으면 뭐가 좋지? 좋으면 왜 좋은 거지? 좋다는 감정은 뭘까? 좋으면 행복한 건가? 행복?"

방인의 말에 명환과 대로가 눈을 크게 뜨며 바로 그거라고 말했다. 희도 미소를 지으며 고개를 끄덕였다.

"중용은 동양에서만 언급한 게 아니에요. 동양에서 자사子思가 중용을 말했다면 서양에서는 플라톤과 아리스토텔레스도 중용의 중요성을 말했지요. 특히 아리스토텔레스는 삶의 목적은 행복이라며 행복한 삶을 위해서는 쾌락적이지도, 무절제하지도 않아야 한다고 했지요."

"결국 무절제한 삶은 고통만 주니까 그렇겠지요."

방인이 자기의 배를 쓸어내리며 말했다.

"그는 행복이란 쾌락과 도덕 사이의 균형을 잃지 않는 데서 온다고 했어요. 넘치지도 부족하지도 않은 삶."

"그 태도가 바로 중용이군요."

대로가 말했다.

"동양에서 말한 것과 서양에서 말한 중용을 보면 결국 행복을 얻기 위해서는 끊임없는 노력이 필요하다는 거네요."

명환이 알겠다며 고개를 끄덕였다.

"행복은 가만히 있는다고 오지 않으니까요. 어떻게 사는 것이 옳은 길인지 생각에 생각을 거듭하여 자기를 세우고 자기가 생각한 옳은 방법을 실천하면 행복에 이를 수 있다는 것이 성현들의 생각이겠지요. 중용이라고 해서 무조건 중간을 뜻하는 것은 아니에요. 중용이란 우리가 하려는 행동의 가장 참되고 변하지 않는 이치를 말해요."

"앞으로는 생각을 먼저 하려고 더욱 애써야겠어요. 사실 전보다 생각을 많이 한다고 느꼈는데 노력이 더 필요하네요. 다시 심기일전 해야겠어요."

대로가 크게 심호흡을 했다.

"헤어지기 전에 여러분에게 이 노래를 들려주고 싶네요. 권근權近의 《주옹설舟翁設》 마지막 부분에 주옹이 손客한테 이런 노래를 들려주지요. '아득한 강 바다여, 그윽하구나. 빈 배를 띄웠네, 물 한가운데. 밝은 달 실어라, 홀로 떠 가리. 한가로이 지내다 세월 마치리.' 여러분에게 빨리 중용의 태도를 터득하라고 재촉하지는 않겠어요. 하지만 언젠가는 여러분이 중용의 태도로 세상을 살아가리라는 것을 믿어요."

희가 온화한 미소를 지었다. 세 친구는 자리에서 일어나 공손하게 인사를 하며 고마운 마음을 전했다.

* * *

세 친구는 처음으로 함께 서점을 방문하기로 했다. 명환과 방인은 대로의 행동에서 뭔가 달라졌다는 것을 느꼈다. 분명 좋은 징조였다.

"어떻게 된 거야? 무슨 일 있어? 뭐랄까 차분해진 것 같아."

방인이 궁금해하며 물었다.

"나도 잘 모르겠어. 그날 선생님이랑 헤어진 후 뭔가 행동하기 전에 마음속으로 '하나, 둘, 셋' 하고 세기 시작했지. 너희도 알다시피 내가 실수를 많이 하잖아. 컵도 잘 깨뜨리고, 덜렁거리다 넘어지기도 하고. 그런데 그런 게 좀 줄었어. 집안일도, 회사 일도 어떻게 대처할지 조금씩 감이 잡히고."

명환이 대로의 등을 탁 쳤다.

"친구! 드디어 우물 밖으로 나올 때가 됐군."

그러자 평소 같았으면 "그렇지? 나도 그렇게 생각해"라고 흥분하며 말했을 대로가 갑자기 목소리를 깔고 대답했다.

"아닐세. 친구, 나는 아직 멀었네. 나는 아직도 '중용'이라는 벗을 찾고 있는 중일세. 어떤가? 자네들도 함께 찾아볼 텐가?"

세 친구는 서로를 보고 환하게 웃었다. 그러고는《중용》이라는 벗을 찾으러 가자며 서점으로 향했다.

삶 을   바 라 보 는
주 관 성 과   객 관 성

　　여러 악재가 겹쳤던 회사에 김부장이 큰 계약을 성
사시키면서 다시 자금이 돌았다. 다른 이들은 김부장의 수완을 높이
평가했다. 이제 김부장은 영업부뿐만 아니라 회사 내에서 실세가 되
었다. 타 부서 사람들은 영업부 직원들을 부러워하기도 했다. 김부장
이 공과 사를 잘 구분할 뿐만 아니라 부서 직원들도 잘 챙긴다는 칭
찬이 자자했다. 다른 부서 사람들은 영업부가 분기마다 실적 1등을
하는 이유를 알 것 같다고 했다.
　　모두들 이번 일로 김부장이 승진할 거라고 기대했다. 어떤 이들은
미리 그에게 축하 인사를 건네기도 했다. 그럴수록 대로는 마음이
좋지 않았다. 그가 높이 올라갈수록 그의 비리를 밝히기가 점점 힘
들기 때문이었다.
　　"소식 들었어? 김부장님이 회사 들어온 해부터 어린이집과 양로

원에 기부를 하고 계셨대. 전략기획팀 직원이 알려주면서 나한테 같은 부서 사람이 어떻게 모를 수 있느냐고 하더라니까."

"김부장님, 대단하시네. 물론 깐깐할 때는 너무하다 싶기도 한데 그게 다 우리 위해서 하는 쓴소리니까 이해해야지. 그래도 평소엔 농담도 하시고, 재밌잖아."

대로는 직원들이 하는 이야기를 듣고 있자니 아침에 먹은 밥이 체하는 것 같았다.

'도대체 뭐지? 따로 기부를 하고 있었다고? 그게 사실이야? 뒷돈 챙겨 선행한 거야? 그럼 도대체 언제부터 뒷돈을 챙겼다는 거야? 입사하고부터?'

그런데 갑자기 마음 한쪽에서 이런 소리가 들렸다.

'진짜 김부장이 비리를 저질렀다고 확신할 수 있어? 정말 그래? 확실히 보고 들은 거 맞아?'

대로는 화들짝 놀랐다. 온몸의 신경 회로가 정지한 느낌이었다.

'당연히 본 적은 없지.'

'그럼 넌 지금 생사람 잡으려고 작정이라도 한 건가?'

'그건 아니야. 하지만 그는 이중인격자야.'

'정말 그가 이중인격자야? 어떻게 알지? 넌 다만 잠깐 통화를 들었을 뿐이잖아. 거래처 공장에서도 마찬가지야. 고향 선후배라서 비리를 저지를 수 있다는 판단은 무엇을 근거로 한 거지?'

대로는 흔들렸다. 시간이 지날수록 김부장의 승진은 불을 보듯 분명해서 박과장은 미리 승진 회식을 하자며 설레발을 쳤다. 대로는 마음이 불편했다. 얼마 전 외근 나갔던 일도 마음에 걸렸는데 거기에 김부장이 승진까지 하면 분명 자기는 '쓰리 아웃 체인지'가 될 것이라고 생각했다.

아직은 지난번 일로 김부장이 뭐라고 하거나 눈치를 주지는 않았지만 진짜 몰라서 그러는지, 알면서도 모르는 척을 하는지 대로는 종잡을 수가 없었다. 그는 행동을 조심하며 더욱 열심히 일했다. 특히 눈에 띄는 일은 절대 하지 않았다.

인사 발령이 나던 날 모두는 적잖은 충격을 받았다. 김부장이 승진 대상에서 제외되었다. 다들 회사가 너무한다고 입을 모았다. 김부장을 제치고 승진한 이는 얼마 전 낙하산으로 들어온 허부장이었다.

"아니, 이거 너무하는 거 아닙니까? 어려운 회사를 기껏 살렸더니. 필요할 때는 마구 부려먹다가 일 끝나니까 나 몰라라 하는 게 말이 됩니까? 화장실 들어갈 때와 나올 때 마음이 다르다고는 하지만 이건 달라도 너무 다르잖아요. 아니, 부장님. 화도 안 나십니까? 뭐라고 말씀 좀 해보세요."

박과장이 입에 거품을 물며 난리를 쳤다. 그러나 정작 김부장은 처음부터 기대도 하지 않았다는 듯이 오히려 담담했다.

"허허. 괜한 소리. 나보다 일을 더 잘하는 사람이 있으면 승진을 하는 게 당연하지. 회사에는 회사의 논리가 있는 거야."

'회사의 논리'라는 김부장의 말은 명언이 되어 사내로 퍼졌다. 대로는 김부장의 말이 소크라테스의 진리처럼 들렸다. 김부장의 비리를 의심했던 대로조차도 이번 인사만큼은 회사가 잘못했다고 생각했다.

"그러게. 열심히 일해봤자 남 좋은 일만 시키는 거라니까. 이렇게 하면 누가 회사를 위해서 일하겠어? 재주는 곰이 부리고 돈은 딴 놈이 챙기는데."

"그런 얘기도 있던데요. 부장은 우리 같은 흙수저가 올라갈 수 있는 마지막 단계라고요. 뭐, 든든한 뒷배가 있어야 그 위를 바라볼 수가 있지. 우리 같은 평사원은 위로 올라갈 엄두도 못 낸다니까요. 한마디로 그들만의 리그예요."

"다음 인사 발령 때도 승진을 못 하면 명예퇴직 권고나 다름없는 거 아니에요?"

휴게실에서 직원들은 김부장 이야기로 정신이 없었다. 대로는 그들의 이야기를 들으며 자기 처지를 다시 돌아보며 스스로가 정말 별 볼 일 없다는 생각을 했다. 여기서는 단순히 열심히 일하는 것만으로는 살아남을 수 없을 것 같았다. 철두철미한 김부장도 나가떨어지지 않았는가.

'약육강식이 따로 없군.'

대로는 사무실로 돌아와 김부장을 봤다. 자리에 콕 박혀 일하는 그가 측은하게 보였다.

'내가 정말 잘못 짚은 건가?'

유리창으로 들어오는 햇빛이 김부장의 등에 사정없이 내리꽂혔다.

* * *

대로는 방인의 카페에 들어오자마자 냉수를 들이켰다.

"뭐야? 속 타는 일 있었어?"

방인이 물었다. 뒤따라 들어온 명환도 냉수부터 찾았다.

"너희 둘, 무슨 일 있었던 거야?"

카페에 먼저 와 있던 희는 그 둘에게 무슨 일이 있었는지 궁금해했다.

"일이 안 풀려서 그래."

명환이 새 프로젝트를 맡았는데 다른 회사하고 같이하는 일이라고 했다. 그런데 예전에 선배한테 뒤통수를 맞은 기억 때문에 지금 같이하는 사람들을 믿어도 될지 의문이라고 했다. 방인이 불안하면 시작하지 말라고 하자 명환은 굉장히 큰 프로젝트라 놓치고 싶지 않다고 했다. 대로도 그간 회사에서 있었던 일을 전했다.

"전쟁 같은 나날이었습니다. 휴, 일상도 전쟁인데 이번에는 책까지 전쟁에 대한 내용이라 정신을 차릴 수가 없더라고요."

대로가 가방에서 책을 꺼냈다.

"난 좋았는데. 이번 책은 딱 내 스타일이었어. 훌륭하신 분들의 훌륭하신 말씀도 물론 좋지만 뭔가 살아 움직이는 듯한 이야기가 확 와닿잖아. 난 전생에 장군이었나 봐. 영화도 전쟁 영화가 가장 재미있다니까."

방인이 신나서 말했다.

"방인 씨는 그동안 헤로도토스Herodotos의 《역사Histories》에 푹 빠졌군요."

"전쟁이 재밌다니. 잔인한 놈. 진짜 전쟁이 나면 가장 먼저 도망갈 놈이."

명환이 한마디 하자 대로도 동의했다.

"니들은 날 몰라도 너무 모른다. 좋아. 이번 책에 대해 얼마나 심도 있게 읽었는지 내가 판단을 내려주지."

방인이 의기양양한 모습으로 그들을 봤다. 그러고는 아무 질문이나 해보라고 했다. 희는 방인의 모습이 아주 바람직하다며 칭찬했다. 희가 대로에게 《중용》을 읽은 후 생활에 어떤 변화가 있었는지 묻자 두 친구가 킥킥 웃었다.

"약발이 한 일주일 갔나? 일주일 동안 선비의 후예인 줄 알았잖아요. 어찌나 '중용'이라고 노래를 부르던지."

명환이 웃으며 대로를 봤다. 대로는 답답하다는 듯이 두 손으로 자기 머리를 꽉 감쌌다.

"참, 신기하지요. 분명 중용을 찾겠다고 애썼는데 회사에만 가면 그런 노력이 싹 사라져요. 동료들의 말과 행동에 휘둘리는 제 자신이 참으로 한심해요. 이번엔 독하게 마음먹고 비리를 파헤치려고 김 부장만 주시했는데…… 이런 일이 벌어질 줄이야. 그리고 이제는 그를 의심했던 제 마음이 다 의심스럽다니까요. 선생님, 독서를 하면 자기를 찾을 수 있는 게 맞는 걸까요? 더 복잡해진 것 같아요."

"저도 책을 읽을수록 망양지탄^{亡羊之歎}이 이런 거구나 싶어요."

명환도 한마디 거들었다.

"삶이 만만치 않지? 타협을 모르고 산 대로한테나 부잣집 도련님인 명환한테나. 그러게 나처럼 적당히 남들 비위도 맞춰가며 두루뭉술하게 살면 마음이 그렇게까지 시끄럽지는 않아. 다들 원만하게 살아. 복잡하게 살지 말고."

방인의 말에 명환이 발끈했다.

"남의 인생이라고 함부로 말하지 마. 삶의 무게는 사람마다 다 다른 거야. 그리고 너처럼 사는 게 원만하게 사는 거냐? 생각 없이 사는 거지. 원만하게 산다는 것도 다 자기변명 아니야? 치열하게 살지 못하니까. 그러니 만날 손해나 보고. 이 카페를 둘러봐. 상수동 일대에서 네 가게가 제일 파리 날리잖아."

대로는 예민한 명환을 진정시켰다. 찬물을 끼얹은 듯 세 친구 사이에 냉랭한 기운이 돌았다.

"다들 전쟁 같은 시간을 보내고 왔군요. 책을 재밌게 읽었다는 방인 씨조차도."

희의 말에 세 친구는 깜짝 놀랐다. 방인은 비밀을 들킨 듯이 아무 말이 없었고 명환과 대로는 희와 방인을 번갈아 봤다.

"다들 읽어서 알겠지만 《역사》가 처음부터 끝까지 재밌는 것은 아니잖아요. 지루한 부분도 있고 우리 역사와는 달라서 이해가 되지 않는 부분도 있었을 거예요. 세 분 중에 방인 씨가 책 읽는 것을 가장 싫어했는데, 그런 분이 다른 시간과 공간 속의 이야기가 이렇게 재미있다고 할 때는 분명 공감하는 부분이 있다는 말이겠지요. 안 그런가요, 방인 씨?"

방인은 입을 떡 벌린 채 고개를 끄덕였다. 그러고는 희에게 자리를 깔아도 되겠다고 덧붙였다. 희가 웃으며 그런 능력은 없다며 손사래를 쳤다.

"두 분은 책을 읽으며 공감한 부분이 있었나요?"

"솔직히 옛날 전쟁은 땅따먹기가 아니었나 하는 생각이 들어요.

전쟁의 명분을 생각해봤어요. 백성에게 더 넓고 비옥한 땅을 주기 위해 전쟁을 일으킨다는 명분을 내세운다고 한들, 결국 백성들의 목숨을 담보로 하는 거잖아요. 설령 전쟁에서 이겼다고 해도 관리들이 죽은 백성들을 일일이 찾아다니면서 땅을 주는 것도 아니고요. 전쟁에서 이기면 땅은 국가 소유가 되거나 힘 있는 가문이 차지하는데 백성을 위한 전쟁이라고 그럴듯하게 말하면서 현실은 그렇지 않으니까요. 따지고 보면 전쟁은 권력자들의 자기 과시를 위한 일이 아닐까요?"

그러면서 명환은 어떤 이유에서든 전쟁은 절대 반대라는 말을 덧붙였다. 반론을 제기한 것은 대로였다.

"저는 좀 다르게 생각해요. 수많은 권력자들이 전쟁을 일으키는 이유가 전부 자기 과시를 위한 것은 아니라고 생각해요. 물론 자기 능력을 과시하기 위한 전쟁도 있겠지요. 그런데 어차피 그런 의도에서 전쟁을 치른 권력자는 패하지 않나요? 《한비자韓非子》의 〈망징亡徵〉 편을 봐도 나라가 망하는 이유에는 자기 과시를 하는 왕으로 인한 것보다 임금과 신하와의 잘못된 관계나 간신들로 인한 경우가 더 많이 나오잖아요."

대로가 《한비자》의 〈망징〉 편을 말하자 두 친구는 눈을 크게 뜨고 언제 그런 것까지 읽었느냐며 놀라는 기색이었다. 대로는 어깨를 으쓱이며 이 정도는 현대인이라면 다 알지 않느냐고 말했다. 희는 대로가 적극적으로 독서를 하는 것 같아 보기 좋다고 했다.

"하지만 결국 페르시아가 패배한 것도 크세르크세스 1세의 오만이 원인이었다고 헤로도토스가 쓰지 않았어? 그게 자기 과시와 무엇이 다르다는 거지?"

명환이 다시 받아쳤다.

"물론 그 전쟁이 크세르크세스 1세의 오만으로 실패했을 수도 있어. 하지만 그게 정말일까? 그 해석은 헤로도토스가 그리스인의 입장에서 역사를 평가했기 때문이 아닐까? 역사도 결국 누가 기록하냐에 따라 시각이 달라지잖아. 페르시아 역사가라면 완전히 다르게 썼을지도 모르지."

대로도 지지 않고 말했다. 방인은 흥미롭다는 듯이 둘을 번갈아 봤다. 이때 희가 박수를 '탁' 치는 바람에 세 친구는 살짝 놀랐다.

"둘의 대화를 듣고 있으니 정말 흥미진진하군요. 지금 두 사람의 대화에서 아주 중요한 이야기가 나왔어요. 명환 씨는 헤로도토스의 기록을 믿는다는 입장이고 대로 씨는 그건 그의 주관적 견해가 개입된 것일 수도 있다고 하는 거지요?"

희가 그들을 봤다. 그의 눈빛이 반짝였다.

* * *

"그렇다면 지금 우리가 보는 역사가 전부 사실이라고 어떻게 신뢰할 수 있을까요? 우리가 알고 있는 역사에는 한 치의 거짓도 없을까요?"

희가 다시 물었다. 세 친구는 자신할 수 없었다. 타임머신을 타고 과거로 돌아가 확인을 하지 않는 이상 지금 알고 있는 역사가 진실만을 전하고 있다고 말할 수 없었다.

"좋아요. 그럼 다르게 물어볼게요. 헤로도토스는 왜 《역사》를 썼을까요?"

"그거야 후손들에게 과거에 어떤 일이 있었는지 알리기 위해서겠지요."

방인이 대답했다.

"왜 알리고 싶었을까요?"

"같은 상황이 온다면 실수하지 말라고요?"

이번에도 방인이 대답했다. 희가 크게 고개를 끄덕였다.

"저도 그렇게 생각합니다. 그게 우리가 역사를 배우는 목적이 아닐까요? 저는 우리가 역사를 배우는 과정은 온고지신이나 타산지석의 과정이라고 생각해요. 다들 헤로도토스가 여행가라는 것은 알 거예요. 생각해봅시다. 지금보다 훨씬 열악한 환경에서 그는 왜 그토록 동서남북으로 다니면서 다른 나라의 문화, 역사, 지리, 환경 등을 기록했을까요?"

"일단 그는 당시 사람들의 생활상이나 놀라운 업적들이 시간이 지나면 사라지는 것이 안타까웠을 것 같아요. 또한 그리스인들과 비그리스인들 사이의 갈등이 빚은 결과를 기록으로 남기고 싶었던 거예요. 그런데 생각해보니 페르시아라는 나라에 대해 아는 것이 별로 없네요."

대로의 말에 명환도 생각에 잠기는 듯했다.

"일부 역사학자들은 아테네가 페르시아한테 이긴 것을 민주주의의 승리라고 말하기도 해요. 하지만 그 민주주의는 지금 우리가 생각하는 것보다 아주 협소한 의미였어요. 버젓이 노예들이 있었고 여성들에게는 참정권도 주어지지 않았으니까요. 다만, 헤로도토스에 대해 말하자면 그는 정말 개방적인 사고와 시야를 가진 사람이었는데 그것은 그가 각국을 돌면서 본 세계의 문화, 그의 풍부한 상상력 그리고 남들에게 이야기하는 것을 좋아하는 능력이 빚은 산물이지요. 또한 이 작품은 이전의 글과는 다른 형식을 띠고 있잖아요. 이전의 글들은 시가詩歌 형식이었는데 이 작품은 그가 여행에서 얻은 실증적 자료로 쓴 최초의 역사서이지요. 그럼에도 불구하고 현대의 시각으로 보면 그 또한 한계가 있다는 것이 분명히 보이지요. 헤로도토스가 '역사의 아버지'라고 불리며《역사》가 위대한 고전으로 남았다고 해도 말이에요."

"그러고 보니 일연一然의《삼국유사三國遺事》, 사마천司馬遷의《사기史記》,《역사》에는 공통점이 있는 것 같아요."

대로의 말에 모두 그의 얼굴을 바라보았다.

"귀족들 이야기만 쓴 게 아니란 거지요. 명환이 말처럼 어떤 역사가들은 권력층의 대변인 역할을 하기도 했지만 이들 작품은 귀족들의 이야기뿐만 아니라 민중의 이야기도 아우르고 있다는 거예요. 이 작품들에서는 민중의 풍습, 전설, 종교 등을 비하하지 않았어요. 그들의 삶을 있는 그대로 담았지요. 열린 사고를 하지 않고서는 객관성을 유지하기 힘들었을 텐데, 이 점이 또한 그들을 높이 평가하는 이유이기도 하지요. 그래서 이들 작품이 역사서로 빛을 발하는 게 아닌가 싶네요."

방인은 대로의 말에 입이 다물어지지 않았다. 자신도 더욱 분발해야겠다며 주먹을 불끈 쥐었다.

***

"이야기를 듣고 있으니 다들 《역사》를 열심히 읽었군요. 앞에서도 잠깐 언급했는데 다시 원론적인 이야기로 돌아갈까요? 이런 질문은 아마 학창 시절에 다들 한 번쯤 들었을 거예요. 정보화 시대에 사는 우리는 왜 굳이 과거에 불과한 역사를 알아야 할까요?"

희가 진지하게 그들을 봤다.

"영국의 역사학자 에드워드 카 Edward Hallett Carr가 이런 말을 했잖아요. '역사란 과거와 현재와의 끊임없는 대화다'라고요. 저도 이 말에 동의해요. 과거가 없으면 현재와 미래가 없듯이, 개인의 역사가 없으면 지금의 나도 없는 것이고 민족의 역사가 없으면 지금의 우리가 없겠지요. 역사를 알아야 하는 것은 한마디로 나의 뿌리를 찾는 게 아닐까요?"

대로가 답했다.

"뿌리를 찾는다. 도대체 뿌리는 왜 찾아야 하는 걸까요? 다들 족보를 본 적 있나요? 살면서 나의 조상이 어디에서 출발했는지 알아보려고 한 적이 있나요? 사실 현대 사회에서 나의 뿌리를 알지 못한다고 불편할 것은 없잖아요?"

셋은 꿀 먹은 벙어리가 되었다.

"맞아요. 큰 불편은 없어요. 그렇지만 불편하지 않다고 문제가 없는 것은 아니에요. 언제나 문제는 도사리고 있겠지요. 그리고 어떤 사건이 발생하는 순간 우리가 안고 있는 문제가 드러나겠지요. 저는 그때 역사가 큰 작용을 한다고 생각해요. 또 해외에 나가서도 뿌리 있는 민족이라고 생각하면 든든할 것 같고요. 왠지 '민족'이란 단어가 든든한 지원군처럼 느껴진다고 할까요? 내 역사는 나를 지키는 바탕이라는 생각이 드네요."

대로가 진지하게 입을 열었다. 그리고 계속 이어 말했다.

"어떤 사건이 발생하면 우리는 과거에 있었던 일을 떠올리며 그때와 지금을 비교하잖아요. 그리고 해결해나가려고 노력하지요. 나라에 문제가 생겼을 때 국민을 똘똘 뭉치게 할 수 있는 것도 역사가 있기 때문 아닐까요? 역사는 현재 발생한 문제의 판단 기준이 되는 것 같아요."

"대로 씨의 말을 듣고 보니 그럴수록 역사는 객관적이어야 하겠네요. 대로 씨가 아까와는 생각이 좀 바뀐 것 같아요. 역사에는 역사가의 주관이 개입될 수 있다고 명환 씨는 말했지만, 역사가 문제를 해결하는 데 판단 기준이 된다는 점에서 객관적이어야 한다는 생각이지요?"

희의 말에 대로가 뒷머리를 긁적였다.

"제가 아까와는 다르게 얘기를 하고 있군요. 사실 잘 모르겠어요. 역사가 객관적이어야 하는 것에는 변함이 없지만 그렇다고 주관적인 면을 배제할 수도 없다는 생각이 드네요."

대로가 여전히 모르겠다는 표정을 지었다.

"이런 상황을 한번 생각해봅시다. 일제강점기에 있었던 윤봉길 의사의 거사는 역사적 사건이에요. 과거에 있었던 틀림없는 사실이지요. 그런데 그 사건을 바라보는 시각은 달라요. 당시 신문을 보면 우리나라 기자가 쓴 내용과 일본 기자가 쓴 내용은 천양지차였어요."

"아마 그 당시 일본은 우리 민족을 말살하고 싶었겠지요. 그리고 기사는 우리 민족을 극악무도한 인간들이라고 매도했겠지요."

방인이 흥분해서 말했다.

"같은 사건을 두고도 이렇게 다르게 볼 수 있는 것은 역사의 두 가지 의미 때문이에요. 역사를 과거의 사실로만 볼 것인가, 아니면 기록된 사실로 볼 것인가. 과거의 사실로만 본다면 충분히 객관적으로 쓸 수 있겠지만 역사가 기록된다면 그것은 기록하는 역사가의 입장에 따라 주관적 해석이 가미될 수 있어요. 그렇다고 주관적 해석이 역사를 왜곡할 수 있다는 것은 아니에요."

셋은 역사가들도 참 힘들겠다며 입을 모았다.

"한번 내려진 역사적 평가는 번복될 수 있을까요?"

희가 다시 물었다.

"역사적 평가를 어떻게 바꿀 수 있어요? 한번 정해지면 바꿀 수 없는 거 아닌가요?"

방인이 물었다.

"연암燕巖 박지원朴趾源의 소설이 당시에는 금서로 취급됐는데 후에는 당대 최고의 작품으로 평가를 받잖아. 시대에 따라 가치관이 달라지니 사실에 대한 평가도 달라지는 거지. 역사가라면 그렇게 받아들일 수 있는 유연한 사고가 필요하다고 생각해."

대로의 말에 명환이 고개를 흔들었다.

"역사가의 유연한 사고라. 물론 꽉 막힌 사고보다 열린 사고가 중요한 것은 맞아. 한쪽으로 치우쳐서도 안 되지. 그런데 지나치게 유연한 사고는 후손들에게 혼란을 줄 수도 있어. 만약 쉽게 역사가의 입장이 바뀐다면 역사를 왜 쓰나 싶기도 할 거야. 나는 역사가라면 어느 정도 자기의 입장을 고수할 수 있어야 한다고 생각해. 줏대도 없이 시류에 편승하는 역사가는 진정한 역사가라고 볼 수 없지. 지금처럼 혼돈의 시대에는 더더욱."

명환의 말에 모두 고개를 끄덕였다.

"난 카페하길 정말 잘한 것 같아. 철학가도 어렵지만 역사가는 더 어려운 것 같아. 후손들의 가치관 정립에 지대한 영향을 미치잖아. 가치관까지 쥐고 흔드는 것이 역사라니. 무서운 거야."

방인이 몸을 부르르 떨었다.

"그래서 역사가 바로 선 민족은 정체성도 흔들림이 없겠군. 정체성이 아직 서지 않아서 내가 자꾸 흔들리는 건가? 아니, 나이 서른에 정체성이 정립되지 않았다는 게 말이 돼?"

대로가 한숨을 푹푹 쉬었다.

"제가 볼 때, 대로 씨에게 정체성은 있어요. 다만 확고한 신념이 아직 부족한 게 아닐까요?"

대로가 희를 응시했다. 그리고 어쩌면 그럴 수도 있겠다고 생각했다.

"대로가 사람 보는 눈이 부족한가? 결국 과거, 현재, 미래는 다 사람이 만드는 것인데.《역사》를 통해 사람 보는 눈을 키워봐. 네가 뭔가를 얻으려면 무엇보다 사람의 마음을 움직여야 해. 페르시아 전쟁을 봐도 그렇고 다른 역사를 봐도 그렇고 밀정이 없으면 적을 이길 수 없는 거야. 김부장의 비리를 캐고 싶다면 밀정을 심어봐야지."

방인이 눈을 반짝이며 대로를 봤다. 대로가 책상을 탁 치며 좋은 생각이라고 했다.

"자네들의 머리가 필요하네. 선생님의 지혜도 필요합니다. 우리 한번 역사를 만들어봅시다."

대로가 진심 어린 눈빛으로 한 명씩 눈도장을 찍었다. 그러고는 거사를 다짐하듯 테이블 위에 손을 올렸다. 그러자 그 위에 명환, 방인, 희가 차례로 손을 포갰다.

돈 을 어 떻 게
다 룰 것 인 가

《역사》를 읽은 세 친구는 나이 서른을 인생의 전환점으로 삼자며 의기투합했다. 그러고는 각자 인생에 기념비적인 역사를 세우자며 전투적으로 생활했다.

어느 날 방인이 대로에게 말했다.

"아무리 아닌 척해도 사람인 이상 몸 바쳐 일한 곳에서 배신을 당했는데 아무렇지 않다는 건 말이 안 돼. 그거야말로 포커페이스형 사람인 거지. 정말 무서운 사람이야. 빨리 그의 약점을 찾는 게 급선무야. 그리고 그것에 맞는 미끼를 놔야지."

대로는 김부장을 낚을 거짓 정보를 만들기 위해 두 친구에게 수시로 의견을 물었다. 그리고 김부장의 약점을 찾느라 혈안이 되었다. 사막여우처럼 경계심 많은 김부장에게 미끼를 던진다는 것은 여간 조심스러운 일이 아니었다. 그러던 어느 날 주리한테 문자메시지가

왔다.

　—대로 씨, 이번에 제가 거래처 공장으로 외근을 가는데 혹시 시간 되면 같이 가실 수 있으세요? 확인할 게 있어서요.

　대로는 주리의 요청을 받고 설레었다. 마치 그녀에게 먼저 데이트 신청을 받은 것만 같았다. 그는 반드시, 꼭 같이 가겠노라고 재빠르게 회신을 보냈다. 그러고는 같이 확인하고 싶은 게 뭔지 궁금했다. 하지만 그녀가 더 이상 외근에 관해 말하지 않아 대로도 꼬치꼬치 묻지 않았다.

　'같이 확인하고 싶은 게 있다는 뜻은 뭔가를 공유하고 싶다는 말이겠지?'

　대로는 얼른 친구들에게 주리가 보낸 문자메시지의 의미가 무엇인 것 같느냐고 물었다. 두 친구는 주리도 뭔가 냄새를 맡은 것이 아니냐, 혼자 끙끙거리지 말고 주리와 꼭 얘기를 해보라고 했다. 대로는 친구들의 조언을 따르기로 하고 같이 외근 가는 날 김부장 일을 털어놓기로 했다.

　한편 명환은 다시 상대를 믿고 프로젝트를 추진하기로 했다. 하지만 이번만큼은 처음부터 자기 아이디어를 전부 공개하지는 않았다. 열정이 너무 앞서 물불을 가리지 않고 일에 뛰어들기보다 냉정함을 잃지 않으려고 노력했다. 그는 더 깐깐해지고 예민해져 어느 누구도 그의 옆에서 세 마디 이상 말을 붙이지 못했다.

　셋 중에 가장 바쁜 이는 방인이었다. 그는 자기 카페가 상수동에서 가장 적자라는 명환의 말에 적잖은 충격을 받았다. 본인도 알고 있었지만 인정하기가 쉽지 않았다. 인정하는 순간 꼴찌라는 늪에서 절대 빠져나오지 못할 것만 같았다.

'상수동에서 가장 잘나가는 카페로 거듭나서 녀석의 코를 납작하게 만들겠어.'

방인은 상수동 일대 카페를 돌았다. 그러고는 커피 맛과 실내 인테리어 등을 비교했다. 비교하면 비교할수록 딱히 다를 것도 없는데 왜 자신만 적자를 보는지 이해할 수가 없었다. 다른 카페들을 보면서 내린 결론은 상수동 일대에서 가장 잘나가는 카페들을 살짝만 모방하자는 것이었다.

그는 인건비와 재료비를 최대한 아끼기 위해 유능한 목수 한 명과 본인이 직접 카페를 꾸미기로 했다. 그런데 인테리어가 바뀔수록 무엇인가 어설프다는 생각을 떨쳐버릴 수가 없었다. 하지만 워낙 유능하다는 목수의 카리스마 앞에서 함부로 말을 꺼내지 못했다. 그는 목수의 충실한 조수가 되어 불만이 있어도 꾹 참고 시키는 대로 다했다. 방인은 답답할 때마다 모바일 채팅방을 열어 친구들에게 하소연을 했다.

—방인아, 가끔 널 보면 자본주의에서 자본을 쓸 줄 모른다는 생각이 든다. 갑, 을 관계를 명확히 하라고. 그렇게 끌려다니지 말고. 그렇다고 갑질을 하라는 얘기가 아니야. 네가 어떻게 목수를 대해야 하는지 감이 안 와? 어떻게 그를 대해야겠어?

방인은 대로의 말에 한동안 뜸을 들이다 대화를 이어갔다.

—지극히 인간적인 관계로?

—너무 서운하게 듣지 마. 넌 사업가 마인드가 없어. 솔직히 카페를 한다고 할 때부터 말리고 싶었다. 제발 건물주 좋은 일 그만하고

이제 손 털고 일어나. 너 직장 구하기 전까지 우리 사무실에서 아르바이트라도 하든가.

방인은 명환의 말에 슬슬 열이 받았다.

—그편이 지금 네가 버는 돈보다 더 많겠다. 명환이가 이런 쪽으로는 너보다 머리가 잘 돌아가. 명환이가 사업가 아들이잖아. 옆에서 보고 배운 게 있지 않겠니? 자본주의에서는 자본주의에 적합한 인간으로 사는 것도 나쁘지 않아.

—마음에 여유라고는 눈곱만큼도 찾아볼 수 없는 이 부르주아들아!

—엄격히 말하면 난 부르주아가 아니지. 부르주아는 사무실이 있는 명환하고 카페가 있는 너지.

—왜 이래, 제갈대로, 넌 프티부르주아야!

대로와 명환은 더 이상의 조언을 하지 않겠다며 인테리어가 다 끝나면 그때 보자고 했다.

* * *

대로, 명환, 희는 방인이 새로 꾸민 카페 앞에 서서 간판을 올려봤다. 크리스마스트리 장식에나 쓸 법한 작은 전구들이 카페 간판에 다닥다닥 붙어 힘겹게 반짝였다. 명환과 대로는 1990년대 가게 간판도 이렇게 촌스럽지는 않겠다고 생각했다. 명환은 절레절레 고개를 흔들며 카페 문을 열었다. 그러고는 실내를 휘 둘러보고는 혀를 끌끌 찼다.

"상수동 카페의 실내장식을 죄다 모아놨군. 정신 사납고 조악하기 그지없어. 이게 편안함을 추구하는 카페냐? 진짜 모르겠어? 이 카페의 문제점을? 돈을 벌 생각이 없는 사장님 마인드가 문제라니까."

그리고 명환은 인테리어 업자를 소개해줄 테니 다시 뜯어고치라고 했다. 방인의 얼굴이 점점 발갛게 달아오르자 희가 얼른 화제를 돌렸다.

"방인 씨를 처음 봤을 때 욕심이 있는 사람인 줄 알았는데 제가 잘못 생각했네요. 듣고 보니 돈을 벌려고 카페를 하는 게 아니었군요."

방인이 명환을 째려보며 그렇다고 했다. 하지만 지금은 카페를 운영할 기본적인 자금도 부족해서 고민이라고 했다.

"하늘에서 돈다발이 떨어졌으면 좋겠어요."

방인은 한숨을 푹 쉬었다.

"도대체 돈이 뭘까요? 왜 많은 사람이 돈에 웃고 우는 걸까요? 돈 앞에서 우리는 초연할 수 없는 걸까요?"

희가 정말 궁금하다는 듯이 세 친구를 봤다.

"최영 장군께서 금을 돌같이 보라고 말씀하셨지만 그렇게 하기는 힘들어요. 당장 굶어 죽게 생겼는데 어떻게 눈앞에 있는 금을 나 몰라라 할 수 있겠어요. 저부터도 빚을 갚으려면 돌보다 금이 필요하고요. 빚을 다 갚기 전까지는 그냥 돈의 노예로 살 수밖에 없어요. 방인이도 마찬가지일 거예요. 명환이는 아버님이 부자니까 우리보다는 초연할 수도 있겠군요."

대로가 씁쓸하게 웃었다.

"부자들이 돈 앞에서 초연할 수 있을 거라는 생각은 버려. 부자들은 돈에 대한 욕망밖에 없는 사람들이야. 그렇지 않고서 어떻게 부자가 될 수 있었겠어."

명환이 실내장식 중 카페와 어울리지 않는 것들을 거둬내며 말했다.

"저는 그렇게 돈에 연연하지 않아요. 제가 몇 년 전 이곳에 카페를 연 것은 사람들이 산책을 하다 이곳에 들어와서 편히 쉬다 가길 바랐기 때문이에요. 그런데 돈이 없으면 제 꿈을 유지하지 못한다니, 요즘처럼 힘 빠질 때도 없어요."

"너만 그런 게 아니야. 우리나라의 많은 젊은이가 생계에 쫓겨 꿈을 접었을 거야. 모르긴 몰라도 우리 동창들 중에 생활에 쪼들려 아등바등 사는 이들이 많을걸? 그래도 우리 셋은 힘들어도 각자 원하는 길을 가고 있잖아. 하지만 그렇게 사는 사람이 몇이나 될까? 김부장만 봐도 그래. 나도 나중에 우리 회사에서 그런 취급을 받지 말라는 법도 없고. 아무튼 잘못돼도 한참 잘못됐어."

대로가 열을 냈다.

"이 시대가 잘못된 게 맞아. 세상에 존재하는 모든 것에 가격을 매기잖아. 사람의 가치조차 돈으로 환산하잖아."

방인이 절레절레 고개를 흔들었다.

"현대 사회에서 모든 것을 돈으로 환산하려는 습성은 당연한 거야. 뭘 새삼스럽게 그래. 난 물건을 보면 그 물건에 붙은 금액의 동그라미가 보이는데."

명환은 대수롭지 않다는 듯 말했다.

"역시 너는 부르주아야. 난 백 단위 이상의 동그라미는 세기 어렵던데. 유명환, 그럼 너 우리도 돈으로 환산해본 적 있냐?"

방인이 눈을 부릅뜨고 물었다. 명환은 오히려 두 친구에게 돈으로 바꿀 만한 가치가 되느냐고 물었다. 그러자 두 친구는 꽉 쥔 주먹을 들어 보이며 명환에게 짜증을 냈다. 그러나 명환은 그들의 짜증에 아랑곳하지 않고 방인에게 말했다.

"너 뭔가를 착각하고 있는 것 같아. 너는 너를 상품화하지 못한다고 말하지만 다른 사람은 상품화하고 있잖아. 가게 알바생. 너는 그 친구의 한 시간을 돈으로 환산해서 사고 있잖아. 때로는 그런 생각도 하지? 손님이 없을 때라도 알바생이 노는 꼴은 못 보겠지? 때론 그 친구가 땡땡이친다는 생각도 들 거야. 나이 서른에 어디서 순진한 척을 하는 거야? 카페 사장님아."

방인이 머리를 긁적이며 명환의 말이 맞다고 시인했다. 그러면서 알바생이 자기를 악덕 카페 사장으로 보면 어떡하느냐고 걱정했다. 희는 이번 모임을 통해 세 친구의 또 다른 모습을 볼 수 있어 흥미로웠다.

* * *

"만약 지금 시대에 칼 마르크스^Karl Marx^가 살아 있다면 무슨 말을 했을까요?"

희가 물었다.

"크게 세 번쯤 놀라지 않을까요?"

명환이 벽에 걸린 장식품을 떼어낸 후 그들 앞에 앉으면서 말했다. 그러자 그들은 세 번의 놀라움이 무엇이냐고 다시 물었다.

"첫째는 아직도 자본주의가 존재하는 것에 놀랄 것이고, 둘째는 극과 극으로 치닫는 빈부의 격차를 보고 놀랄 것이고, 셋째는 그럼에도 불구하고 자본주의를 포기하지 못하는 사람들을 보고 놀라겠지요."

나머지 사람들은 고개를 끄덕이며 그럴 수도 있다고 동의했다. 희는 세 친구에게 본인들이 보는 오늘날 자본주의는 어떠냐고 물었다. 그들은 문제가 심각하다는 데 동의했다. 희가 그들에게 물었다.

"그렇다면 오늘날 자본주의는 왜 이렇게 문제가 심각해진 걸까요?"

"그야, 불평등한 부의 분배가 원인이겠지요. 부의 세습이 일어나고 있는 이상 저희 같은 흙수저들은 죽어라 일해도 그들의 대열에 끼어들 방법이 없어요."

대로가 또 흥분하며 말했다.

"불평등한 분배, 왜 그런 일이 일어나는 걸까요?"

희가 다시 물었다.

"가진 자가 너무 욕심을 내니까 그렇지요. 먹고살 만큼만 소유하고 나머지는 어려운 사람들에게 고루 나눠주면 얼마나 좋을까요? 더불어 사는 세상인데. 자기 혼자 등 따습고 배부르면 세상이 굴러가나요? 일할 사람들이 다 굶어 죽으면요. 결국 누가 공장 기계를 돌리겠어요. 다 같이 죽자는 거지요. 자본주의 사회에는 욕심 많은 사장들이 많아도 너무 많아요. 하여튼 자본주의의 자기 과시 현상이 사람들의 가치관을 엉망으로 만들었어요."

방인도 침을 튀며 열변을 토했다. 희는 방인이 마치 마르크스처럼 이야기한다며 미소를 지었다. 그들의 이야기를 가만히 듣고 있던 명환이 툴툴거렸다.

"그렇게 사장이 꼴 보기 싫으면 네가 공장을 지어서 직접 사장이 되면 되잖아. 공장이 그냥 생기냐? 공장 지대 구하러 다녀야지. 건물 지어야지. 기계 사야지. 사장은 땅 파면 돈이 나오냐? 초기 자본금은 생각 안 해? 그리고 자본주의가 사람들의 과시욕을 부채질한 것은 어느 정도 인정하지만 자본주의 때문에 인간의 과시욕이 생긴 것은 아니라고 봐. 원래 사람들은 예쁜 것을 보면 갖고 싶어. 그게 본능이야. 욕심? 욕심은 왜 사장한테만 있다고 생각하지? 대부분의 사람들도 다 욕심이 있어. 이 세상에 욕심 없는 사람들이 얼마나 되겠어? 따라서 사람들에게 욕심이 있는 한 자본주의는 사라지지 않을걸?"

명환의 말에 방인과 대로는 아무 말도 하지 못했다.

"좋아요. 명환 씨 이야기도 일리가 있어요. 모든 사람들이 조금씩 욕심을 내려놓고 서로에게 양보를 한다면 무슨 문제가 있겠어요. 그게 공동체이고 함께 사는 세상 아니겠어요?"

"내 말이 기분 나빴다면 미안해. 모든 기업인들이 사리사욕을 채운다는 건 아니야. 그들 중에는 양심적인 기업인도 있지. 네 아버지처럼. 나는 그저 빈부의 격차를 조금 더 줄일 수 있는 방법을 생각한 거야."

방인이 명환에게 직접 구운 과자를 건넸다. 그러자 명환이 피식 웃었다.

"그래. 다들 맞는 말이다. 다 같이 잘살면 얼마나 좋겠냐. 현 시점에서 우리가 그렇게 살려면 부정부패를 척결해야 하는데 몇백 년 동안 쌓이고 쌓인 부정부패를 어떻게 뿌리 뽑을 수 있을지 모르겠다. 어느 나라의 경찰서장 한 달 월급이 우리 돈으로 70만 원인데 그 사람 집에 자동차만 열네 대가 있대. 다 어디서 났겠어? 부정부패로 모은 돈이지. 그 나라 어린이들은 맨발로 길거리를 다니면서 구걸을 하는데. 그 나라만 그렇겠어? 와타나베 이타루의 《시골빵집에서 자본론을 굽다》를 봐도 그렇잖아. 그러니 세계적으로 부정부패가 문제야. 인간의 욕심이 사라지지 않는 한 지구상에서 부정부패는 사라지지 않을 거야."

"대로 씨 말처럼 우리가 지금 당장 부정부패를 뿌리 뽑을 수는 없어요. 하지만 변화의 중심이 될 수는 있지 않을까요? 어떻게 해야 세상이 변한다고 생각하세요?"

"그야 그 세상에 사는 사람들이 변해야겠지요."

방인이 대답했다.

"사람이 변해야 세상이 변하는 거지요. 어떤 이들은 사는 것이 힘들다고 이 세상이 망했으면 좋겠다고 저주를 퍼붓기도 하지요. 지극히 이기적인 발언이에요. 혹은 다 같이 잘 살자며 혁명을 부르짖는 사람들도 있어요. 하지만 혁명은 그렇게 쉽게 일어나지 않아요. 왜 그럴까요? 그렇게 새로운 세상을 부르짖는데 왜 새로운 세상은 오지 않는 걸까요?"

세 명은 서로 멀뚱멀뚱 쳐다봤다.

"때가 되지 않아서요?"

방인이 답했다.

"어떤 때를 말하는 거지요?"

희가 다시 물었다.

"빵을 만드는 데 필요한 효모를 배양하기 위해서는 온도, 습도, 장소까지 모든 것이 자연 그대로여야만 한다잖아요. 우리가 바라는 변화도 바로 거기에서 출발하는 게 아닐까요? 그런 기본적인 것들을 갖춘 때."

방인이 눈치를 보며 조심스레 말을 꺼냈다. 갑자기 희가 손가락을 딱 튕겼다.

"빙고! 기본, 기초가 준비되지 않으면 어떤 것도 일어날 수 없어요. 제가 생각하는 변화의 기본은 '희생'이에요. 내가 원하는 것을 이루기 위해서는 기본적으로 어떤 부분은 희생할 수밖에 없어요. 혁명에는 반드시 희생이 따르는데 어떤 이유에서든 희생할 준비가 되어 있지 않으면 혁명은 일어날 수가 없지요. 아까 말한 책에 나오는 다루마리 빵집을 생각해봅시다. 빵집 주인이자 저자인 와타나베 이타루가 건강한 먹을거리를 만들기 위해서 어떤 희생을 했는지. 그리고 그 노력의 대가로 어떤 결과를 얻었는지."

"선생님 말씀은 우리가 더 나은 세상으로 가지 못하는 것은 우리가 희생을 하지 않기 때문이라는 건가요?"

대로가 물었다.

"다 같이 하나씩만 내려놓으면 되는데 손에 든 것 중에 하나도 버리기가 힘들지요? 특히 욕심이 많은 사람일수록 갈등이 심하겠지요. 저자가 말한 것처럼 자연 그대로가 사람들에게 건강한 먹을거리를 주듯이 경제활동에서 나온 이윤도 자연스럽게 사람과 자연에 환원된다면 지금 우리가 겪는 문제를 조금은 해결할 수 있지 않을까 싶은데요?"

세 친구는 각자 자기의 손바닥을 들여다봤다.

"저도 제 카페를 그 빵집처럼 만들고 싶었어요. 사람들을 위한 카페. 좋은 원료와 재료를 쓰고 직접 과자를 굽고 거기서 나온 이윤을 지역에 기부하고. 딱 제가 바라는 삶이거든요."

희는 방인의 말에 아주 좋다며 기뻐했다. 하지만 방인은 금세 우울했다. 좋은 원료는 가격이 비싸고 비싼 원료 때문에 음료 값을 조금만 올려도 손님들은 귀신같이 알고 다른 카페로 떠난다고 했다. 그러니 건강한 음료를 대접하는 것도, 이윤을 지역에 기부하는 것도 다 물 건너갔다고 했다.

* * *

희는 힘을 내라며 방인의 어깨를 다독였다.

"방인 씨 커피는 제가 마셔본 커피 중에 최고예요. 곧 사람들이 이 커피 맛을 기억하고 다시 찾을 거예요. 그럼 그때 방인 씨는 초심을 잃지 말고 이윤의 일부를 주변 사람들과 환경에 돌려주면 되는 거예요."

방인이 생각만 해도 행복하다며 환하게 웃었다. 그러면서 희를 보며 이렇게 말했다.

"선생님이랑 대화를 하고 있으면 가치관이 흔들려서 혼란스러울 때가 대부분이지만 그래도 결국은 행복해져요. 선생님, 혹시 '행복 전도사'인가요?"

대로와 명환도 방인의 말에 크게 수긍했다. 희는 귀까지 빨개지면서 비행기를 그만 태우라고 했다.

"다루마리 같은 가게가 많이 생겼으면 좋겠어요. 세상에는 먹을거리로 장난치는 사람이 얼마나 많아요. 먹으면 몸에 해로운 간장, 단무지, 젓갈, 계란 등 생각만 해도 끔찍한 일들이 많았지요. 가격이 좀 나가도 정직한 먹을거리를 판매하는 문화가 형성된다면 사람들도 점차 자연스럽게 받아들일 거예요. 내가 만든 음식으로 사람들에게 건강을 전해준다고 생각하면 일할 때 더 큰 보람도 느낄 것이고 힘도 더 나겠지요. 어떤 사람의 아버지가 돌아가시기 전에 마지막으로 먹은 것이 다루마리 빵이었다는데 아버지가 돌아가시면서 엄청 행복해했다는 부분을 읽었을 때 가슴이 따뜻해지면서 뭉클했어요. 그리고 이런 생각을 했지요. 나도 죽기 전에 다루마리 빵을 먹고 싶다!"

대로의 말에 명환도 자기 동네에도 가격이 조금 비싸지만 맛 좋은 빵집이 있다고 했다.

"근데 저는 비싸서 가지 않아요. 하지만 그 집은 늘 사람들이 북적이죠. 그 빵집의 특징은 그날 준비한 신선한 재료가 떨어지면 더 이상 빵을 만들지 않는다는 거예요. 그런 이야기를 들었을 때 사장이 배가 불렀구나 생각했지요. 그런데 지금 돌이켜보니 그 빵집 사장님도 우리와 같은 책을 읽은 게 아닐까 하는 생각이 드네요."

"마르크스의 《자본론Das Kapital》과 천연균 발효라……. 저자는 어떻게 이런 생각을 했을까요? 균의 발효와 부패가 있어야 제대로 된 음식을 만들 수 있다는데 우리가 흔히 접하는 음식들은 부패하지 않는 인스턴트 음식들이잖아요. 그래서 이런 우스갯소리가 있잖아요. 요즘 사람들이 죽는다면 몇 년이 지나도 시신이 썩지 않은 채로 있을 거라고. 왜냐하면 살아 있을 때 하도 방부제가 든 음식을 많이 먹어서요. 돈은 원활하게 순환되지 못하고 사람들은 자연의 순리에서 한참 벗어났으니 탈이 날 수밖에 없다고 한 말에 완전 공감해요."

"저도 자연의 섭리를 지키는 것은 진리 중에 진리라고 생각합니다. 우리도 자연의 일부이기 때문이지요. 그건 정말 당연한 이치예요. 고려 시대 문신이자 문인이었던 이규보李奎報가 쓴 짤막한 수필 〈괴토실설壞土室說〉에서 이와 비슷한 이야기를 했지요. 여름에는 여름 채소를 먹고 겨울에는 겨울 채소를 먹는 순리를 따라야 사람이 탈이 없다고요. 탈이 생길 수밖에 없는 환경 속에서 우리는 앞으로 어떤 선택을 해야 할까요?"

희가 그들을 뚫어지게 봤다. 대로가 먼저 입을 뗐다.

"이러한 환경에서 벗어나려면 와타나베의 주장을 따르는 게 좋겠어요. 노동과 물건의 가치를 유지하는 거예요. 그도 빵집이 굴러갈 정도의 최소 이윤만 남기고 나머지는 직원들 월급과 빵 연구에만 투자한다고 하잖아요. 그렇게 열과 성을 다해 연구를 하다 보면 그는 빵의 장인이 될 거예요. '빵을 키우고 사람을 키운다.' 결국 이 말에서 그의 신념이 느껴져요."

"그러네요. 결국 자본주의는 나와 남, 나와 물건의 관계를 규정짓는 게 아닌가 싶네요. 한 대상이 나에게 가치가 있으면 자본이 되는 것이고 그렇지 않으면 자본이 아닌 거지요. 빵을 키우고 사람을 키운다는 말도 어떻게 보면 정당한 관계 형성을 위한 노력이 아닐까요?"

세 친구는 희의 말에 깊이 공감했다.

"실제로 그의 노력으로 그가 사는 작은 마을에 변화가 생겼다고 하니, 경제 혁명은 이를 두고 말하는 게 맞겠네요. 아까 선생님이 우리에게 변화의 중심이 되라고 하신 말씀은 이런 뜻이겠군요."

대로의 말에 희가 특유의 부드러운 미소를 지었다.

"양심 있는 자본가가 누리는 진정한 삶, 그리고 그 안에서 느끼는 노동의 가치. 느껴보고 싶네요."

방인이 진지하게 말했다.

"방인 씨라면 반드시 그럴 수 있을 거라고 믿어요. 그리고 방인 씨로부터 불어온 혁명의 바람이 상수동 전체 카페에 퍼질 날이 올 거예요."

명환과 대로는 방인에게 카페를 접으라고 충고했던 일을 사과하며 진심으로 방인을 응원했다.

* * *

"여러분, 진정한 풍요로움이란 무엇일까요?"

희가 질문했다.

"먹지 않아도 배가 부르다는 포만감? 갖지 않아도 늘 뭔가 많이 가진 듯한 느낌? 물질로는 채워지지 않는 든든함?"

모두 방인이 하는 말을 들으며 빙그레 웃었다.

"물질로는 채워지지 않는 든든함이라는 말이 마음에 드네요. 정신적 풍요로움을 말하는 건가요? 예전에 이런 광고 카피가 있었어요. '열심히 일한 자여, 떠나라.' 하지만 자본주의에서는 열심히 일한다고 다 떠날 수는 없잖아요. 조금만 마음의 여유가 있으면 가까운 곳에라도 가서 휴식을 취할 수 있을 텐데. 자본주의 사회에서는 그렇게 하는 게 쉽지 않을 거예요. 내 책상을 떠나는 순간 경쟁에서 밀릴 수도 있으니까요. 명환 씨는 언제 여행을 해봤나요?"

희가 명환을 봤다.

"대학 3학년 때 이 친구들하고 갔던 게 마지막이네요."

생각해보니 대로나 방인도 마찬가지였다. 지난 8년 동안 여행 한 번 가지 않고 자기 자리만 지켰다고 성공한 것도 아닌데 왜 움직이지 못했는지 그들은 서로의 지난 시간이 안타까웠다.

"와타나베는 한 달 동안 푹 쉬다 온다고 하던데. 한 달은 무슨, 며칠만 푹 쉬어도 좋겠어요. 정말 그 삶이 부럽네요."

명환도 대로도 그렇다고 했다.

"자, 열심히 일한 젊은이들! 자본만 바라보고 자본을 위해서만 살지 말고 이번 주말에는 근교라도 다녀오세요."

희가 힘차게 말했다. 대로는 주리와의 외근이 곧 간만의 휴식이 될 수도 있겠다는 생각을 하니 마냥 좋았다.

순간 대로의 휴대전화가 울렸다. 주리한테 온 문자메시지였다. 대로는 그녀도 자기를 생각한 것일까 싶어 잠시 설렜다. 그러나 주리가 보낸 문자메시지는 대로에게 파일 하나를 확인해달라는 부탁이었다. 대로가 열어본 파일은 제품 수량을 적은 내용이었다.

그는 왜 이 문서를 확인해달라는 것인지 의아했다. 그러다 문득 이렇게 늦은 시간까지 일만 하는 주리한테도《시골빵집에서 자본론을 굽다》를 소개해야겠다고 생각했다. 그녀에게도 자본주의 속에서 삶의 여유를 찾는 방법을 알려주고 싶었다.

욕망, 앞으로 나아가게
하는 힘

    사무실에 들어서니 여기저기서 웅성거리는 소리가 들렸다. 김부장이 해외지사로 발령 날지도 모른다는 이야기였다. 만약 그 말이 사실이라면 대로는 회사가 왜 그런 결정을 내린 것인지 이해할 수 없었다.

    "왜겠어? 이번 인사 발령에 불만을 품은 누군가 사내 전자 게시판에 폭로성 글을 올렸다니까. 못 봤어? 근데 그동안 이런 일이 한두 번이 아니었나 봐. 낙하산 인사 실명공개와 회사의 구태, 뭐 그런 것까지 올렸잖아. 그것도 못 봤어? 근데 뭔가 숨기는 게 있는지 글이 금방 삭제됐어. 우린 그저 모른 척 일만 열심히 하면 돼. 우리 같은 일개미 신세가 그렇지 뭐."

    이대리는 아무래도 김부장이 인사이동의 희생양인 것 같다고 했다. 승진한 이들 중에 원래 이번 계약을 추진하던 인물이 있었다는 것이었다. 그런데 그 사람이 일을 엉망으로 만들어 물 건너갈 뻔한 계약을 김부장이 살린 거라고 했다.

즐거운 외근이 될 거라고 생각했는데 대로와 주리의 머릿속이 복잡해졌다.

"대로 씨, 이 서류…… 대로 씨가 부장님 책상에 갖다 놓은 거 맞죠? 수출국 관련 자료던데. 제가 허락 없이 복사했어요."

대로는 주리가 준 서류를 보고 너무 놀라 할 말을 잃었다. 김부장의 비리를 캐기 위해 얼마 전 친구들과 만든 미끼였다.

"주리 씨도 뭔가 알고 있어요?"

"제가 거래처 공장에 갔을 때 이상한 얘기를 들었어요. 그리고 부장님이 아무리 깐깐하고 예민한 분이라고 해도, 대로 씨한테만 너무 심하게 대한다고 생각했어요. 둘 사이에 무슨 일이 있구나 싶었지요. 그래서 김부장님 뒤를 밟아본 거예요."

대로는 크게 심호흡을 한 뒤 그동안 있었던 일을 주리에게 말했다. 그리고 이제는 자기의 추측이 맞는지 아닌지도 헷갈린다고 했다. 그녀는 아무 말 없이 이야기를 들은 후 그를 지긋이 봤다.

"혼자 속 끓이느라 많이 힘들었겠어요. 이제 같이 찾아봐요. 의심이 틀리다면 정말 다행이고, 혹여나 맞다면 그땐 또 다른 사람의 도움을 구해보죠. 힘들 땐 혼자보다 둘이 낫지 않겠어요?"

주리가 환한 미소를 지었다. 그는 하마터면 주리 손을 덥석 잡을 뻔했다.

* * *

　공장에 도착한 두 사람은 건물 앞에 주차된 차를 보고 흠칫 놀랐다. 김부장 차였다.

　"오늘 부장님도 이쪽에 볼 일이 있다고 했어요?"

　주리는 금시초문이라고 했다. 그들은 조심스럽게 건물로 들어갔다. 복도에 들어서는데 쩌렁쩌렁 울리는 남실장 목소리가 들렸다.

　"저는 형님도 제 형처럼 그렇게 당하는 거, 보고만 있지 않을 거예요. 내가 감옥에 가는 한이 있더라도 우리 형 그렇게 만든 회사, 가만 두지는 않을 거예요. 우리 형, 벌써 7년째 암 투병 중이에요. 어떤 보상을 바라는 건 아니지만 누가 봐도 산업재해가 맞는데 그걸 회사가 무마하는 거, 형님도 보셨잖아요. 우리 형뿐만 아니에요. 다 들었어요. 형님이 산업재해로 피해본 사람들의 병원비를 대고 있다는 거요. 지금까지 형님이 도와주지 않았다면 우리 형이나 다른 피해자들, 진작 저세상 사람이 됐을 거예요. 그런데 그런 형님이 당하는 게 뻔히 보이는데, 제가 어떻게 가만히 있어요?"

　"남실장! 좀 더 이성적으로 행동하자. 난 회사에서 당한 거 없어. 오히려 내가 그들을 이용했지. 너도 알잖아. 조금만 더 기다리면 앞으로 병원비는 평생 걱정하지 않아도 된다고. 그러니 게시판에 글 같은 거 올리지 마. 회사에서 네가 누군지 찾아내는 거는 식은 죽 먹기야. 제발 경거망동하지 마. 내가 해외지사로 나가야 모든 게 원만하게 해결이 된다고. 그때까지만 참아. 오늘 물량 차질 없이 넘기고."

　대로와 주리는 사무실 안에서 들려오는 대화를 듣고 놀랐다. 더욱

이 그가 해외지사로 나가는 것을 원한다는 사실이 당황스러웠다. 대로는 그가 해외로 나가는 것을 막아야 한다고 생각했다. 사무실 안에서 움직이는 소리가 나자 둘은 복도에 있는 화장실로 각자 몸을 숨겼다. 그리고 서로에게 문자메시지를 보냈다.

—이제 어떻게 하죠? 분명 회사 물건을 빼돌리는 게 맞는데. 남실장 형이라는 사람은 누굴까요? 무슨 사정이 있는 것 같은데…….

—대로 씨, 사정이 있다고 잘못이 정당화될 수는 없어요. 그들이 말하는 문제는 이 일과는 별개로 생각해야 마음이 흔들리지 않아요. 회사가 그들에게 무엇인가 부당한 대우를 했다면 그것은 그것대로 처벌을 받아야겠지요. 지금은 이 일만 생각해요.

—그래요. 어느 누구도 억울한 일이 없도록 합시다.

그들은 김부장이 공장을 떠나는 것을 확인한 후에야 남실장을 만나 서류를 살폈다. 남실장은 예전처럼 넉살 좋게 그들을 대했다.

공장을 나오는 길에 둘은 대형 쓰레기 운반차를 봤다. 대로는 예전에 자기가 사진을 찍어두었던 차량이 생각나 휴대전화에서 사진을 찾았다. 같은 차량이라는 사실을 확인한 그들은 택시를 돌려 운반차를 뒤쫓았다. 주리는 그 사이에 누군가와 통화를 하며 이동 경로를 말했다.

운반차가 도착한 곳은 인천항 국제 여객터미널에 있는 수화물 집하장이었다. 대로는 휴대전화로 운반차가 사라질 때까지 영상을 남겼다. 그리고 더 이상 따라가지 못하는 것을 안타까워했다. 주리는 택시에서 내리자마자 어딘가로 전화를 걸었다.

"네, 수고하십니다. 도난 신고를 하려고 하는데요."

대로는 주리가 하는 일에 놀랄 뿐이었다. 그녀는 여객터미널로 들어가 가장 빨리 떠나는 국제 여객선 시간을 확인했다. 다행히 한 시간 정도 여유가 있었다. 그들이 사무실로 들어가 수화물 담당자를 만나는 동안 경찰이 왔다. 그리고 조금 있자 말끔한 차림의 남자 둘이 사무실로 들어왔다.

"안녕하십니까? 거대물산 감사팀에서 나왔습니다."

대로는 회사 감사팀에서 나왔다는 말을 듣고 당황했지만 주리는 전혀 개의치 않고 경찰이 묻는 말에 또박또박 대답만 했다. 그들은 사무실에서 나와 수화물 집하장으로 향했다. 가는 길에 대로는 주리가 여객터미널로 가는 택시 안에서 감사팀과 통화했다는 것을 알았다.

집하장에는 중국으로 보내는 짐이 줄을 잇고 있었다. 쓰레기 운반차가 대로의 눈에 들어오자 심장이 미친 듯이 뛰기 시작했다. 영화에서 본 것처럼 범죄 현장을 급습할 거라고 생각하니 손에 땀이 배었다. 그는 위험한 일이 생기면 주리만큼은 반드시 자기 손으로 지키리라 다짐했다. 하지만 그녀는 겁도 나지 않는지 그 어느 때보다 더 당당하게 앞으로 나갔다. 대로는 주리가 어떤 상황에서든 한계를 모르는 사람처럼 느껴졌다.

일은 일사천리로 끝났다. 대로가 걱정했던 그런 격투신은 일어나지 않았다. 대로와 주리는 쓰레기 운반차만 가리킨 후 더 이상 현장에는 접근하지 못했다. 차량에 탔던 두 사람은 경찰에 연행됐으며 대로와 주리는 감사팀의 조사를 받았다.

감사팀 사람들은 그들에게 회사를 위해 큰일을 했다며 조사가 끝날 때까지 깍듯이 대했다. 대로는 큰일이란 말에 어안이 벙벙하다

약간 우쭐한 기분이 들었다. 이제야 진정한 정의의 사도, 제갈대로가 된 듯했다.

'진짜 회사를 살린 사람은 김부장이 아니라 나와 주리 씨야. 내일 회사가 뒤집히겠군.'

그는 마치 영웅이 된 것 같았다. 오늘 대로는 주리의 또 다른 모습을 보았다. 그녀가 보여준 당찬 행동은 그로서는 죽어도 할 수 없는 일이었다. 결코 잊을 수 없는 하루였다.

"오늘 수고 많았어요. 대로 씨."

그녀가 악수를 청했다. 대로는 한동안 그녀의 손을 잡으며 자기의 손 안에 쏙 들어온 그녀의 손을 절대 놓지 않으리라 결심했다.

"어디에서 그런 용기 있는 행동이 나오는 거예요? 그리고 택시 타고 인천으로 갈 때 감사팀에 전화할 생각은 어떻게 한 거예요? 정말 대단해요."

대로가 물었다.

"시간을 계산해보니 우리가 안양에서 인천으로 가는 시간이나 감사팀이 수원에서 인천으로 가는 시간이 비슷하겠더라고요. 그래서 인천으로 가면서 전화를 한 거예요. 용기요? 한번도 제 행동이 용기 있다고 생각해본 적 없는데요. 음, 그저 나만의 신념이랄까?"

그녀는 농담이라며 환하게 웃었다. 주리는 그 말이 농담이라고 했지만 대로에게는 진심으로 들렸다. 대로는 카페로 가는 내내 중얼거렸다.

"신념, 신념, 신념……."

＊＊＊

"너 뭐라고 하는 거야?"

방인이 중얼거리는 대로에게 물었다.

"대로 씨, 오늘은 진짜 신념에 찬 사람 같군요."

희가 반갑게 맞았다.

"제가 신념에 찬 것이 아니라 신념에 찬 사람을 만난 거죠. 어쩌면 그녀의 신념에 동화된 것일지도 몰라요."

대로의 말에 명환과 방인이 동시에 '주리'를 외쳤다. 대로는 그렇다며 실실 웃었다. 그리고 오늘 그녀가 해낸 일에 대해 들려주었다. 대로는 김부장이 부당 이득을 챙긴 것이 안타깝다고 했다.

"그렇게 살지 않아도 되는데 왜 그랬을까, 분명 그 뒤에는 회사와 관련한 뭔가가 있는 것 같았는데……. 부장님 성격상 단순히 돈에 욕심이 나서 그런 것은 아닐 텐데."

"네가 부장님에 대해 다 아는 건 아니잖아. 나도 나를 모를 때가 있는데 말이야. 어차피 인간의 욕심은 끝이 없어. 그게 돈이든, 명예든. 한번 욕심을 내기 시작하면 끝이 없는 거라고. 부당 이득의 원인은 결국 '기브 앤드 테이크' 아니겠어?"

명환은 오히려 이해가 된다는 말투였다.

"네 얘기를 듣고 보니 혹시 회사에 대한 복수? 너희 부장님이 홍길동 흉내 낸 건가? 현대판 홍길동? 결국 네가 홍길동을 잡은 거네. 그 바람에 그에게 도움을 받고 지내던 사람들은 다시 고난의 길을 걷게 되는……."

지식을 넘어 지혜를 향하여

방인이 김부장을 의적 홍길동에 비유하는 바람에 대로는 살짝 갈등했다. 그러다 고개를 가로저으며 그럴 리 없다고 부정했다.

"아무리 그래도 홍길동은 엄연한 도둑이야. 동기가 정당하다고 도둑질을 인정한다면 법은 결국 무너지는 거야. 너희 부장님도 결국 이익을 따져서 자기한테 뭔가 손해가 있으니까 그런 일을 저질렀겠지. 결국 인간은 이익에 따라 관계를 형성하는 거라고. 인간과 자본과의 관계. 마르크스를 통해서 배웠잖아."

대로가 김부장의 동기가 너무 뻔히 보인다는 듯이 말하자 방인이 대로의 인간미 없는 태도를 비판했다.

"너희가 아무리 부정하고 싶어도 사람들 사이에서 관계맺기는 이익을 우선할 수밖에 없어. 너희, 내 디자인이 도용됐던 사건 기억하지?"

"야, 그게 이익 때문에 저지른 것 같냐? 네가 그 선배의 자존심을 확 뭉개서 홧김에 저지른 것일 수도 있다니까."

방인이 반박했다.

"그 선배가 그런 일을 저지른 데는 다른 이유가 있을 수도 있지만 그중엔 자기도 명환 씨처럼 디자인을 잘했으면 하는 마음이 있었을 거예요. 부장님 안에도 그런 일을 저지를 수밖에 없었던 무언가가 있을 거란 생각이 드는군요. 이번에 읽은 《돈키호테Don Quixote》를 생각하면, 선배나 부장님이 돈키호테와 같은 사람은 아니지만 세 사람에게 뭔가 공통점이 있는 것 같지 않나요?"

희가 차분히 말을 이어갔지만 세 친구는 전혀 감이 오지 않았다.

"저는 여기 앉은 세 분도 친구가 될 수밖에 없는 이유가 있다고 보는데요."

희는 서로를 쳐다보며 궁금해하는 그들의 모습을 흐뭇하게 봤다.

"돈키호테나 선배, 부장님은 분명 누군가 닮고 싶은 사람이 있었을 거예요. 그리고 여러분이 친구로 지내는 이유 중 하나도 자기에게 부족한 것이 상대에게 있어 그것을 서로 닮고 싶은 마음이 아닐까 싶어요."

"돈키호테, 선배, 부장님의 공통점은 잘 모르겠는데, 돈키호테와 대로의 공통점은 좀 알겠네요."

명환이 대로를 보고 씩 웃었다. 그들이 대로를 봤다.

"망상증 환자. 자기가 영웅이라는. 그동안 대로가 문사철 모임을 하면서 자기 안의 욕망을 많이 누르면서 지냈을 거예요. 여기저기 참견하고 소리 지르고 싶은 마음을요. 부장님 관련한 일을 그렇게 조심스럽게 진행한 것은 대로의 원래 성격이 아닐 거예요. 모르긴 몰라도 제갈대로! 이번에 부장님 잡으면서 영웅이 됐다고 느꼈지?"

대로는 뜨끔했다. 다른 이들은 정말 그랬느냐며 대로를 봤다. 방인은 그동안 영웅 노릇 못 해서 얼마나 맘고생이 심했냐고 놀리며 키득거렸다. 대로는 이제야 말할 수 있다며 크게 숨을 몰아쉬었다.

"그동안 욕망을 숨기고 지내느라 죽는 줄 알았습니다. 난 원래 이런 캐릭터가 아닌데, 내 안의 나를 다스려야 한다고 하니. 저, 솔직히 그동안 잠자는 숲속의 왕자였습니다. 하지만! 욕망의 크기로 따진다면 우리 중 으뜸은 명환이죠. 유명환. 너야말로 세계적인 디자이너로 성공하겠다는 욕망 속에 살잖아. 넌 욕망덩어리야."

대로의 말에 방인도 전적으로 동의했다. 명환은 자기 일에 성공하려고 최선을 다하는 태도는 비난받을 일이 아니라고 했다. 희는 대로의 이야기를 듣고 어느 정도는 대로가 돈키호테를 닮았다고 생각했다.

"대로 씨, 영웅이 되고 싶은 당신에게 롤모델이 있나요? 돈키호테는 그가 즐겨 읽었던 중세 기사도 이야기 속 주인공인 아마디스를 동경했잖아요. 그는 미남에다 대쪽 같은 정신의 소유자였고 누구보다 싸움을 잘해 한 번도 패한 적 없는 용맹스러운 기사였어요. 대로 씨에게도 따르고 싶은 그런 인물이 있나요?"

대로는 그런 것을 생각해본 적이 없었다. 희는 그들에게 자기가 존경하는 인물이 누구였는지 떠올려보라고 했다. 그러면 자기의 롤모델이 누구였는지 알 수 있을 거라고 했다. 대로는 희의 말에 곰곰이 생각했다. 어릴 적에는 부모님을 존경했다가, 학창 시절에는 힘센 녀석들이 보기 좋아 일부러 호기를 부리기도 했다. 그리고 회사에 들어와서는…… 대로는 갑자기 김부장 얼굴이 떠올라 머리를 절레절레 흔들었다.

'말도 안 돼. 김부장이 롤모델이었을 리가 없잖아.'

대로는 강하게 부정하고 싶었지만 그럴수록 김부장의 얼굴이 점점 더 가까이 다가왔다. 사실 입사 초기, 김부장은 영업부 신입사원 모두에게 전설 같은 인물이었다. 불과 이삼 년도 안 된 일이었다. 그는 고개를 푹 숙였다.

'정말 그가 나의 영웅이었어? 정말? 그렇다면 내 손으로 나의 영웅을 잡은 거야?'

그는 아니라며 머리를 마구 흔들었다. 그들은 대로에게 왜 그러느냐고 물었지만 그는 아무 말도 하지 않았다. 희는 돈키호테처럼 존경의 대상을 죽을 때까지 따르는 사람이 있는가 하면, 때에 따라 바꾸는 사람도 있다고 했다.

"프랑스의 문학평론가 르네 지라르 René Girard는 《돈키호테》를 통해 인간의 욕망을 삼각 구조로 설명했어요. 그가 말한 이론은 이런 거예요. 돈키호테는 아마디스라는 기사를 동경했는데 그가 지향했던 기사도 정신은 모두 아마디스에서 나온 거라고 했지요."

"그러면 돈키호테가 한 행동은 모두 그의 내부에서 자발적으로 일어난 것이 아니라 이상적인 기사가 되고자 했던 아마디스의 욕망을 모방한 것인가요?"

방인이 물었다.

"방인 씨 말이 맞아요. 사실 우리 모두는 어떤 대상을 자발적으로 원하는 것 같지만 사실 그 사이에 매개자가 있는 거지요. 이게 지라르가 말한 '욕망의 삼각형 Désir triangulaire'이에요. 우리가 목표한 곳을 가기 위해 이정표를 따라가듯 원하는 이상을 얻기 위해 롤모델을 두는 것 같은 거지요. 만약 우리에게 '욕망'이 없다면 어땠을까요?"

희가 세 사람을 봤다.

"욕망이 없다면, 무엇인가 바라는 바가 없다는 말인데, 그렇다면 사람들이 지금처럼 무엇인가 쟁취하려고 허덕이면서 살지는 않겠네요."

방인이 대답했다. 대로도 좀 더 여유롭게 살 수 있을 것 같다고 했다.

"욕망이 없다면, 세상이 지금처럼 발전할 수 있었을까요? 그냥 본능에 충실하며 살 텐데. 석기시대 사람들과 뭐가 다르겠어요?"

명환의 대답에 두 친구는 고개를 갸우뚱했다.

"어차피, 모든 예술이나 과학, 기술은 기존의 것을 모방하고 발전시키는 건데. 욕망이 없다면 그런 마음이 생기겠냐는 거지요."

두 친구는 명환의 말에 격하게 공감하며 주변을 둘러봤다. 그러고는 주변의 모든 것이 욕망의 결과물이라고 했다. 희도 빙그레 웃으며 고개를 끄덕였다.

* * *

"생각해보니 인공지능 알파고와 인간의 바둑 대결도 욕망에서 비롯된 일이잖아. 기술 복제니 인공지능이니 나노기술이니 모든 게 다 그래. 도대체 욕망의 끝은 어딜까?"

대로의 말에 방인이 인류가 멸망하기 전에는 욕망의 끝은 볼 수 없을 거라고 했다.

"그래요. 한 시대가 발전하려면 앞선 시대에 대한 모방이 있어야 하는데 그런 마음은 욕망에서 비롯된 것이지요. 앞으로 과학기술은 우리가 상상하지 못할 정도로 놀라운 발전을 이룰 거예요. 사람들이 알파고에 가장 크게 놀란 것은 바둑을 두는 과정에서 스스로 학습한다는 사실이었지요. 스스로 학습을 할 수 있다는 것은 무엇을 의미할 것 같아요?"

"저도 그 부분에서 정말 많이 놀랐어요. 마치 '조금만 기다려. 너희 도움 없이도 내가 나를 만들 거야'라고 말하는 것 같다니까요. 사람도 학습을 통해 사회화를 하잖아요. 그런 학습을 기계가 한다는데

머지않아 로봇선생님이 나올 거예요. 일 초에 만 가지 경우의 수를 조합하는 능력을 어떻게 따라갑니까?"

"그럼 대로 씨는 인간과 기계가 싸우면 기계가 이긴다는 쪽인가요?"

"물론 지금은 인간이 월등하지만 진짜 터미네이터가 나오는 시대가 오면 기계가 이길 수도 있잖아요. 솔직히 근육과 살로 덮인 인간이 무쇠 팔, 무쇠 다리를 가진 기계와 맞대결을 한다면 어떻게 이기겠어요?"

"제갈대로, 넌 생각이 없냐? 신이 우리에게 나약한 신체를 주셨지만 그 어떤 동물보다 월등한 지능을 주셨잖아. 그걸 이용해서 이기면 되지."

명환의 말에 대로는 기계가 동물이 아닌데 어떻게 이길 수 있느냐고 했다.

"하여간 너희는 왜 싸워서 이길 생각을 하냐? 같이 공존할 생각은 하지 않고. 서로 도우면서 살아."

방인의 말에 두 친구가 그렇게 지내는 게 좋겠다고 하자 희가 웃었다.

"그런데 방인 씨, 그렇게 지내던 기계가 어느 날 난 당신을 더 이상 도울 생각이 없다고 하면 어떻게 하지요?"

방인이 그럴 때는 기계를 쓰지 않고 속 편하게 혼자 살겠다고 하자 모두 웃었다.

"4차 산업혁명이라고 들어봤을 거예요. 지금이 그런 시대지요."

방인이 들어보긴 했는데 그게 어떤 시대를 의미하냐고 다시 묻자 명환이 대답했다.

"첨단 정보통신기술이 사회 전반에 융합되어 혁신적인 변화가 일어나는 산업혁명이잖아. 예를 들면 기계가 사람처럼 지능을 갖게 되는 거야. 사람이 시키는 일만 하는 게 아니라 스스로 판단해서 행동하는 거지."

"뭐? 지금이 그런 시대라고? 내 주변에는 그런 기계가 없어서 몰랐지."

두 친구는 방인의 대답에 실소를 하였다.

"혼자 돌아다니면서 청소하는 로봇 청소기도 그렇고 운전자가 위험을 감지하기 전에 차가 먼저 위험을 피하는 기능이 그렇고. 또 기계가 작곡을 하고 글도 짓는 예술 활동도 해. 지금이 그런 시대야."

대로는 인공지능 마젠타Magenta가 만든 80초짜리 피아노곡을 들려주었다.

"정말 위화감 느낀다. 기계가 창작 영역을 대신하다니. 기계 때문에 일자리가 줄었다는 얘기는 들었지만 그런 영역까지 가능할 줄은 몰랐네. 이런 기계한테 어떻게 감성이 없다고 할 수 있지? 영화 속 상상이 현실이 되는 시대가 온 거잖아. 앞으로 카페 주인도 로봇이 하겠네. 이러다 미래의 주인공은 인간이 아닌 기계가 되는 거 아니야?"

친구들이 그럴 수도 있다고 하자 방인의 얼굴에는 수심이 가득 찼다. 그러자 대로가 그렇게 되려면 아직도 시간과 노력이 훨씬 더 많이 필요해서 방인이 생각하는 미래는 금방 오지 않을 거라고 했다.

"생각해보니 인간의 욕망이 참으로 무서운 거군요. 사실 인간이 편하게 살고 싶다는 욕망을 키우지 않았다면 과학이 이렇게까지 발전하지는 않았을 거잖아요. 또 남의 땅을 탐하려는 욕망이 없다면 전쟁 같은 것도 일어나지 않았겠지요. 목숨 걸고 돈을 벌어야 한다는 욕심만 없었어도 노동자들이 그렇게 고통을 받지도 않았을 거고요."

갑자기 진지해진 방인의 모습에 두 친구는 눈을 크게 뜨고 진정하라며 방인을 다독였다. 갑자기 방인이 목소리를 높였다.

"너희 둘! 욕심 그만 내라! 대로는 영웅놀이 그만하고, 명환은 성공하겠다는 욕심 좀 버리고. 과유불급이라고 들어봤지? 돈키호테처럼 미치지 않으려면 적당히, 적당히 해. 일중독자들아."

방인의 말에 희가 맞는 지적이라며 두 친구에게 명심하라고 했다. 그러자 두 친구는 명심하겠다며 방인과 희에게 깍듯하게 인사를 했다. 문득 대로는 김부장이 생각났다.

'왜 그는 정도를 지키지 않았을까? 무엇이 그를 거기까지 내몰았을까? 부장님의 욕망은 무엇이었을까?'

* * *

생각에 빠져 있는 대로를 현실로 돌아오게 만든 것은 희의 말이었다.

"모든 일에는 정도를 지키는 것이 정말 중요해요. 다시 《돈키호테》 이야기로 돌아가볼까요? 세르반테스 Miguel de Cervantes Saavedra 는 왜 소설에서 정도를 지나치게 벗어난 인물을 주인공으로 설정했을까요? 솔직히 어떤 부분은 지나친 과장 때문에 읽기가 불편한 곳도 있는데 말이지요."

"상상력의 과잉? 물론 그런 점도 있을 수 있지만 저는 디자인을 해서 그런지 그의 상상력이 좀 부럽기도 했어요. 어떻게 하면 사물을 이렇게 다른 시각으로 볼 수 있을까? 풍차를 용으로 착각한다든지, 하얀 양 떼를 적으로 본다든지…… 세르반테스에게 망상장애가 있었던 것은 아니겠지요? 그가 그렇게까지 상상력을 발휘할 수 있었던 데에는 시대의 영향이 있었겠죠? 찾아보니 작품을 쓸 당시는 기사도 정신이 많이 퇴색했고 에스파냐^{Spain}는 전쟁 중이었다고 하더군요. 작품에서 사람들이 권력자보다 죄인의 말을 신뢰한 것도 그 당시 시대에 대한 풍자였겠지요. 저는 그가 시대를 풍자했다고 봐요."

방인은 역시 예술하는 사람은 다르다며 명환의 말에 격하게 공감했다. 그러고는 정의의 사도 대로도 한마디 해보라며 공감하는 부분이 있었느냐고 물었다.

"전 그의 상상력에는 공감하기가 힘들었고…… 돈키호테가 일종의 피해망상증 환자가 아닐까 생각했어요. 열등감에 심하게 사로잡히면 자기합리화를 한다는데, 돈키호테가 그렇게 보였어요. 자기는 훌륭한 기사가 되고 싶었는데 현실에서 자신은 보잘 것 없는 존재죠. 본인이 타고 다닌 말도, 창도 모두 볼품없었어요. 그래서 스스로를 세뇌한 거죠. 나는 용감한 기사로 용을 물리치고 공주를 구한다고. 제가 본 돈키호테는 열등한 인간의 대명사예요."

"저는 돈키호테가 정말 낭만적이라고 생각했어요. 상황을 바라보는 그의 시선이 참으로 독특하다고 생각했지요. 반면에 같이 다니는 산초는 현실적인 사람이라 돈키호테 때문에 힘들었겠구나 싶었지요. 고생을 사서 한다고 하죠? 어쩌면 산초가 그렇게 고생한 것은 자업자득인 것 같아요."

친구들이 그의 고생이 돈키호테 때문이지 왜 자업자득이냐고 따졌다.

"친구들, 우리 계속 욕망에 대해서 말하고 있었잖아. 욕망은 곧 욕심이지 않을까? 떠나기 전에 돈키호테가 영주를 시켜준다고 했으니까 그 말에 혹해서, 다시 말하면 영주 자리가 욕심나서 따라다닌 거잖아. 그러니 자업자득이지. 물론 돈키호테가 심하게 굴었지만 그렇다고 그 곁을 떠나지도 못했잖아. 물론 마지막에 돌아가겠다고는 했지만 또 마음에 걸려서 신부 일행과 숲에 혼자 있는 그를 구하러 갔잖아. 그것도 다 산초의 성향이야. 명환이 같았으면 처음부터 따라가지도 않았을 것이고 설령 따라갔다고 해도 얼마 안 가서 돌아섰을 거야. 그런데 산초는 성격상 그럴 수가 없었던 거지. 누굴 탓하겠어. 여린 본인의 심성을 탓해야지."

방인의 말에 친구들은 전문가처럼 분석한다며 박수를 쳤다. 희도 같이 박수를 치며 그 말에 동의했다.

"방인 씨가 정말 잘 봤어요. 낭만적인 돈키호테와 현실적인 산초. 사실 돈키호테가 길을 떠난 것은 자기의 이상 때문이었지만 산초는 자신도 영주가 될 수 있다는 현실적인 판단에 따라 떠난 게 맞아요. 그래서 평론가들이 돈키호테는 '이상'을, 산초는 '현실'을 상징하는 것이라고 분석했어요. 실제로 우리의 삶 안에는 이상과 현실이 항상 공존하잖아요. 다만 어느 때는 이상의 크기가 컸다가, 또 어느 때는 현실의 크기가 컸다가 하죠. 우리는 그 안에서 방황하고 갈등하는 것 같아요. 그 둘이 적절히 조화를 이뤘다면 얼마나 좋을까요? 결국 이상과 현실의 조화란 현실 자아가 이상 자아와 겹쳐질 때 일어나는 거겠지요. 그런 조화로운 삶이 가장 행복한 삶이라는 것을 알기 때문에 그렇게 살기 위해서 노력하는 것이 아닐까요?"

희의 말에 세 친구는 조용히 고개를 끄덕였다.

"이상이 없다는 말은 꿈이 없다는 말과도 같을까요? 꿈이 없다면 사는 게 재미없을 테니, 꿈이나 이상은 간직하되, 제발 바람직한 이상을 그렸으면 좋겠어요. 괜히 엉뚱한 이상을 찾는다고 옆 사람까지 괴롭히지 말고요."

방인의 말에 모두 동의했다.

"세르반테스가 말하고 싶은 것도 꿈에 관한 것이 아니었을까요?"

"하긴 그래요. 돈키호테가 다시 집으로 돌아와 조금씩 제정신을 찾았다고 했을 때 이제는 현실적으로 살아갈 거라고 생각했는데 죽어서 의외였어요. 허무하다고 할까요?"

대로가 말했다.

"돈키호테는 왜 죽은 걸까요?"

희가 물었다.

"삶의 의미를 잃어서? 그는 진짜 기사가 되고 싶었는데 집에 돌아와 보니 결국 자기는 가난한 귀족에 지나지 않았다는 것을 알게 되잖아요. 살아갈 이유가 없어진 거지요."

방인이도 한마디 거들었다.

"그렇다고 그를 죽인 것은 작가가 너무 이야기를 극단적으로 몰고 갔다고 생각해요. 어차피 꿈에 대해 이야기를 하려고 했다면 독자들이 꿈과 희망을 가질 수 있게 결론을 맺었다면 좋잖아요."

명환의 말에 방인이 고개를 저었다.

"친구, 작가는 그만큼 꿈이 중요하다는 것을 강조하고 싶었던 거야. 야, 너도 선배가 네 디자인 도용했을 때 거의 미칠 뻔했잖아."

방인의 말에 명환은 다시는 그 일을 언급하지 말라며 몸을 부르르 떨었다. 그 모습에 모두들 웃음을 터뜨렸다.

"꿈을 잃는다는 것을 무엇일까요? 건강한 욕망은 나와 주변을 아름답게 변화시키지만 그렇지 않은 욕망은 탐욕이 되어 나와 주변을 망칠 수도 있어요. 여러분이 진짜 원하는 것은 뭔가요? 인공지능과 공존하며 살 시기가 다가오는 지금, 우리가 미래를 위해 꿈꿔야 하는 것은 무엇일까요?"

희의 말에 세 친구는 갑자기 진지한 표정을 지었다. 마치 자기들이 지구의 운명이라도 쥐고 있는 양. 그렇게 진지하게 생각하는 그들이 희로서는 반가웠다.

"왜 꿈이 없다면 죽은 것과도 같다고 작가가 말했는지 조금은 알겠어요."

대로의 말에 두 친구는 천천히 고개를 끄덕였다. 희는 그들과 헤어지면서 내 안에서 무엇인가 꿈틀거리거나 의문이 생기면 다시 문사철로 돌아가라고 했다. 그들은 돌아가는 길에 각자 자기 안에 꿈틀거리고 있는 욕망이 무엇인지 다시 생각했다. 그리고 그동안 지나치게 고집한 자기 욕망으로 주변에 피해를 준 적은 없는지도 고민했다.

목표로 향하는
여러 갈림길

　　명환은 며칠 전 모임에서 《돈키호테》에 대해 나눴던 얘기가 자꾸 떠올랐다.

　　"쉬엄쉬엄 가게나, 친구. 그렇게 달리다가는 병나겠어. 넌 내가 답답하다고 하지만 내가 볼 때는 네가 더 답답해. 그렇게 성공에 목을 매고 있으니 인생이 즐겁다는 것을 모르지. 네가 자주 하는 말이 뭔 줄 알아? '너희가 창작의 고통을 알아?' 그러면서 인상을 팍 쓰지. 난 창작의 고통은 모르지만 인생을 그렇게 살면 고통스럽다는 건 알지."

　　방인이 걱정스럽다는 듯이 말했다.

　　"넌 입으로는 세계적인 디자이너가 되고 싶다고 하지만 가만 보면 디자인보다 성공이라는 단어에 더 목숨을 거는 것 같아. 사실 성공이라는 기준도 모호하잖아. 우리가 볼 때 너는 이미 자리를 잡은, 몇 안 되는 성공한 디자이너란 말이지. 근데 너 자신은 그것을 인정하지 못하잖아. 어느 단계까지 올라가야 성공이라고 할 수 있는 거야? 이름만 들으면 온 국민이 알 수 있을 정도?"

대로의 말을 이어받아 방인이 온 국민이 다 알 정도로 유명하려면 올림픽이나 월드컵에 나가는 운동선수가 되거나 유재석 같은 방송인이 되어야 한다고 덧붙였다. 그런데 명환은 운동에 재능이 조금도 없고 유머 감각 또한 없으니 온 국민이 그를 알 길은 없다고 했다.

"너한테 성공이 뭔데?"

친구들이 자기한테 한 말을 생각하면 짜증이 났다. 자기 일에 최선을 다하는 것을 왜 집착한다고 하는지 이해할 수 없었다. 명환은 그들이 한 말이 마치 성공을 하기에는 게으른 자들의 자기변명처럼 들렸다.

"성공의 '성'자로 모르는 인간들 같으니라고!"

명환은 컴퓨터를 켜고 그동안 작업한 디자인을 봤다.

"누가 했는지 참 잘했단 말이야."

명환은 매해 12월 31일이 되면 항상 본인의 프로필을 수정했다. 그것은 명환이 세계적인 디자이너가 되기로 결심한 고등학생 때부터 했던 일이었다. 특별히 누구에게 보여주기 위한 프로필이 아니었다. 명환은 그동안 써온 것을 봤다. 열세 개의 프로필. 매해 한 줄 이상씩 성과물이 늘고 있었다.

"얼마나 긴 프로필을 쓸 수 있을까?"

작품 파일 중 전시 포스터로 만들었던 '인의: 여덟 가지 갈래의 사유思惟'가 눈에 띄었다. 그가 디자인한 '인의'는 지금까지 그가 가장 심혈을 기울인 작품이었다. 다시 봐도 파란 바탕에 그려진 물고기와

새는 어울리지 않을 것 같으면서도 조화를 이뤘다.

"역시 이 작품은 훌륭해."

그는 미소를 지으며 다시 포스터를 찬찬히 살폈다. 그런데 포스터에 있는 새가 어디서 많이 본 듯한 모습이었다.

"그럴 리가 없어. 이건 오로지 내 머릿속에서 나온 순수 창작이란 말이야. 어느 누구의 것도 베끼지 않았어."

하지만 새의 눈동자, 부리, 날개의 결을 살펴보자니 다른 그래픽 디자인에서 본 듯한 느낌이 들었다. 다른 이들은 아니라고 하겠지만 그의 눈에는 그렇지 않았다.

"이제 와서 보이다니. 천하의 유명환이 이런 실수를 하다니, 말도 안 돼."

얼굴이 화끈거렸다. 그는 몹시 후회했다. 다시 파일을 연 것을. 그렇지 않았다면 자기의 잘못을 보지 못했을 텐데. 어떤 이들은 창작을 하다 보면 다른 이들의 작품들이 자기도 모르게 모사가 된다고도 했다. 하지만 그의 작품은 발표 후 몇 달이 지났지만 표절 시비가 붙은 적이 없었다. 사실 명환의 포스터는 아무 문제가 없었다. 어쩌면 완벽주의자인 그만의 착각일지도 몰랐다. 설령 그렇다 할지라도 명환은 용납할 수 없었다. 이미 그의 눈에 흠이 보인 이상.

"어느 누구도 알지 못한다고 해서 나까지 모르는 건 아니잖아."

그는 침대에 털썩 드러누웠다. 모든 것이 무너지는 것 같았다.

"미친놈처럼 그렇게 날뛰었는데."

자기 디자인을 도용한 선배를 업계에서 매장시키겠다고 난리쳤던 것이 바로 몇 달 전의 일이었다. 그는 쓴웃음을 지었다.

"등잔 밑이 어둡다더니."

그는 침대 밑으로 푹 가라앉은 채 영원히 일어나지 않았으면 좋겠 다고 생각했다. 한동안 죽은 듯이 침대에 누워 있었다.

"이제 무엇을, 어떻게 해야 하지?"

그러다 협탁 위에 놓인 컵 두 개를 보았다. 'I♥NY'과 'I♥SEOUL' 이 인쇄된 컵이었다.

"밀턴 글레이저Milton Glaser, 당신이라면 이 상황에서 어떻게 하겠어 요?"

'I♥NY'이라는 로고는 세계의 사람들이 뉴욕을 사랑하게 만드는 역할을 했다. 만일 밀턴 글레이저와 뉴욕시가 이 로고를 다른 이들 이 쓰지 못하게 독점했다면 세계인들이 뉴욕을 아는 데 훨씬 더 오 랜 시간이 걸렸을 거라고 했다. 명환으로서는 자기 디자인을 아무 대가 없이 모두가 쓸 수 있도록 하는 게 조금은 납득이 되지 않았다.

"어떻게 그럴 수가 있지? 창작의 고통을 거치지 않고 어느 날 문 득 냅킨에 쓴 글이라서 그런가? 아무리 그렇다고 해도 전 세계에서 들어오는 돈이 얼마인데. 유명환, 너라면 그럴 수 있어? 게다가 그는 이 로고로 번 돈을 모두 사회에 환원했다잖아. 너라면 진짜 그럴 수 있어?"

그는 천천히 고개를 저었다.

"역시 나는 예술가의 피보다 사업가의 피가 흐르는 걸까?"

그는 자조적인 웃음을 지었다. 밀턴 글레이저는 디자이너라면 항 상 공익에 관심을 가져야 한다고 했다. 그것이 디자이너의 사명감이 라고 했다. 명환은 디자이너뿐만 아니라 모든 예술가들은 그래야 한다고 생각했다. 자기를 비롯해서. 그런데 그는 사무실을 차리고 돈을 벌면서 한번도 공익에 대해 생각해본 적이 없었다. 그것은 아버지 같은 사업가나 하는 일이지 자기처럼 하찮은 디자이너는 엄두도 내지 못할 일이라고 생각했다.

밀턴 글레이저는 미국이 어려움에 처할 때마다 디자인을 통해 희망의 메시지를 전했다. 특히 2001년에 발생한 '9·11테러' 이후 그는 'I♥NY' 로고를 다시 디자인했다. 그리고 'I♥NY More Than Ever'라는 포스터를 만들어 시민들에게 배포했다.

명환은 그가 그의 신념처럼 사회참여적인 활동을 정말 잘하는 디자이너라고 생각했다. 그리고 밀턴 글레이저가 참여한 《불찬성의 디자인The Design of Dissent》이라는 작품집을 꺼내서 차근차근 봤다. 명환이 즐겨보는 것이었다. 이 안에는 세상의 모든 부조리에 반대하는 내용의 디자인 작품 400여 점이 수록되어 있다. 명환은 마음이 복잡할 때마다 이 책을 즐겨봤다.

특히 명환은 밀턴이 디자이너의 역할에 대해 언급한 부분을 즐겨 읽었다. 밀턴은 디자이너라면 좋은 시민과 동일한 책임감을 가져야 한다고 강조했다. 좋은 시민이란 민주주의에 참여하고 자신의 의견을 표현하며 시대에 부합하는 역할을 하는 사람을 말하는데, 디자이너 역시 이와 다를 바 없다는 의미이다.

"당신은 이런 자부심을 갖고 사는 사람이야. 직업에 대한 정체성도 확실하고. 그런데 나는⋯⋯."

명환은 자기의 포스터와 비슷하다고 생각한 디자인을 사진으로 찍어 친구들과 희에게 보냈다. 그리고 그들의 눈에는 어떻게 보이느

냐고 물었다. 그들은 물고기와 새라는 소재만 같을 뿐이지 두 작품
은 전혀 다르게 보인다고 했다. 희에게서 회신이 왔다.

　—명환 씨, 자기의 작품에 자신이 없어요? 우리가《돈키호테》를
읽고 나눴던 이야기 기억하죠? 모방이 없다면 발전도 없다는. 명환
씨가 무엇을 우려하는지 알아요. 하지만 모든 예술, 철학, 과학은 기
존의 사상과 이론을 바탕으로 해서 나오는 거예요. 자기 작품에 확
신을 가져요.

　희의 문자를 본 명환은 깊이 숨을 내쉬었다. 그는 희에게 고맙다
는 인사를 전했다. 그리고 아직 자신에게 확신이 서지 않은 그는 '마
음이 흔들릴 때는 다시 문사철로 돌아가라'는 희의 조언을 따랐다.

　명환은 희가 추천했던 데카르트^{René Descartes}의《방법서설^{Discours de la}
^{méthode}》을 펼쳤다. 책을 읽는 내내 자기와의 싸움이 시작됐다는 것을
느꼈다. 길고도 지루한 싸움이 그를 기다리고 있었다. 그는 휴대전
화의 전원을 껐다.

* * *

　"《여러 가지 학문에서 이성을 올바르게 이끌어, 진리를 구하기 위
한 방법 서설^{Discours de la méthode pour bien conduire sa raison, et chercher la vérité dans les}
^{sciences}》. 원제목이 길기도 하네. 이 책이 선생님 말씀처럼 의심과 고
민을 풀어줄 수 있을까?"

　명환은 '나는 생각한다. 고로 나는 존재한다'라는 명언을 남긴 데
카르트가 의심이 많은 사람이라고 생각했다. 그러나 책을 읽어보니

굴절광학, 기상학, 기하학 등 자연과학에도 조예가 깊은 사람이라는 것을 알 수 있었다. 철학적 사고와 수학 및 자연과학에 대한 탐구를 동시에 한다는 것이 가능한 일인지 궁금했다. 지금까지 읽은 내용으로는 그가 철학자보다는 과학자나 수학자에 더 가까웠다. X와 Y를 축으로 하는 좌표의 발견만 보더라도 그가 수학자임을 알 수 있기 때문이다.

"그런데 왜 나는 그를 철학자로만 알고 있을까?"

명환은 그런 생각이 들었다. 데카르트는 과학 못지않게 철학에서도 확실한 진리를 추구하려고 했으며 그만의 방식으로 신의 존재를 입증하려고 했다고 한다. 당시는 신교와 구교와의 종교 전쟁인 '30년 전쟁'으로 사람의 목숨을 파리 목숨처럼 여기던 시대였다. 철학자들은 세상에서 일어나는 일이란 무엇 하나 확실한 것이 없다며 무엇을 보든 전부 회의적인 태도를 견지했다.

1610년 프랑스의 앙리 4세가 암살당했는데 그는 다양한 지식에 대한 관용론자였다. 결국 그의 죽음은 관용론Traité sur la tolérance의 종말을 뜻하는 것이었다. 철학자들은 흔들리는 시대에 서로를 규합할 수 있는 것은 서로의 차이를 인정하고 소통하는 것이 아니라 모든 사람들을 설득할 수 있는 '확실한 진리'라고 생각했다. 그리고 사상과 학문적 체계를 그 위에 세워야 한다고 주장했다.

이에 데카르트는 손에 잡히지 않는 과거의 모호한 형이상학보다 물리학 같은 구체적이고 합리적인 과학에 근거한 철학만이 사람들을 설득할 수 있다고 믿었다. 그는 확실한 지식을 얻기 위해 택한 방식이 자기를 의심하는 것이었다. 현재 의심하고 있는 '나'라는 존재는 결코 부정할 수 없는 확실한 실체니까.

데카르트는 인간이 오류에 빠지는 이유는 이성을 올바로 사용하지 않기 때문이라고 했다. 즉 절대적으로 확실한 인식이 존재하지 않거나, 이를 인식할 수 있는 능력이 부족해서가 아니라는 것이다. 그러므로 이성을 바르게 사용한다면 확실한 진리 인식에 도달할 수 있다는 그의 논리에 명환은 고개를 끄덕였다. 그는 자신이 지금처럼 혼란을 겪는 이유가 바로 이성을 사용하지 않았기 때문이라는 생각이 들었다. 항상 올바른 판단을 하면서 살았다고 생각했는데 이 책을 읽고 보니 자기의 삶이 의심스러웠다. 과연 나는 올바르게 이성을 사용하고 있을까? 데카르트는 참과 거짓을 구별하고 제대로 상황을 판단하는 것도 이성의 능력이라고 했다. 이때 말하는 이성이란 신이 내린 것이 아니라 인간 정신의 이성을 뜻한다고도 했다.

명환은 친구들이 종종 자신의 말에 상처를 받았다고 했던 얘기가 떠올랐다. 하지만 그는 친구들에게 약이 되라고 한 말이 상처가 되리라고는 생각하지 못했다. 언제나 몸에 좋은 약이 입에 쓰다고 하지 않았던가. 친구들이 명환이 말하는 방식에 불만을 터뜨릴 때마다 그는 늘 친구들에게 더욱 쓴소리를 했다.

"그래서 내 주변에는 일과 관련된 사람들만 있는 건가?"

명환이 친구라고 부르는 이들은 대로와 방인뿐이었다. 그들만이 유일하게 명환의 말하는 방식을 이해했다.

"내 말이 그들의 자존심을 건드렸다고? 진짜?"

대로나 방인은 명환이 심할 때는 상대를 무시하듯 말하는 것 같다고도 했다. 그리고 그들은 상대를 존중하지 않는 조언은 조언도 아니라고 했다. 그럴 때마다 명환은 오히려 그들에게 잘못을 받아들일 준비가 안 된 사람들이라고 했다. 데카르트가 말한 이성을 보니 모든 인간에게는 이성이 있고 이성이 있는 한 인간은 모두 평등할 수밖에 없다고 했다. 따라서 이성으로 참과 거짓을 구별하여 진리를 알고 진리에 따라 행동해야 잘 살 수 있다고 했다.

명환은 '평등'이란 단어에서 주춤했다. 생각해보니 자기보다 실력이 떨어진다고 생각한 이들을 종종 무시한 적도 있었다.

"한마디로 재수 없는 놈이었네, 나는."

디자인 실력은 조금씩 차이가 날 수밖에 없다. 그렇다고 영원히 차이가 있는 것은 아니었다. 실력의 차이는 언제든지 바뀔 수 있는데 명환은 자기 잘난 맛에 그것을 인식하지 못했다.

"실력이 부족하다고 그 사람의 인격도 부족한 것은 아닌데."

그는 이제야 자기의 행동들이 경솔했다는 것을 느꼈다. 인정하고 싶지는 않지만 그는 올바른 판단을 하면서 살아온 것이 아니었다. 그는 성공에 눈이 멀어 남들에게 상처를 주면서 살았다. 데카르트는 올바른 이성으로 자기 삶을 계획할 때 밝은 미래를 얻을 수 있다고 했다. 이성을 잘 사용하는 것이 그래서 중요하다는 뜻이었을까? 얼굴이 화끈 달아올랐다.

"앞으로 사무실 직원들과 친구들을 어떻게 보지?"

명환은 깊게 숨을 몰아쉬었다. 창피함이 치밀었다. 그는 데카르트가 한 말을 다시 떠올렸다.

"진정한 이성을 소유한 사람은 이성을 잘 활용할 줄 아는 사람이다."

명환은 이성적 행동을 곰곰이 생각했다. 데카르트가 말한 '천천히 걷되 곧은길을 따라가는 사람'이 진정 이성적 사람이라면 그런 사람이 되기 위해서는 곧은길을 찾아갈 수 있는 방법이 필요했다. 데카르트는 그 방법에는 네 가지 규칙이 있다고 말했다. 첫째 명확하게 참이라고 인식된 것 이외에는 참이라고 받아들이지 말 것, 둘째 검토해야 할 어려움들을 가장 작은 부분으로 나눌 것, 셋째 생각들을 순서에 따라 이끌 것, 넷째 모든 것을 확인했다는 확신이 들 때까지 세세한 것을 열거하여 탐구할 것.

명환은 지나온 삶이 이 네 가지 규칙들을 얼마나 잘 따르고 있었는지 돌이켜보니 고개를 들 수가 없었다.

"과거는 엉망으로 살았다고 치고, 그렇다면 지금의 생활은 어떨까? 그래도 지금은 과거보다 나은 삶을 살고 있다고 말할 수 있을까?"

진짜 자신이 나은 삶을 살고 있는지 알기 위해 그는 지금의 삶을 방법적 회의로 바라보았다.

"의심하고, 의심하고 또 의심하라. 과연 나는 참된 이성으로 올바른 생활을 하고 있는가?"

오래도록 그는 침묵했다. 역시 친구들 말이 옳았다. 그는 예나 지금이나 나아진 것이 없었다. 유명환이란 인간은 앞으로도 결코 변하지 않을 것만 같았다. 독선적이고 이기적이고 자기가 원하는 것만 고집을 부리는. 몇 달째 문사철을 공부하고 있지만 나아진 것이 없었다. 절망적이었다. 그는 《방법서설》을 덮었다. 한동안 책의 겉표지만 뚫어지게 봤다. 째깍째깍. 고요한 방 안에 오로지 초침이 돌아가는 소리만 존재했다.

"다시 문사철로 돌아가세요."

희의 목소리가 들렸다. 명환은 숨을 깊이 들이마시고 마치 주문에 걸린 듯 다시 책을 펼쳐 데카르트의 목소리에 귀를 기울였다. 그의 생각은 하나였다.

'나의 이성을 올바르게 사용해보자.'

얼마나 시간이 지났을까? 책을 다시 덮었을 때는 방안에 햇살이 가득 차 있었다. 그는 휴대전화 전원을 켰다. 그리고 전화를 걸었다. 신호음이 오래도록 울렸다. 상대가 전화를 받지 않는 것 같아 끊으려는 순간 전화기 너머에서 목소리가 들렸다.

"안녕하세요? 선배님. 유명환입니다. 만나서 드릴 말씀이 있는데 시간이 어떠신지요?"

선배와 통화하는 동안 명환은 자신의 마음이 점차 가라앉는 것을 느꼈다. 그리고 자신의 포스터를 보고 엷은 미소를 지었다.

후 회 하 는 삶 에 서
반 성 하 는 삶 으 로

영웅에서 도둑으로 내몰린 김부장을 보고 회사 사람들은 정신을 차릴 수가 없었다. 남실장도 공금횡령의 공범으로 같이 구속되었다. 영업부 직원들 전원이 손가락질의 대상이 되었다. 이번 사건은 김부장 혼자 저지른 일이 아니라 영업부 전체가 가담한 일로 소문이 돌았다. 영업부 직원들은 강하게 부인하지 못했다. 그들은 이제야 그동안 자기들이 받은 떡값이 어디서 나온 돈인지 알게 되었다. 직원들은 그동안 그 사실을 몰랐다고 항변했지만 회사는 믿지 않았다. 사람들의 손가락질이 무서워 회사를 떠난 직원들이 생겼다. 그중에 이대리도 있었다.

"이대리님, 정말 떠날 거예요? 김부장님이 그렇게 한 데는 그만한 이유가 있다잖아요. 이대리님도 부장님이 어떤 분인지 알잖아요. 한 배를 탔는데 다 같이 끝까지 가요. 그래야 억울한 사람이 생기지 않죠. 지금 나가면 억울하지 않아요?"

"대로 씨, 난 조직이란 곳에 학을 뗐어. 나랑은 맞지 않는 곳인가 봐. 침몰하는 배에 타고 있어봤자, 죽기밖에 더하겠어? 목숨 걸면서까지 억울함을 밝히고 싶지 않아. 시간이 지나면 잊혀지겠지. 그냥 그렇게 살래. 도와주지 못해서 미안해. 그리고 대로 씨도 조심해. 나중에 뒤통수 맞지 않게."

대로와 주리는 영업부 직원들에게 본인들이 들은 남실장과 김부장의 대화를 전했다. 그리고 그 뒤에 있는 일을 알아보자고 도움을 청했다. 하지만 그들의 손을 잡는 이가 없었다.

소문은 꼬리에 꼬리를 물고 영업부 내에 양심 있는 직원들의 고발로 김부장의 공금횡령이 막을 내리게 되었다는 것이 사실인 것처럼 정리가 되었다. 제갈대로와 나주리는 영업부의 양심 있는 직원으로 소문이 났다. 더 나아가 졸지에 회사의 막대한 손해를 막은 영웅이 되었다.

하지만 항간에는 그들 때문에 영업부가 산산조각이 났다며 그들이야말로 자기들만 살겠다고 몸을 뺀 배신자 중의 배신자라고 손가락질하는 사람도 있었다. 영업부는 박과장, 제갈대로, 나주리를 빼고 대거 인사 발령이 났다.

결원은 바로 다음날 채워졌다. 분명 세 명이 토박이 영업부였는데 다른 이들의 사이에 있다 보니 오히려 낙동강 오리알 신세였다. 대로는 이렇게 지내다가 언젠가는 자기들도 회사에서 내몰릴지 모른다는 생각이 들었다.

대로는 박과장을 봤다. 어깨에 힘이 쭉 빠진 것이 전혀 의욕이 없어 보였다. 정신없이 일하는 직원들 사이로 주리와 눈이 마주쳤다. 그녀의 눈이 반짝 빛났다. 이제 대로는 그녀의 눈빛만 봐도 그녀가 무엇을 하려는지 감을 잡을 수 있었다.

"주리 씨도?"

"같이 가실래요? 박과장님도 같이 가세요."

박과장은 맥없이 멀뚱멀뚱 주리와 대로만 봤다. 주리와 대로가 동시에 속삭였다.

"주말에 셋이서 '단합 대회' 해요."

* * *

약속한 주말이 왔다. 대로는 박과장의 차를 운전하며 어디로 가는지 목적지를 말하지 않았다. 차가 목적지에 닿자 박과장은 당황했다.

"여기는?"

하늘을 향해 쭉 뻗은 앙상한 나뭇가지 때문에 교도소 앞은 더욱 을씨년스러웠다. 박과장의 얼굴에는 근심이 가득했다. 그는 차에서 내리는 것을 망설였다.

"박과장님은 김부장님과 가까이 지내셨으면서 어떻게 김부장님에 대해 아무것도 모르셨어요? 김부장님이 왜 그러셨는지 궁금하지 않으세요?"

박과장은 천천히 고개를 끄덕였다. 그러고는 심호흡을 하며 차에서 내렸다. 그는 누군가에게 쫓기는 사람처럼 불안해하며 주변을 두리번거렸다.

"혹시 누가 우릴 미행이라도 할까 봐요? 우린 그렇게 위험한 존재가 아니잖아요. 겁내지 마세요. 자고로 저희 선생님 말씀이, 행동하지 않은 지식은 죽은 지식이라 했지요. 우리가 회사에 무엇인가 도움을 줬다면 이제 회사도 누군가에게 도움을 줘도 되지 않을까요? 이렇게 큰 회사가 그 정도도 도와주지 않는다면 말이 안 되지요. '노블레스 오블리주noblesse oblige'라는 말도 있는데."

주리가 대로의 말에 고개를 크게 끄덕였다. 박과장은 그들의 반응에 멋쩍어하며 어설픈 미소를 지었다. 세 사람은 김부장을 만나러 교도소로 향했다.

그날 이후 주리와 대로는 주말마다 남실장과 김부장을 만나며 억울한 사람들의 이야기를 모았다. 어느 날 김부장이 말했다.

"대로 씨, 거대물산은 그렇게 만만한 상대가 아니야. 내가 이런 방법을 택한 것을 보면 알지? 대로 씨는 아직 젊어. 앞뒤 가리면서 해야지. 이것저것 재는 것이 꼭 나쁜 것만은 아니야."

"알아요, 부장님. 타산지석. 회사로 인해 피해를 입은 노동자들을 도우려면 부장님이 걸어온 길로는 안 된다는 것을 배웠으니, 저는 다른 방법으로 하려고요. 데카르트 선생님 말씀이 이성을 올바르게 써야 한다고 했습니다. 저도 그렇게 해보려고요. 아무리 은혜를 입은 형님이라고 해도 이런 방법은 옳지 않았어요. 병원에 누워 계신 형님이 이 일을 아신다면 마음이 얼마나 아프시겠어요."

"대로 씨, 말이 맞아. 그때는 생각이 짧았어. 나는 어려서부터 할아버지께 은혜를 잊지 않고 살아야 사람의 도리를 다하는 거라고 배웠거든. 지금에 와서 내 죄에 대해 어떤 변명도 통하지 않는다는 거 알아. 하지만 나는 원래 그런 놈이야."

대로는 김부장을 보고 웃었다. 대로는 그를 보며 신입 사원 시절, 대로가 그를 롤 모델로 삼았던 것은 잘못된 선택이 아니었다고 생각했다.

대로는 회사 일을 하며 김부장까지 챙기느라 그 어느 때보다 정신이 없었다. 몸은 몇 배 힘들었지만 마음은 그 이상으로 행복했다. 휴게실에서 잠깐 쉬고 있는 대로에게 주리가 비타민을 챙겨줬다. 대로는 그녀의 손길을 느낄 때마다 피로가 풀리는 것 같았다.

"대로 씨, 그렇게 혼자 뛰어다니지 말고 저한테도 나눠주세요. 생각보다 제가 꼼꼼하고 일 처리도 빨라요. 어제도 대로 씨가 부탁한 거 금방 찾아주는 거 봤지요? 그리고 박과장님도 말없이 돕고 있잖아요. 이제 대로 씨 혼자가 아니에요."

대로가 알겠다고 대답했다. 주리가 그를 웃으면서 빤히 봤다. 그가 얼굴에 뭐라도 묻었느냐며 물었다.

"대로 씨, 이상하게 들릴지 모르겠지만 대로 씨가 요즘 힘들어 보이면서도 묘하게 행복해 보여요. 그래서 대로 씨를 보고 있으면 저까지도 행복해져요."

주리의 볼이 발갛게 달아올랐다. 대로는 그런 주리가 정말 고마웠다.

"맞아요. 이 일이 어떤 결과를 가져올지 모르겠지만 지금은 행복해요. 언제 이렇게 행복한 적이 있었나 싶어요. 오늘의 노력들, 죽을 때까지 잊지 못할 거예요. 고마워요, 주리 씨. 주리 씨가 옆에 없었으면 이렇게까지는 못했을 거예요."

"자고로 저희 선생님 말씀이 백지장도 맞들면 낫다고 하셨지요. 언젠가 대로 씨한테 저희 선생님을 소개해주고 싶어요. 같이 만나러 가요."

주리의 말에 대로는 가슴이 뛰었다. 그 말이 꼭 주리의 부모님께 인사를 드리자는 말처럼 들렸다. 대로는 꼭 같이 가겠다고 약속을 했다.

* * *

세 친구와 희는 정말 오랜만에 만났다.

"명환아, 왜 그동안 연락이 안 된 거야? 사무실에도 통 나가지 않고 어디 갔다 온 거야? 대로네 회사에 난리난 거 알지? 김부장, 공금 횡령죄로 들어갔대."

두 친구 앞에 나타난 명환의 얼굴은 사막의 모래바람을 흠씬 맞은 것마냥 거칠었다. 하지만 그의 눈동자는 더욱 깊었으며 얼굴은 그 어느 때보다 평온했다. 대로도 거센 폭풍우에 시달려 몸무게가 쏙 빠져 얼굴이 반쪽이 됐지만 정신만큼은 그 어느 때보다 맑았다.

* * *

희는 세 친구들이 지옥에서 살아 돌아온 전사 같았다. 살도 빠지고 검게 탄 피부가 그동안 그들의 삶이 건강했음을 증명했다. 희는 말없이 그들을 보고 웃었다. 그들도 희를 보고 미소를 지었다.

"이제 문사철이 여러분에게 도움이 좀 된 것 같나요?"

방인은 아직도 모르겠다고 했지만 대로와 명환은 도움을 받았다고 했다. 그리고 본인들이 받은 도움을 남들에게도 나눠주고 싶다고 했다. 그러자 방인이 멀리서 찾지 말고 카페를 둘러보며 자기를 도와주라고 우스갯소리를 했다.

"그동안 앞만 보고 달렸는데 옆도 보고 뒤도 보면서 가려고요."

명환의 말에 두 친구는 듣던 중 반가운 소식이라며 박수쳤다.

"예전의 제 삶이 후회의 연속이었다면 이제는 반성하는 삶을 살려고요. 예전에는 과거를 후회하고 바닥만 치다가 끝났거든요. 이제는 반성하고 앞으로 나가려고요. 해보니까 재밌더라고요."

그러자 방인은 대로가 많이 성장했다며 엄지손가락을 들었다.

"그동안 대로가 정말 큰일을 했어요."

방인은 대로가 대견하다는 듯이 말했다.

"김부장님이 하시던 일을 마무리했어요. 운이 좋았던 것 같아요. 길고 힘든 싸움이 될 뻔했는데 회사에서 '노블레스 오블리주' 정신을 선택했어요. 회사로서는 고민을 많이 했겠지요. 하지만 어느 편이 이익인지 따져봤을 거예요. 아마도 이번 일로 그동안 실추되었던 회사 이미지를 살릴 수 있지 않을까 생각했겠지요. 그리고 그편이 더 많은 이익을 남긴다고 본 것 같아요. 다행히 회사 일로 건강에 문제가 생겼던 분들은 전부 산업재해로 처리됐어요. 그 덕에 회사 주가가 올라갔어요. 이번 일로 회사가 진정한 '기업가 정신'을 알았으면 좋겠어요. 노동자들이 만든 이윤을 노동자에게 다시 쓰는 것은 장기적으로 봤을 때 손해가 아니고 이익이잖아요. 이게 '시골빵집 사장님'의 지론이지요? 사실 이 일을 하면서 내색은 안 했지만 걱정 많이 했어요. 혹여 회사하고 싸우게 되면 법 공부를 다시 해야 하나, 그럼 누구의 도움을 받아야 하나 하고요. 이번 일로 회사가 저한테 어떤 압박을 주거나 그러지는 않았지만 여기저기서 보는 눈이 많아진 건 사실이에요."

대로의 말에 희가 진심 어린 칭찬을 했다. 방인이 웃으며 말했다.

"넌 남들의 시선을 즐기는 편이니까 잘됐네. 이번 기회에 회사 내 유명인이 되는 거지."

대로가 그렇지 않아도 그렇게 됐다고 말해서 다른 이들도 웃었다.

"다들 그간 많이 성장했네요. 정말 기쁩니다. 이제 여러분에게 제 스승님을 소개해야겠어요."

희의 말에 다들 어리둥절했다.

"선생님의 선생님이면 엄청나게 내공을 쌓은 분이겠네요?"

방인의 말에 희는 빙그레 웃었다.

"배운 것을 실천하지 않으면 못 참는 분이세요. 여러분도 만나면 분명 좋아할 거예요. 마침 그분의 토크 콘서트가 있으니 같이 갑시다."

세 친구는 그런 콘서트는 한 번도 가보지 않아 낯설었지만 희의 스승님을 뵈러 기꺼이 콘서트에 가겠다고 약속을 했다.

세 친구는 마음이 환해지는 것을 느꼈다. 이전과는 달리 좀 더 자신 있게 세상을 향해 한발 내딛을 수 있을 것 같았다.

文史哲

3부

무엇을 위하여
어떻게 살아갈 것인가

스승 없는 시대에
스승 찾기

세 친구는 희를 따라 쭈뼛거리며 강연장에 들어갔다. 그들은 자리를 가득 메운 사람들을 보며 놀랐다. 도대체 무슨 강연을 하는데 이토록 사람들이 많은 것인지 궁금했다. 시간이 되자 갑자기 불이 꺼졌다. 그리고 누군가 무대 위로 올라와 흥겨운 노래를 부르자 다들 따라 불렀다. 세 친구는 어리둥절하며 서로를 봤다. 방인이 속삭였다.

"선생님, 토크 콘서트라고 했는데 왜 노래를 하나요?"

희는 웃으며 긴장을 풀고 분위기를 즐기라고 했다. 무대에 있던 사람은 노래를 두어 곡 연달아 불렀고 세 친구도 아는 노래가 나오자 신나게 따라 불렀다. 강연장은 텔레비전에서나 보던 콘서트 현장 같았다.

"강연회라고 해서 딱딱한 분위기를 생각했는데 그게 아니네."

노래가 끝나자 방인이 아쉬워했다. 무대 전체에 환하게 불이 들어오자 사회자가 나왔다.

"이지한의 토크 콘서트에 오신 것을 환영합니다!"

사회자의 인사에 관객들은 모두 환호했다. 세 친구는 지금까지 보지 못했던 광경에 어리둥절했지만 곧 그들도 덩달아 박수를 치며 좋아했다. 그들은 허리를 꼿꼿이 세워 희의 스승을 뚫어지게 봤다. 희의 스승이란 말에 흰 수염을 휘날리며 카리스마를 팍팍 풍기는 연세 지긋한 어른일 줄 알았는데 전혀 그렇지 않았다. 생각보다 젊고 선한 인상을 한 이지한은 어디에서나 볼 수 있는 보통 아저씨와 같은 모습이었다. 한동안 사회자와 근황에 대해 이야기를 하던 지한이 객석을 보고 관객에게 말을 걸었다.

"여러분, 여행 좋아하세요? 가본 곳 중에서 어디가 가장 인상적이었나요? 앞으로 가고 싶은 곳은 어디인가요?"

그러자 여기저기에서 여행에 관한 이야기가 나왔다. 지한은 자연스럽게 관객들과 대화를 하며 이야기를 펼쳤다. 세 친구는 강연회에서 그저 강연자의 말만 들을 줄 알았는데 관객과 소통하는 모습이 신기했다.

"저는 나중에 기회가 된다면 라퓨타에 가보고 싶어요."

지한의 말에 방인이 '라퓨타'는 애니메이션에 나오는 환상의 장소라 갈 수 없는 거 아니냐고 물었다. 그러자 친구들도 맞는 말이라며, 라퓨타에 가고 싶다는 지한이 조금은 엉뚱하다고 생각했다.

"맞습니다. 천공의 성 라퓨타는 애니메이션에 나온 곳이고, 제가 가보고 싶은 곳은 걸리버가 여행한 라퓨타예요.《걸리버 여행기Gulliver's Travels》에 라퓨타가 나온다는 거 아셨어요?"

그러자 일부는 안다고 했고 일부는 모른다고 말했다. 지한이 웃으며 말했다.

"아마 영화감독 미야자키 하야오는 이 책을 읽지 않았을까 싶어요. 애니메이션에 나온 천공의 성을 보면 걸리버가 본 성하고 비슷하거든요. 또 영화 〈아바타Avatar〉에 나온 하늘에 떠 있는 섬들도 《걸리버 여행기》에서 착안한 것이 아닐까 하고 추측해봅니다. 제가 그 섬에 가고 싶은 이유는 그곳 사람들의 상상력 때문이에요. 제가 생각하는 과학의 이론은 어느 정도는 상상력을 바탕으로 나온다고 생각하거든요. 그 성의 과학자들은 기상천외한 상상을 하지요. 읽고 있으면 어떻게 그런 생각을 하는지 놀라울 뿐이에요. 그러다 보면 이 글을 쓴 작가, 조너선 스위프트Jonathan Swift는 도대체 어떤 사람이기에 이렇게 상상할 수 있는지 생각하게 되지요."

* * *

지한은 본격적으로 《걸리버 여행기》에 대한 이야기를 시작했다. 이 책을 쓴 조너선 스위프트는 아일랜드 출신으로 영국의 풍자작가인 윌리엄 템플의 비서로 일했다. 윌리엄 템플은 은퇴한 외교관으로 성직자이자 정치평론가였다. 조너선 스위프트는 그의 곁에서 일을 하며 많은 영향을 받았는데 이러한 흔적은 그의 작품 곳곳에서 찾을 수 있다. 그는 작품을 통해 정치, 과학, 종교계를 비판했는데 그 대표적 작품이 《걸리버 여행기》였다.

《걸리버 여행기》를 보면 풍자란 이런 것이다, 하고 한눈에 볼 수 있는데요. 먼저 그가 비판한 정치판을 볼까요? 18세기 영국은 휘그당과 토리당의 대립이 극으로 치달았어요. 작가는 당시 집권당이던 토리당을 옹호하는 글을 발표하는 등 적극적으로 정치에 참여하기도 했지만 왜곡된 정치판을 보며 점점 질렸지요. 그 당시 성직자들도 마찬가지였어요. 자기 배만 불렸지 백성을 위해 일하는 종교인들이 아니었던 거예요. 이대로는 안되겠다, 백성들도 알 권리가 있다며 쓴 글이 《걸리버 여행기》예요. 그런데 사실 그대로 쓰면 검열로 출판되지 못할 것 같아 소설로 썼어요. 반면에 너무 허구의 이야기로 보이면 사람들이 믿지 않을 수도 있겠다 싶었어요. 그래서 대니얼 디포 Daniel Defoe의 《로빈슨 크루소The Life and Strange Surprizing Adventures of Robinson Crusoe of York》의 영향을 받아 기행문의 형식을 빌려 걸리버를 로빈슨 크루소처럼 조난을 당해 낯선 섬에 도착하게 만든 거예요. 진짜 같은, 진짜 아닌, 진짜 이야기로 만들어 걸리버를 세상에 내놓은 거예요."

　당시 이 작품은 적나라한 사회 풍자로 출판이 어려웠다. 그래서 작가는 처음에 심프슨이라는 가명으로 책을 냈고 출판사에서는 작가 몰래 민감한 내용을 삭제하기도 했다. 그 후에 포크너라는 출판업자가 삭제된 부분을 살려 다시 출판했다.

　"《걸리버 여행기》 하면 가장 먼저 떠오르는 것이 소인국이지요? 소인국에서 작가는 무엇을 비판하려고 했을까요?"

　누군가 "큰 사람이요!"라고 외치는 바람에 강연장에 모인 사람들은 한바탕 웃었다.

　"빙고!"

뜻하지 않게 지한이 '빙고'라고 하자 관객들은 탄성을 지르며 '큰 사람'을 외친 이에게 박수를 보냈다.

"그렇다면 작품에서 나온 큰 사람이란 어떤 사람을 말하는 거지요?"

또 어디선가 대답이 나왔다.

"정치가요."

지한이 대답하기도 전에 박수가 먼저 터졌고 지한도 함께 박수를 쳤다.

"맞습니다. 소인국, 릴리푸트는 영국을 비유하는데 그 나라를 통해 작가는 영국의 법률과 정치인들을 비판하고 있지요. 소인국 정치인들이 펼치는 정당 싸움이란 것이 너무 유치했어요. 예를 들면 구두 높이 때문에 싸우거나, 계란의 어느 쪽을 먼저 먹느냐를 두고 싸웠어요. 작가는 영국에서 일어나고 있는 정당 간 다툼이 이렇게 유치하기 짝이 없다고 본 것이지요. 진짜 백성을 위한 현실적 싸움이 아닌, 정치인들의 말장난이라고 생각했어요. 오늘날 우리의 정치는 어떨까요? 여러분을 위한 전투가 맞습니까?"

그러자 객석에서는 그렇다, 아니다 하며 목소리를 높였다.

"어쨌든 우리가 보는 입장도 크게 다르지 않은 것 같습니다. 소인국에서 나온 걸리버는 이번에 어디로 갔지요? 그래요. 거인국이었지요. 그곳은 어땠을까요?"

작가는 거인국을 소인국보다 긍정적으로 그렸다. 특히 거인국 왕을 아주 이상적으로 그렸는데 작가가 존경했던 윌리엄 템플을 모델로 삼았다고 한다. 거인국 왕은 걸리버에게 영국의 상황을 전해 들으며 이해할 수 없는 종족이라고 비웃었다.

걸리버는 거인국 왕이 영국을 모욕한 것에 화가 났지만 왕의 말이 틀린 것은 아니었다. 그런데 왕이 영국을 자기네 나라보다 작은 나라라고 계속 업신여기자 참을 수가 없었다.

"그래서 걸리버는 이렇게 말했지요. 이성이 몸의 크기에 비례하는 것은 아니라고. 그리고 걸리버는 거인국에서도 인간 세상처럼 음모, 탐욕, 위선이 있는 것을 봤지요. 이것은 작가가 바라본 인간의 모습이었어요. 그리고 걸리버가 세 번째로 간 나라는 제가 가고 싶은 천상의 나라, 라퓨타입니다. 그곳은 현실 세계보다 과학적으로 훨씬 뛰어난 나라였어요. 라퓨타 사람들은 모든 일을 과학과 수학으로 해결하려고 했어요. 과학과 수학이야말로 가장 이성적이고 이상적이라고 생각한 반면 인간의 감정을 바탕으로 만든 결과물은 무시했지요. 작가는 이 나라를 통해 무엇을 비판하려고 했을까요?"

"과학이요."

누군가 외쳤다. 지한이 박수를 쳤다.

"맞습니다. 과학에 대한 맹신을 비판했어요. 그들이 실험한 것을 소개하자면 이래요. 오이에서 태양 광선 추출하기. 대변을 원래의 음식으로 되돌리기. 대리석으로 부드러운 베개 만들기. 어때요? 마음에 드세요? 일단 가능한 일일까요? 그럴 수도 있겠지만 실현이 불가능한 일이란 것을 알 거예요. 작가가 과학 실험을 이렇게 의도적으로 변형한 데는 그만한 이유가 있어요. 또 그 나라에서 만든 음식의 모양은 정사각형이나 마름모, 원형, 평행사변형을 비롯해 바이올린이나 하프, 오보에를 본뜬 모양이었어요. 음악이 원래 수학을 토대로 만들어진 것을 아시나요? 음악에서 연주되는 음들은 아무렇게

나 나온 것이 아니라 다 비율에 의해서 탄생되었지요. 작가가 살았던 시대에는 음악도 음악학이라고 해서 순수 학문에 들어갔어요. 거의 수학에 버금가는 학문이었지요. 수학을 잘하면 음 배열의 원리를 잘 알기 때문에 아름다운 선율을 이론적으로 만들 수 있을 거예요. 작가는 당시 가장 수학적이고 과학적인 것을 대표적으로 비판하고 싶었지요. 당시 대표적인 철학자이며 수학자이자 과학자인 사람이 누군지 아세요? 바로 데카르트였습니다. 작가는 이상한 과학 실험과 괴상한 요리 모양 등을 통해 데카르트와 같은 지성인을 비판한 거예요. 데카르트는 종교 전쟁으로 혼란스러운 사람들의 마음을 바로잡기 위해서는 확실한 체계를 제시해야 한다고 생각했어요. 그래서 데카르트와 뜻을 같이 한 철학자들은 '수학적·과학적 세계'를 옹호했지요. 이것이 바로 근대 철학의 시작이에요. 그들은 수학과 과학을 주장하면서 인간의 전통적·도덕적 세계는 조금 멀리했지요. 그러다 보니 지나친 합리주의와 경험주의의 신봉으로 인간 소외 현상이라는 폐해를 가져왔어요. 이런 모습을 보고 작가는 수학, 과학의 맹신이 흩어진 세계에 대한 답이 아니라는 것을 말하고 싶었지요. 이렇게 해서 철학은 다시 장 자크 루소Jean Jacques Rousseau의 영향으로 전통적·도덕적 삶을 추구하는 삶으로 돌아갔고 이는 후에 독일 철학자 임마누엘 칸트Immanuel Kant에게 영향을 미치게 됐지요."

* * *

걸리버가 라퓨타를 거쳐 간 나라는 '글럽덥드립'이라는 곳이었다. 이곳에서 그는 유령들을 만나는데 그들은 모두 역사적 인물들이었다.

"그가 만난 유령은 알렉산더 대왕, 카니발, 그 외 로마 황제들이었어요. 그리고 그들에게 자기들이 어떻게 죽었는지 듣게 됐지요. 그런데 걸리버는 놀라운 사실을 알게 됐어요. 출생의 비밀 이상 가는 비밀이었지요. 그들의 죽음은 역사책에서 배웠던 죽음과 달랐어요. 어떤 영웅은 역사책에서는 칼에 찔려 장렬하게 전사했다고 했는데 알고 봤더니 다른 나라에 원정 가다가 모기에 물려 어처구니없게 죽었다는 거예요. 작가는 왜 알려진 역사와는 다른 영웅들의 죽음을 조명했을까요?"

"역사란 시대에 따라 해석이 다를 수 있으니까요."

방인이 작게 말했다.

"역사 기록이라는 것도 역사가가 시대를 반영한 것이니까요. 당시에 살았던 사람들은 어떤 인물을 좋게 볼 수도 있지만 시간이 지나고 보면 그 사람이 폭군이었을 수도 있잖아요."

객석에서 누군가 말했다. 지한이 맞는 이야기라고 고개를 크게 끄덕였다.

"역사는 객관성을 바탕으로 쓰여야 하는 것이지만 안타깝게도 그렇지 않은 경우도 있어요. 작가는 그것을 비판하고 싶었던 거지요. 권력자의 입맛에 맞게 쓰인 역사는 거짓이라고 폭로하고 싶었던 거예요. 작가는 역사가 당시 일어났던 진실들을 솔직하게 담아낼 수 있는지 의심했어요."

걸리버가 마지막으로 방문한 곳은 '말의 나라'였다.

"작가는 말들이 사는 나라를 '휴이넘'이라고 불렀고 그곳에 사는 사람들을 '야후'라고 했어요. 거기에서는 말이 주인이고 사람이 하인이었지요. 걸리버가 만난 야후들은 알몸으로 다니고 성격은 포악했지요. 그런데 금을 아주 좋아했어요. 그것을 차지하려고 종종 싸움이 일어났지요. 작가는 '이게 인간의 본성이다'라고 말한 것이지요. 인간이란, 선한 모습 뒤엔 혐오스럽고 흉악하고 야만적인 모습이 숨어 있다는 거지요. 옆에 있는 사람들을 보세요. 그리고 그 뒤에 있는 진짜 모습을 보려고 하세요. 숨겨진 본성이 보이나요?"

지한의 말에 객석에서는 같이 온 사람들을 보며 너의 본성이 뭐냐는 둥 정체를 밝히라는 둥 하며 서로를 관찰했다. 방인도 명환과 대로를 보며 말했다.

"이제 정체를 밝히시지. 이 야후들아!"

지한이 말했다.

"조너선 스위프트는 동물처럼 행동하는 인간의 모습을 보며 '이성'이 삶에 있어 얼마나 중요한 것인지 강조했어요. 물론 감성없이 이성만 있는 세상이라면 라퓨타와 같은 나라가 될 거예요. 라퓨타에서 말하는 '이성'과 휴이넘에서 말하는 '이성'과는 좀 달라요. 두 나라에서 말한 이성을 합쳐본다면 양면적인 이성 정도가 되겠네요. 이성의 부정적 결과와 이성의 긍정적 결과. 이것이 라퓨타와 휴이넘에서 본 이성이에요. 그러니 이성적 사고를 한다고 해서 다 같은 결과가 나온다고 생각하면 착각이에요. 그러니 이성을 어떻게 사용해야 할까요?"

세 친구는 동시에 속삭였다.

"올바른 이성."

똑같은 대답에 세 친구는 씩 미소를 지었다.

걸리버는 동물인 말이 자기를 가르치고 인간의 잘못된 점을 지적한다고 화를 내지 않았다. 오히려 그들의 말에 깊이 수긍했다. 걸리버는 자기의 모습에서도 야후와 같은 모습을 발견하며 본인에게서 나는 냄새를 싫어했다. 여행을 마치고 고향으로 돌아간 그는 가족에게도 야후의 냄새가 난다며 마구간에서 말들과 함께 생활을 했다.

"조금은 억지스러운 결말이기도 하지만 조너선 스위프트는 끝까지 인간의 추한 모습을 밝히고 싶었던 것은 아닐까요?"

지한의 말에 여기저기서 고개를 끄덕였다.

* * *

토크 콘서트 1부가 끝나고 세 친구는 희에게 정말 재미있는, 상상도 못한 강연회라고 했다. 그리고 그들은 강연회가 이런 것이라면 부담 없이 즐길 수 있을 것 같다고 했다. 휴식 시간이 끝나고 2부가 시작되었다.

무대 가운데 조명이 들어오자 연주가 시작되었다. 국악기로 연주하는 민요, 가요, 팝송, 클래식을 들으며 세 친구도 기분 좋게 흥얼거렸다. 신나는 연주가 끝나고 무대 전체가 다시 환해졌다. 2부는 질문하는 시간이었다.

질문 시간이 되자 객석에서 앞다투어 손이 올라왔다. 세 친구는 관객들의 적극적인 모습에 놀랐다. 사회자가 한 사람을 가리켰다. 한 여성이 일어나 자기소개를 했다.

"안녕하세요? 직장인 나주리라고 합니다."

'나주리'라는 이름에 친구들은 대로를 쳐다봤다. 대로도 깜짝 놀랐다. 방인과 명환은 대로가 아는 사람이 맞느냐고 물었다. 대로는 그녀의 뒷모습을 빤히 보며 천천히 고개를 끄덕였다.

"선생님께서는 과학 이론이 어느 정도의 상상력을 바탕으로 나온다고 말씀하셨는데요, 그렇다면 과학 이론은 과학자들이 창조했다고 생각하세요?"

주리의 질문이 끝나자 여기저기서 웅성거렸던 소리가 사라지고 모두 지한의 대답을 기다렸다. 방인과 명환은 주리가 대단하다며 치켜세웠고 대로도 흐뭇한 미소를 지으며 고개를 끄덕였다. 지한이 주리의 질문에 방긋 웃었다.

"제가 과학자가 아니라 과학 이론이 발견이다 혹은 발명이다라고는 딱 꼬집어 말씀을 드리지는 못하지만 순전히 제 개인적인 의견을 듣고 싶으시다면 제가 생각하는 과학 이론이란 신이 숨겨놓은 것이라고 말씀드리고 싶습니다. 그리고 과학자들이 그것들을 찾는 것이지요. 데카르트의 예를 잠깐 들겠습니다. 제가 생각할 때 데카르트가 수학과 과학에 몰두한 것은 신의 존재를 증명하기 위해서였다고 생각합니다. 신의 존재를 말할 때 더 이상 형이상학적인 방법으로는 안 된다고 생각했지요. 어느 누구도 의심할 수 없는 확실한 방법으로 신의 존재를 증명하면 된다고 생각했어요. 그래서 데카르트는 외부 세상에서 확실하게 존재하는 것을 어떤 영향력, 어떤 혜택 등이 확대된 것이라고 생각했어요. 눈에 보이지 않는 것들이 눈에 보이는 공간을 차지한다고 생각한 거죠. 그는 신이 불필요한 공간을 만들었다고는 생각하지 않았어요. 그렇다면 어떻게 해야 사람들이 이 사실을 믿게 할까요? 데카르트는 머릿속에 존재하는 존재인 자아, 신, 세계를 외적 대상으로 받아들일 만한 근거를 증명하고자 했어요. 그는 '이성 사용 규칙'만을 가지고는 어떤 것도 가정해서는 안 된다고 생각했어요."

객석에서는 숨죽여 지한의 다음 말을 기다렸다.

"그래서 그는 '방법적 회의'를 통해 법칙을 찾아냈어요. 이 법칙은 신이 자연 속에 만든 것이고, 이 법칙을 알게 된 것은 신이 그 법칙을 이해할 수 있는 개념을 우리 머릿속에 심어 놓았기 때문이라고 그는 생각했어요. 더 나아가 우리가 '반성적 사고'를 한다면 세계는 신이 만든 그 법칙에 의해 움직인다는 것을 깨닫게 될 것이라고 했지요."

"데카르트는 근대 철학을 시작한 철학자라고 들었는데 선생님 말씀을 듣고 보니 그는 여전히 이전 철학자들처럼 신을 중심에 두고 있었던 것 같은데요. 모든 것이 신의 뜻이라면 이성적 사고가 무슨 의미가 있겠습니까?"

누군가 물었다.

"우리가 데카르트 철학을 이야기할 때 결코 잊어서는 안 되는 것이 두 가지입니다. 하나는 수학과 과학 등을 이용한 확실성에 대한 탐구이고, 다른 하나는 신을 관심의 대상으로 둔 것이 아니라 인간을 관심의 대상으로 됐다는 것입니다. 그가 말하는 이성은 신이 정해놓은 이성이 아니라 스스로가 반성하고 깨닫는 인간 스스로의 이성을 뜻합니다. 즉 신의 뜻을 인지하고 깨닫는 것은 인간의 자유의지라는 것이죠. 제가 그를 중요한 철학자 혹은 과학자로 평가하는 것은 머릿속에만 있었던 인간의 사고를 눈으로 보여주려 했다는 점입니다. 그렇다고 이전 철학자들의 사고를 폄훼하려는 것은 결코 아닙니다. 그는 그들의 형이상학적 사고가 맞다는 것을 일반인들에게 확인시켜 주고 싶었던 것이지요. 여러분도 그렇지 않나요? 남의 머릿속에 있는 것을 믿는 게 빠를까요, 아니면 내 눈앞에 놓인 것을 믿는 게 빠를까요?"

지한은 답을 생각해보라는 듯 잠시 말을 멈추었다.

"그래서 그는 실험 또한 중요하게 여겼습니다. 모순처럼 들리겠지만 그는 모든 자연 현상이 신의 창조라는 것을 실험을 통해 증명하고자 했어요. 자연 법칙을 연역적으로 증명하고자 했는데, 인간의 이성이 유한하므로 모든 법칙을 증명하는 데 한계가 있다는 거죠. 어떻게 보면 데카르트는 과학자들이 발견하는 법칙이 신이 숨겨놓은 선물이라 생각하지 않았을까요?"

그러자 또 누군가 질문을 했다.

"수학과 과학이 신의 선물이라면 처음부터 한 치의 오차도 없어야 하는 것이 아닐까요? 하지만 과학의 이론은 시간이 흐르면 이전의 이론을 뒤집는 새로운 이론들이 나오지 않습니까? 신이 장난꾸러기가 아니라면 왜 처음부터 정확한 이론을 주지 않고 시간이 흘러야 새 이론들을 하나씩 주는 걸까요?"

질문자의 말에 강연장에는 웃음꽃이 피었다.

"그러네요. 신은 장난꾸러기네요. 방금 하신 말씀처럼 처음부터 확실한 이론 하나를 툭 던지면 되는데 계속해서 앞의 이론을 뒤집는 이론을 찾게 하네요. 누군가 이런 질문을 데카르트에게 했다면 이렇게 말하지 않았을까요? '신이 인간에게 겸손함을 가르치려고 하는 게 아니었을까요?'라고요. 그래서 그는 신의 의도에 최대한 가깝게 가기 위해 의심하고 또 의심을 했겠지요. 아주 작은 부분까지 의심해서 확신이 서지 않으면 그것을 이론으로 만들지 않았습니다. 만약 말씀하신 것처럼 처음부터 한 인간이 신의 의도를 한 번에 알아내서 세상에 발표했다면, 모든 인간이 신의 의도를 한 치의 의심도 없이 받아들일 수 있었을까요? 저는 그렇게 생각하지 않습니다. 만약 그 랬다면 그것은 인간의 오만으로 이어지지 않았을까요? 그 옛날 바 벨탑을 지었던 사람들처럼요."

"선생님은 데카르트의 입장을 이해하신다고 했는데요, 하지만 오늘 말씀하신 걸리버 이야기는 데카르트와 같은 수학자나 철학자들을 비판하는 거라고 하지 않으셨습니까? 이렇게 상반된 이야기를 꺼내신 이유가 궁금합니다."

질문자가 자리에 앉자 지한이 빙그레 웃었다.

"네, 저는 데카르트가 연구한 수학과 과학을 좋아합니다. 하지만 저는 조너선 스위프트가 말한 것처럼 과학의 쓰임에 대해 한 번쯤은 생각해야 한다고 봅니다. 제가 오늘 여러분과 《걸리버 여행기》에서 함께 나누고 싶었던 것은 '오늘날 과학의 쓰임, 이대로 좋은가?'입니다. 작가가 비판한 것은 과학 자체가 아니라 과학의 쓰임입니다. 과학은 앞으로도 계속 발전할 것입니다. 토머스 쿤Thomas Kuhn이 쓴 《과학혁명의 구조The Structure of Scientific Revolution》를 보면 새 패러다임은 멈추지 않고 계속 나올 것입니다. 왜냐하면 제 입장에서 보면, 신은 여전히 우리에게 숙제 내기를 좋아하니까요. 쿤의 말을 빌리자면, 기존의 패러다임과 공존할 수 없는 새 패러다임은 계속 나온다고 했습니다. 큰뿐만 아니라 저도 여러분도 과학이 앞으로 계속 발전하고 변화할 거라는 것을 압니다. 그렇다면 그것을 사용하는 우리의 자세는 어떠해야 할까요? 제가 오늘 여러분에게 묻고 싶은 것은 그것입니다. 우리가 이해할 수 없는 최첨단 과학 세계로 돌입하기 전에, 한 번쯤은 본인 스스로에게 물어봐야 하지 않을까요? 과학 사용자로서 이대로, 내가, 이렇게 과학의 이익을 누려도 되는가? 내가 지금 과학을 올바르게 사용하고 있는가? 적어도 과학을 사용하는 주체자로 이 과학이 어디에서 와서 앞으로 우리 후손들에게 어떤 영향을 미칠까? 만약 옳지 않은 영향을 미친다면 과연 우리는 잘못된 과학의 쓰임을 보고만 있어야 할까? 따라서 이 자리는 인간으로서 현대 과학의 사용을 한 번쯤 생각해보자는 것이었습니다.”

세 친구는 지한의 거침없는 대답에 놀라움을 금치 못했다. 지한은 청중의 생각에 동의할 때도 있었고 그렇지 않을 때는 왜 다르게 생각하는지 쉽고 친절하게 이야기했다. 때로는 질문자가 공격적인 태도로 질문해도, 지한은 흔들리지 않고 미소와 평상심을 유지했다. 세 친구는 강연이 진행될수록 지한의 카리스마를 느낄 수 있었다. 그들은 생각했다.

‘이래서 희 선생님이 이분을 스승님이라고 부르는구나.’

세 친구는 그런 스승을 둔 희를 부러운 눈으로 바라봤다. 희가 그들의 마음을 눈치채기라도 한 듯 빙그레 웃으며 말했다.

“이제 저분은 여러분의 스승님이기도 하지요.”

희의 말에 그들은 설렘 반 기대 반으로 지한과 만날 시간을 기다렸다.

타 인 의   불 행 과
나 의   행 복

        강연회가 끝나자마자 대로는 주리부터 찾았다. 주리가 강연장을 나가는 모습이 보였다.

    "주리 씨!"

    대로는 달려가서 주리의 팔을 잡았다. 그를 발견한 주리는 깜짝 놀랐다. 친구들도 달려와 싱글거리며 주리를 봤다. 주리가 그들 사이에서 희를 보고 반가워하며 인사했다. 세 친구는 서슴없이 대화하는 두 사람이 놀라웠다.

    "제가 문사철 공부를 한다고 했잖아요. 대학생 때 이분의 강의를 듣고 그때부터 팬이 됐어요."

    주리가 말했다.

    '주리 씨도 전부터 이분을 알았구나. 문사철에 대한 주리 씨의 이해력도 보통이 아니겠는걸.'

대로가 주리를 빤히 봤다. 희는 주리와 세 친구를 지한이 있는 대기실로 안내했다. 세 친구는 상기된 얼굴로 희의 뒤에 서 있었다. 지한이 희와 반갑게 인사를 하고 그들을 소개했다. 세 친구는 마치 연예인을 만난 듯 지한을 신기하게 봤다.

"주리 씨도 일행이에요?"

지한이 먼저 주리에게 아는 척을 했다. 세 친구는 아까보다 더 놀란 눈으로 주리와 지한을 번갈아 봤다.

"제가 대학생 때부터 황희 선생님 강의와 이지한 선생님 강의를 쫓아다녔어요. 참, 대로 씨, 그때 소개해드리고 싶은 분이 있다고 했잖아요. 바로 이지한 선생님이었어요."

주리가 대로를 보고 웃자 대로는 다시 허리를 크게 굽혀 정식으로 지한에게 자기를 소개했다. 그 바람에 대기실에 있던 다른 사람들도 함께 웃었다.

주리와 지한까지 일행이 되어 그들은 방인의 카페로 이동했다. 세 친구는 지한에게 오늘 들은 강연이 정말 인상적이었다며 각자 감상을 말했다. 지한도 재미있게 들어줘서 정말 고맙다고 인사를 했다.

"요즘 국가 경제가 어렵고 정세가 불안정해서 사람들이 문사철 강의에 관심을 가질까 걱정했는데 객석이 꽉 찬 것을 보고 좀 놀랐어요. 제가 문사철 공부를 하기 전이었다면 지금같이 힘든 세상에 무슨 문사철이냐며 무의미한 것으로 치부해버렸을 텐데. 이렇게 많은 사람들을 만나니 기분이 좋고 다행이다 싶더라고요."

대로가 말했다. 지한이 왜 다행이냐고 물었다.

"문사철을 몰랐을 때는 느끼지 못했는데, 오늘 강연장을 찾은 사람들을 보니 희망이 생겼다고나 할까요. 좀 과장해서 가슴이 벅찼어요. 저와 같이 온 친구들도 기분이 좋았을 거예요."

명환과 방인도 그렇다며 고개를 끄덕였다. 희가 세 친구의 반응에 뿌듯해하며 말했다.

"문사철을 찾는 사람들 속에서 희망을 보았다니 정말 기쁘네요."

그러자 방인이 말했다.

"저처럼 머리가 둔한 사람도 문사철을 가까이하는데, 더 많은 사람들이 문사철과 친해졌으면 좋겠어요. 그러면 인생에서의 방황이나 시행착오가 조금은 줄지 않을까요? 나라가 제대로 돌아가지 않을 때 정치하는 사람들을 탓하고는 했는데, 가만 생각해보니 그 정치인들을 뽑은 것은 저였더라고요. 그러니 탓하려면 지혜로운 사람을 몰라본 자신에게 화살을 돌려야겠지요."

주리가 방인에게 문사철 모임이 도움이 됐느냐고 물었다.

"솔직히 아직도 책을 보면 무슨 말을 하는지 모를 때가 많아요. 하지만 생활하는 데 지침서가 되는 건 맞아요. 예를 들면 어떤 일을 앞두고 '소크라테스라면 이럴 때 어떻게 할까?' 하며 책 내용을 떠올릴 때가 있어요. 지혜로운 사람을 알아보려면 나부터 지혜로워야 하는데 그때 문사철이 도움이 돼요. 정치인도 문사철 서적을 많이 보면 좋겠어요. 남들이 들으면 웃겠지만 이런 생각도 해보았어요. 정치인이 되기 위해서는 반드시 읽어야 하는 문사철 서적을 선정하는 거예요. 그리고 그것을 읽고 시험을 보는 거예요. 그것도 서술형으로요. 일종의 정치인 자격시험 같은 거지요. 시험 성적은 국민을 대상으로 전부 공개하고요. 이 시험을 통과한 사람만 정치인이 될 수 있는 기회를 얻는 거예요. 그 후에 선거 운동을 거쳐 선거를 해도 늦지 않잖아요. 국민을 대변할 수 있는 능력이 있는지 객관적 기준이 있으면 좋을 것 같아요."

친구들이 비웃을 줄 알았는데 다들 좋은 생각이라며 맞장구쳤다.

* * *

방인이 지한에게 어떤 책을 필독서로 하면 좋겠냐고 물었다.

"정치인을 위한 필독서라면 다산^{茶山} 정약용의 《목민심서^{牧民心書}》를 추천해주고 싶네요. 여러분도 실학^{實學}의 아버지라고 불리는 정약용은 다 알 거예요. 1801년 천주교 박해 사건 인 신유박해^{辛酉迫害}로 19년 동안 유배 생활을 했지요. 그는 유배 생활을 하면서 수많은 책들을 연구하고 직접 썼는데,《목민심서》는 그가 가장 왕성하게 집필 활동을 할 때 나온 책이에요. 57세에 유배에서 풀려나 75세에 생을 마감할 때까지 고향에서 자신의 학문을 완성하며 실학사상을 정리했어요. 그가 실학에 관심을 둔 데에는 당시 사회적 영향이 컸어요. 알다시피 실학이란 백성들이 잘 살고 나라가 튼튼해지는 방법을 연구하는 학문이잖아요. 실학자들은 한마디로 정신적인 면보다는 현실에 활용할 수 있는 학문이 진짜 학문이라고 생각했어요. 하지만 당시 성리학^{性理學}은 백성들의 삶에 실질적인 도움을 주지 못했어요."

"박지원의 《허생전^{許生傳}》에서는 조선 후기에 글만 읽는 선비들의 무능력을 단적으로 표현하기도 했어요. 허생의 아내가 책만 읽는 허생에게 먹고살 길이 막막하니 나가서 '도둑질'이라도 하라고 하잖아요."

희의 말에 지한이 세 친구들에게 물었다.

"실학은 어떻게 해서 생긴 걸까요?"

대로가 대답했다.

"성리학이 제구실을 못하고 있으니 백성들한테 도움이 되는 학문이 필요했겠지요."

주리도 말했다.

"당시 임진왜란과 병자호란을 치르느라 백성들의 생활은 피폐해질 대로 피폐해졌어요. 또한 서양 문물이 많이 들어와 세상의 중심이 중국이라는 생각도 버리게 됐지요. 실학을 통해 학문을 과학적이고 객관적으로 연구했다는 것은 정말 큰 의의라고 생각해요. 하지만 국가 정책에 적극적으로 반영되지 못한 점은 정말 안타까워요. 그랬다면 조선 후기에 농업, 상공업, 과학, 의술 등 여러 방면으로 많은 발전이 있었을 거예요. 그러면 그때 당시 백성의 고통을 조금은 덜어줄 수도 있었을 텐데."

주리의 말에 모두 고개를 끄덕였다.

"결국 신분 제도와 종교가 발목을 잡았군요. 어느 왕보다 사고가 깨었다는 정조도 천주교만큼은 인정하지 않았으니, 제도를 없애자는 정약용의 주장은 당시 양반들에게는 씨알도 먹히지 않았고."

방인이 절레절레 고개를 흔들며 말했다.

"어찌 보면 정약용의 입장에서는 그렇게 혼탁한 세상에 있는 것보다 유배지에 있는 게 속 편했을지도 몰라요. 아무리 좋은 생각과 제도를 말하면 뭘 합니까. 정책에 반영이 안 되는데. 사리사욕 채우기 바쁜 위정자들 때문에 나라꼴이 엉망인 것은 예나 지금이나 다름이 없네요. 물론 개인적으로 유배지에 간 일은 안됐지만요. 그래도 그 바람에 후대에 길이 남을 글이 탄생했잖아요.

명환이도 한마디 했다.

"맞아요.《목민심서》서문에 이런 내용이 있어요. '오늘날 백성을 다스리는 자들은 오직 거두어들이는 데만 급급하고 백성을 부양하는 방법을 알지 못한다. 이 때문에 하층민은 여위고 가난하고 병까지 들어 진구렁 속에 그득한데도, 나라를 다스리는 자는 고운 옷과 맛있는 음식에 자기만 살찌고 있으니 슬프지 아니한가!' 정약용이 본 세상은 이랬어요. 백성은 순전히 관리들의 배를 채우는 도구에 지나지 않았지요."

지한의 말에 세 친구는 표정이 좋지 않았다.

"그래서 정약용이 고을 수령들의 자질에 관한 글을 쓰게 된 거예요. 그가 이 책에서 가장 강조한 것은 수령들의 '청렴'이었어요. 청렴은 수령의 본분이며 모든 선善의 원천이고 덕德의 근본이니, 청렴하지 않은 자는 수령을 할 수 없다고 했지요. 수령은 첫째도 절약, 둘째도 절약, 셋째도 절약을 해야 한다고 했어요. 근검절약을 몸에 익혀 명예와 재물을 탐하지 말라고 했지요. 정치를 할 때 백성을 불쌍히 여기고 사랑할 것을 강조했고요. 그리고 수령이 되면 자기 관할 지도를 항상 옆에 두라고 했어요. 자기 행정구역이 어떻게 생겼고 인구수는 어떻게 되고 문제는 뭐가 있고 등을 제대로 알기 위해 지도를 잘 활용하라고 했지요. 자기가 관할하는 지역이 어떻게 생긴지도 모르고 관리를 한다는 것은 말이 안 되는 얘기지요."

"오늘날 정치인들에게도 자기 담당 구역이 어떻게 생겼는지 그려 보라고 하고 싶네요. 그렇지! 문사철 시험을 볼 때 우리나라 지도를 그리고 행정구역을 나눠보라고 하는 거예요. 거기에 앞으로 자기가 일하고 싶은 곳을 표시하라는 거지요. 특히 자기가 일하고 싶은 곳은 더욱 자세하게 그리고 그곳의 특징과 현재의 문제 상황을 적게 하는 거지요. 좀 유치한가요?"

지한과 희가 그의 물음에 정말 좋은 생각이라며 환하게 웃었다. 지한이 정약용도 그와 비슷한 생각을 했다고 덧붙였다. 그러자 방인이 자신은 정약용과 같은 생각을 하는 사람이라며 어깨를 으쓱였다.

* * *

"정약용이 생각한 것은 목민관이 되려면 누군가의 추천을 받는 것보다 스스로 자기 능력을 평가한 후 임금에게 직접 자기를 목민관으로 뽑아달라고 글을 올리는 게 옳다고 했어요. 특히 지방 관리로 내려가길 원하는 사람은 자기 추천제가 중요하다고 했어요."

지한의 말에 대로가 생각난 것이 있다며 얼른 말을 이었다.

"그 제도는 마치 요즘 대학교 입학제도 중 입학사정관제와 비슷하네요. 자기가 어떤 사람인지 생활기록부에 잘 남겨뒀다가 지원하는 대학교에 제출하잖아요. 그럼 대학교에서는 학생의 학창시절 성적과 원하는 학과에 대한 애정과 노력 정도 등을 알 수 있지요. 한마디로 자기주도형 학생을 평가하는 거잖아요."

지한과 희가 정약용의 생각도 그렇다고 말했다.

"정약용은 관리의 자율과 양심을 믿었어요. 별 뜻이 없는 사람을 자리에 앉히는 것보다 그 자리를 원하는 사람에게 기회를 주면 의욕적으로 더욱 열심히 일하겠지요. 선거할 때 후보자들이 거는 공약이 일종의 그들의 능력을 보여주는 것처럼 말이에요."

지한의 말에 방인이 퉁명스레 말했다.

"공약을 걸면 뭘 하나요. 제대로 수행해야 말이죠. 믿고 뽑아줬는데 뒤통수치는 정치인들도 있잖아요. 에휴, 누굴 원망하겠어요. 내 손으로 뽑았으니 내가 문제지."

"그래서 자고로 백성이 지혜로워야 하는 거야. 정치인이 나라를 망쳤다고 비판하는 것도 필요하지만 어떻게 하면 나라를 바로 세울까 고민을 해야지. 정치인에게만 맡기는 것이 아니라."

대로가 진지하게 말하자 방인이 정치를 할 수 없는데 어떻게 나라를 바로 세우냐고 투덜거렸다. 주리가 방인을 보고 말했다.

"방인 씨한테는 카페가 있잖아요. 카페 관리가 본인의 업인데 어디 가서 일을 하려고요? 각자 자기 자리에서 최선을 다하면 나라는 잘 돌아가지 않을까요? 대로 씨랑 저는 회사에서, 방인 씨는 카페에서, 명환 씨는 디자인을 열심히, 각자의 일을 자율적이고 양심적으로 한다면 조금씩 살 만한 나라로 바뀔 거예요."

주리의 밝고 경쾌한 목소리가 카페 안을 울렸다. 대로의 눈에는 그녀가 더없이 사랑스럽게 보였다. 대로가 벌떡 일어나 손바닥에 불이 나도록 박수를 쳤다. 주리는 그의 행동에 부끄럽다며 어찌할 바를 몰라 했다. 한동안 웃음이 끊이질 않았다. 지한이 입을 열었다.

"가만히 생각해보면 결국 우리의 삶이 '유배流配지'가 아닌가 싶어요. 당시 사람들은 유배지에 가는 일을 죽는 것만큼 괴롭고 힘들게 생각했지요. 그곳에서 죽은 이들도 많았어요. 그러니 유배지에 가는 것이 절망적인 것은 사실이지요. 하지만 그곳에 갔다고 모두가 삶을 포기한 것은 아니에요. 그곳에서 자신을 더욱 갈고 닦아 자기의 신념을 더욱 확고히 한 이들도 있었어요. 정약용이 그 대표적인 인물이에요. 조선 시대 청렴한 선비들은 종종 속세를 멀리하고 자연을 가까이 했지요. 윤선도^{尹善道}가 유배지에서 쓴 시를 보면 자연에 있는 것이 훨씬 낫다는 말도 있지요. 물론 자기 위안이라고 말하는 이들도 있어요. 하지만 저는 이렇게 생각해요. 신념이 있는 이들에게 장소가 그렇게 중요했을까요? 자기가 무엇을 해야 하는지 아는 이들이라면 자리가 중요했을까요? 내게 주어진 일에 최선을 다하면 되는 것을. 지금 우리가 사는 곳은 어때요? 어쩌면 현재 우리가 사는 세상이 유배지가 아닐까요? 어떤 이에게는 한없이 힘든 곳이고 어떤 이에게는 자기를 갈고 다듬는 수양의 장이 되니 말이에요."

지한의 말에 모두 아무 말 없이 각자의 위치를 떠올렸다. 그리고 대로도 예전에 단테의 《신곡》을 읽고 꿈을 꾼 것을 이야기했다. 그에게는 꿈을 꿨던 당시가 고통스러운 현실이었다.

"진짜 마음먹기에 달린 것 같아요. 어떻게 보면 삶은 일장춘몽^{一場春夢}이 될 수도 있으니까요."

대로의 말에 두 친구가 놀란 듯 바라봤다.

"일장춘몽일지도 모르는 이 삶에서 우린 왜 그렇게 열심히 공부를 하는 걸까요?"

지한이 물었다.

"잘 살려고요."

명환이 대답했다. 지한이 다시 물었다.

"맞아요. 잘 살려고 공부를 하는 거겠지요. 그런데 왜 잘 살려고 하는 거지요? 무엇 때문에? 잘 산다는 의미는 뭘까요? 나 혼자 잘 사는 것을 말하는 건가요?"

지한의 말에 세 친구는 또 꿀 먹은 벙어리가 됐다. 방인이 조심스레 입을 열었다.

"행복하기 위해서 잘 사는 것이 아닐까요?"

지한과 희가 그를 보고 미소를 지었다. 지한이 짓궂은 말투로 방인을 보며 물었다.

"혼자서 행복하게 살려고요?"

그러자 방인이 또 조심스럽게 대답했다.

"다 같이?"

그의 대답에 모두가 웃었다.

"저는 여러분이 그렇게 학교에서 열심히 공부해서 사회에 나와 또 열심히 일하는 것은 혼자 잘 살기 위해서가 아니라고 생각해요. 더불어 사는 세상인데 그렇게 살 수는 없지요. 제가 오랫동안 문사철 서적을 읽으면서 찾은 공통점은 '사랑'이에요. 좀 유치하게 들릴지도 모르겠지만 제가 한결같이 옛 성현들에게 들은 가르침은 그거였어요. '나를 사랑하고 형제를 사랑하고 부모를 사랑하고 이웃을 사랑하고 백성을 사랑하고.' 만약 그들에 대한 애정과 배려가 없다면 잘 사는 것이 아니겠지요. 옆에서는 억울하고 괴로운 일로 통곡하는데, 그 일은 나와 상관없는 일이라고 치부하면 내가 행복할 수 있을까요?"

지한이 절레절레 고개를 저었다. 세 친구도 그를 따라 천천히 고개를 저었다. 그리고 그들은 주변 사람과 함께 행복해지는 모습을 상상하기 시작했다.

사 람 은 무 엇 으 로
사 는 가

대로가 지한에게 다음에도 또 만날 수 있느냐고 물었다. 지한은 세 친구의 눈빛이 강렬하게 빛나는 것을 봤다. 지한도 다시 그들을 만나고 싶다며 다음에 만날 때는 칸트의 '비판 시리즈' 세 권을 읽은 후 만나자고 제안했다. 지한의 말에 희는 미소를 지었고, 세 친구는 세 권 정도는 읽을 수 있다며 강하게 고개를 끄덕였다. 칸트의 비판서를 읽는 내내 대로는 지한이 희보다 더 독한 스승이라고 생각했다.

"비판 시리즈를 너무 가볍게 봤어. 무엇을 비판하는지도 모르겠어."

머리가 지끈지끈한 것은 명환과 방인도 마찬가지였다. 방인은 지한이 바쁘니까 일부러 시간을 끌기 위해 세 권을 읽으라고 한 것 같다며 구시렁거렸다. 대로는 지한과 약속을 지키기 위해 꾸역꾸역 읽었다. 책을 덮고 싶을 때마다 주리를 생각했다. 주리라면 칸트의 비

판 시리즈도 읽었을 거라고 생각하니 그냥 덮을 수는 없었다. 대로
는 중얼거렸다.

"그러니까《순수이성비판純粹理性批判, Kritik der reinen Vernunft》은 자연과학
의 한계가 있다는 이야기고《실천이성비판實踐理性批判, Kritik der praktischen
Vernunft》은 도덕적 삶이 무엇인가를 묻는 것이고《판단력비판判斷力批判,
Kritik der Urteilskraft》은 두 비판을 다시 묶은 건가? 칸트가 자연과학의 한
계를 알았다면 데카르트식의 방법적 회의를 반대했다는 건가? 그럼
연역적 과학 실험도 부정한 건가? 그래서《실천이성비판》에서 다시
인간은 전통적·도덕적 삶의 세계로 돌아가야 한다고 한 건가? 칸트
는 비판을 왜 이렇게 어렵게 한 거야? 좀 쉽게 비판하면 안 되나? 아
니, 사람들한테 깨달음을 줄 때 이솝우화처럼 쉽게 말할 수도 있잖
아. 꼭 이렇게 어렵게 해야 맛이 나나?"

대로는 또다시 주리를 생각하며 꾸역꾸역 책을 읽었다. 그리고
반드시 다 읽은 후 주리와 칸트의 책으로 거침없이 대화하리라 다
짐했다.

오랜만에 만난 친구들은 지쳐 보였다. 지금까지 읽었던 책은 이번
독서에 비하면 아무 것도 아니었다. 지한이 친구들에게 반갑게 인사
했지만 그들은 힘없이 인사를 받았다. 지한이 무슨 일이 있었느냐며
걱정을 했다. 세 친구가 동시에 비판서 세 권을 테이블에 올려놓았다.

"읽느라 죽는 줄 알았습니다. 지금까지 읽은 책 중에 가장 어려웠
어요."

대로가 엄지를 들었다. 두 친구도 덩달아 엄지를 들었다. 지한은
웃으며 그들을 봤다. 분명 지쳐 있는 모습이었지만 눈빛만은 그 전

보다 더 밝게 빛나는 것을 봤다. 그는 그들의 눈빛을 보며 세 친구가 스스로 성장한 것을 자신들은 아직 모르는 것 같다고 느꼈다. 지한이 어려운 책을 읽느라 정말 애썼다며 그들에게 칭찬을 아끼지 않았다. 그리고 대뜸 질문을 던졌다.

"책을 열심히 읽느라 생활에 소홀하진 않았나요? 비판서 생각으로 머릿속이 꽉 차서 실수는 하지 않았나요?"

대로는 어려운 독서로 일상 생활이 어려웠다는 생각도 들었지만 그보다도 궁금한 점을 먼저 이야기하고 싶었다.

그러자 대로가 순수이성, 실천이성이 헷갈려서 한참 헤맸다며 이성을 꼭 그렇게 둘로 나눠야 하는지 아직도 이해할 수 없다고 했다.

"도대체 이성이 몇 개 있는 거예요? 이성이면 이성이지. 왜 사람의 이성이 성격처럼 다른 건지 모르겠어요. 데카르트 때도 신이 준 이성과 인간의 이성이 다르다고 해서 한참 고민하게 만들더니, 이 시대 철학자들은 이성을 논하지 않고는 철학적 사고를 할 수 없었나 봐요."

대로가 책 읽는 동안 힘들었던 점을 주저리주저리 말했다.

"그렇지. 그 시대는 이성을 떠나서는 철학을 한다고 할 수 없었을 거야. 그보다 모든 것을 '인간의 이성'에 바탕을 두고 생각한 것 자체가 혁명적이지 않았을까? 중요한 것은 인간의 이성이란 거지."

명환의 말에 지한이 왜 그렇게 생각하느냐고 물었다.

"시대가 시대이니 만큼 데카르트의 경우에는 종교 전쟁으로 흔들린 가치관을 과학적으로 다시 정립하려고 했잖아요. 그래서 그는 과학적·수학적 세계를 중요하게 여긴 거예요. 물론 그 바람에 그에게 인간의 전통적·도덕적 세계는 다소 등한시될 수밖에 없었겠지요. 무엇보다 신 중심 세계가 인간 중심 세계로 넘어갔다는 게 그 당시 철학자들의 입장에서 보면 빅뱅 같은 일이지요. 게다가 이성을 가진 인간이라니. 이제 더 이상 인간은 누구의 밑에서 노예처럼 살 이유가 없는 거지요. 저는 데카르트가 말한 인간의 이성이 평등하다는 뜻도 이런 생각에서 나온 것이 아닌가 해요. 똑같은 이성을 가진 사람들이 귀족과 평민으로 나뉘어 남의 자유를 억압하고 억압당하는 것은 신의 뜻이 아닐 거라고 생각했을 거예요."

명환이 말하는 동안 방인은 입을 떡 벌렸다. 자기도 그동안 문사철 서적을 읽으며 무엇인가를 많이 알았다고 생각했는데 명환 앞에서 한없이 작아지는 것 같았다. 자신도 아는 것을 말하고 싶었지만 막힘없이 말하는 명환을 보니 아무 말도 꺼낼 수가 없었다.

"그래서 계몽주의가 나온 거군. 칸트도 이성이 중요하다고 했지만 과학에 몰두한 세계에서 뭔가 잘못된 점을 발견했을 거야. 그래서 다시 전통과 도덕 세계로 돌아가야 한다고 한 거지?"

대로까지 거침없이 말하는 것을 보고 방인도 무엇인가 한마디 해야 한다는 압박을 받았다. 방인은 주저하다 한마디 던졌다.

"그렇지. 매사에 철저한 칸트의 입장에서는 과학적 오류가 분명히 보였을 거야. 그리고 그것으로는 사람들이 진정한 행복을 누릴 수 없다고 봤겠지. 그는 완벽주의자였으니 오류를 보고 지나치지 못한 거지. 그는 워낙 철저한 사람이었으니까. 오죽했으면 산책 가는 그를 보고 사람들이 시계를 맞췄겠어."

친구들이 그랬을 거라며 방인의 말에 동조했다. 지한은 그들의 대화를 듣고 있는 것만으로도 기뻤다. 누군가 대화를 이끌지 않아도 셋은 이미 서로가 서로의 생각을 보완하며 대화의 틀을 잡아가고 있었다.

* * *

문득 세 친구를 바라보며 지한이 물었다.

"혹시 최근에 한 선행이 있어요?"

갑작스러운 질문에 그들은 없다고 했다.

"문사철을 이 정도로 공부한 사람들이라면 평소 행동에도 배움이 배어나야 하지 않을까요? 이제 읽지만 말고 움직여도 보세요."

지한이 세 친구를 보고 웃었다. 그러고는 자기는 최근에 선행을 했다고 했다. 세 친구는 지한이 한 선행이라면 얼마나 대단한 일일까 궁금했다. 그들은 지한에게 어떤 일이었냐고 물었다.

"버스를 타고 오다 어르신에게 자리를 양보했지요."

지한이 세 친구를 보고 미소를 지었다. 그들은 지한의 선행에 몹시 실망했다. 겨우 자리를 양보한 것을 두고 선행이니 하는 게 다소 허풍처럼 보였다. 지한이 마치 그들의 생각을 읽기라도 한 듯 말했다.

"제 선행이 너무 일상적인 일이라 여러분의 기대에 미치지 못했나요?"

그러자 그들은 살짝 고개를 끄덕였다.

"하하하. 그러면 제 행동보다 더 난이도가 높은 선행을 한 사람이 있으면 얘기해줄래요?"

지한은 그들의 미담을 기다렸지만 어느 누구도 대답하지 못했다.

"사람들 중에는 게으른 사람과 부지런한 사람이 있잖아요. 게으른 것과 부지런한 것의 기준이 뭘까요? 세 분 중에는 누가 가장 부지런하고 누가 가장 게으른가요?"

셋이 번갈아 보다 대로가 말했다.

"가장 부지런한 사람은 명환이고 가장 게으른 사람은 방인이? 저는 그 중간이요."

방인은 부정하고 싶었지만 생각해보니 대로의 말이 맞았다.

"그럼 어떤 기준으로 그렇게 나눌 수 있나요?"

이번에는 명환이 대답했다.

"우리 셋이 계획을 세우면 지키는 정도가 달라요. 저는 계획의 90퍼센트, 대로는 50퍼센트, 방인은 20퍼센트 정도 지킨다고 볼 수 있어요."

세 명은 동의하며 고개를 끄덕였다.

"그 말은 이렇게 바꿔도 될까요? 명환 씨는 방인 씨보다 좀 더 이성적으로 생활을 한다, 어때요?"

그들은 좀 생각을 한 뒤 그럴 수도 있겠다고 했다.

"방인 씨, 성공하는 비결을 알려줄까요?"

"네!"

방인이 카페가 떠나갈 듯 큰 소리로 답했다.

"어떤 행동을 할 때 마음의 소리를 따르지 말고 이성의 소리를 따르세요. 이성의 소리를 따르면 목표한 것을 어느 정도 이룰 수 있지요."

방인은 의아해했다.

"예를 들면 이런 거예요. 늦게 일을 마치고 집에 들어가면 너무 피곤해서 씻지도 않고 잠을 자고 싶잖아요. 그럴 때 마음은 이렇게 속삭이지요. '오늘도 애썼어. 그러니 그냥 자.' 그때 이성은 이렇게 말해요. '만일 네가 씻지 않고 잔다면 네 몸에는 미세먼지가 그대로 붙어 있는 거지. 네 이불은 어떨 것 같아? 역시 네가 밖에서 묻혀온 오염물질로 더러워지겠지. 넌 게을러서 이불도 잘 빨지 않잖아. 이불의 오염물질은 자면서 숨 쉴 때마다 네 몸속으로 다시 들어가겠지. 요즘 피곤해서 면역력도 떨어진 상태인데 감기에 걸릴지도 몰라. 그럼 몸살이 나서 카페를 하루 쉴지도 모르겠군. 하루 쉬면 매상이 얼마나 떨어지는지 알지? 이도 안 닦을 거야? 충치가 생기는 것은 괜찮지만 그것을 치료하는 비용을 생각해봤어? 지금 카페는 매일 적자야. 돈 드는 일은 만들지 말자' 하고요. 방인 씨, 그냥 잘래요, 씻고 잘래요?"

방인이 서슴없이 씻고 자겠다고 했다. 그리고 한마디 했다.

"이성이란 녀석은 꼭 잔소리 심한 우리 엄마 같군요."

그 말에 두 친구도 동의를 했다.

"엄마의 말이 틀릴 때도 있지만 여러분을 진심으로 위할 때만큼은 진리를 말하는 경우가 많지요. 방인 씨 말처럼 이성의 소리를 '엄마의 소리'로 합시다. 듣기 좋네요. 방인 씨가 만약 앞으로 이성의 소리를 따른다면 지금보다는 부지런해질 거예요. 그러다 보면 이성이 습관으로 자리를 잡게 되고 그럼 방인 씨는 자기주도형 인간이 되는 거지요. 칸트가 그렇게 철저한 사람이 되었던 것도 이성의 소리를 잘 따랐기 때문이 아닐까요? 그 덕분에 여러분이 머리에 쥐가 나도록 읽었다는 비판 시리즈를 썼고요."

지한의 말에 세 친구는 크게 공감했다.

"그는 사람들이 따라야 하는 이성의 소리를 '절대선^{絕對善}'으로 봤어요.《실천이성비판》에서 봤을 거예요. 절대선은 반드시 따라야 한다는 것을요. 여기서 그가 전통과 도덕에 바탕을 뒀다는 것도 알았을 거예요. 그럼 그전에《순수이성비판》에서 말한 것은 무엇이었을까요? 왜《순수이성비판》이 먼저 쓰인 걸까요?"

지한이 그들을 진지하게 바라봤다.

"제가 본《순수이성비판》은 이성을 다시 정의하는 것 같았어요. 본격적으로 이성이 해야 할 일을 말하기 전에 '이성이란 이런 것이다'라고 개념을 말하고 아울러 그 한계도 언급한 거지요. 인간이 이성적 존재라고 철학에서 한참 이야기했을 때는 이성의 한계 같은 것은 보이지 않았을 거예요. 원래 어느 정도 거품이 빠져야 단점이 보이잖아요. 그러니 낭만주의가 계몽주의에 반발을 한 것이기도 하고요."

명환이 신나게 말했다.

"하지만 계몽주의자였던 칸트가 낭만주의 사상의 공격을 그냥 보고만 있지는 않은 거지요. 그는 자기가 살던 시대를 이성이 모든 것을 다 계몽한 시대로 보지는 않았어요. 사람들은 미성년과 같아 아직도 계몽되어야 할 부분이 무궁무진하다고 봤지요. 그리고 제대로된 계몽을 위해서는 이성이 자율적으로 바로 사용되고 있는 것인지 따져봐야 한다고 했지요. 이성의 한계를 인정하고 모든 작업이 명확하게 진행되는 것인지 비판해야 한다고 했지요."

대로가 잠깐 음료를 마시는 동안 방인이 그 뒤를 이었다.

"그래서《순수이성비판》이 나오게 된 거지요. '이성을 사용하기 전에 이성을 제대로 쓰고 있는지 따져보고 또 따져라!' 이 책이 주장하는 거예요."

지한이 그들의 말에 크게 공감하며 덧붙였다.

"《순수이성비판》은 이성 재판소의 풍경을 보여주는 것 같아요. 이성이 정당하고 바르게 사용되는가, 아니면 이성이 독단적으로 남용되는가를 판별하는 내용을 담고 있어요. 그는 인간이 모든 것을 경험할 수 없다고 했잖아요. 하지만 경험하지 않아도 보편적으로 인식할 수 있는 선천적 인식이 있다고 봤지요. 그리고 그는 더 이상 신이나 영혼 같은 형이상학을 연구할 것이 아니라 인간의 이성을 연구해야 한다고 했어요. 그래서 그가 제시한 것이 선천적·종합적 판단이었어요. 선천적 판단은 분석적 판단, 즉 언어의 개념만 가지고 참과 거짓을 구분할 수 있기 때문에 경험이 필요 없다고 했지요. 하지만 종합적 판단은 개념만 가지고는 참과 거짓을 알 수 없기 때문에 반드시 경험을 통해 참과 거짓을 확인해야 한다고 했어요. 결국 그는 선천적·종합적 판단을 통해 선험철학을 제시했는데 선천적 판단과 종합적 판단은 서로 반대되는 성격인 것 같은데 어떻게 가능한 걸까요?"

지한의 물음에 그들은 곰곰이 생각했다. 대로가 입을 열었다.

"저는 이렇게 생각했어요. 선천적인 것은 보편적인 것이다. 누구나 알고 인정할 수밖에 없는. 그래서 저는 그것을 플라톤이 말한 이데아일지도 모른다고 생각했지요. 어느 누구도 거부할 수 없는 진리인 거예요. 그런데 만약 칸트가 선천적 인식만 주장했다면 과거 형

이상학적 철학과 다를 바가 없었을 거예요. 이미 이데아라는 진리는 그 이전에 많은 철학자들이 연구를 했으며 그것만으로는 와해된 인간의 가치관을 바로 세울 수가 없다는 것을 칸트는 지적했어요. 그래서 계몽철학자들이 인간의 이성을 주장한 거고요. 하지만 데카르트처럼 수학과 과학만을 주장하는 것도 문제가 있다는 것을 칸트는 알았지요. 그래서 그는 그 둘을 합친 거예요. 선천(보편적 진리)과 종합(경험). 이렇게 되면 어떤 문제를 사고할 때 선천적 인식에 기반을 두고, 그것이 과연 옳은지 종합적 판단을 해보는 거지요."

대로의 생각에 방인이 놀랍다며 박수를 쳤다. 지한과 명환도 그렇게 볼 수 있겠다며 공감했다.

* * *

명환이 이어서 말했다.

"저는 선천적 인식이 이미 내가 알고 있는 배경지식과 같다는 생각이 들었어요. 아는 만큼 보인다는 말이 있잖아요. 그리고 내가 아는 만큼 대상을 판단하는 거지요. 똑같은 돌이라 하더라도 지나가던 사람이 보는 돌과, 수석 수집가가 보는 돌이 같을 수는 없겠죠. 수집가에게는 돌이 금과 같은 가치로 보일 수 있거든요. 결국 선천적 인식으로 대상과 나와의 관계가 성립된다고 봤어요."

명환의 말에 방인이 대상과 나와의 관계는 마르크스가 한 말이 아니냐고 했다. 마르크스가 칸트의 영향을 받은 거라고 하자 그러느냐며 고개를 끄덕였다.

"그러니까 눈앞에 대상이 있어도 그 대상을 인식할 수 있는 것은 우리가 그 대상을 선천적 인식에 대입한 후에나 가능한 거예요. 그래서 각자가 가지고 있는 배경지식, 즉 선천적 인식이 다르기 때문에 어떤 사람은 세상을 푸르다라고 하는 것이고 또 다른 사람은 세상을 회색이라고 하는 게 아닐까요?"

지한이 흐뭇한 미소를 지었다.

"책이 어렵다고 투덜대면서도 중요한 포인트는 다 잡았네요. 우리가 경험한 대상이 지식 창고에 그대로 쌓이는 것이 아니라 감성感性과 오성悟性, 즉 선천적 형식이 대상을 구성하는 거지요. 이러한 칸트의 생각은 '코페르니쿠스적 전환'이라고도 해요. 천동설을 뒤엎은 지동설. 지구를 중심으로 돌던 행성들이 사실은 태양을 중심으로 돈다고 했을 때 과학자들은 인정하지 않았지요. 그 이론은 과학계에 커다란 파장을 일으켰어요. 칸트의 생각도 그만큼 혁명적이라고 할 수 있어요."

"경험 대상을 그대로 인식하는 것이 아니라, 선천적 인식으로 인해 대상이 구성된다면……. 같은 풍경사진을 보더라도 어떤 사람은 감동을 느끼지 않는데 어떤 사람은 감동을 느끼잖아요. 그것도 인식능력 때문에 그렇다는 거지요? 풍경사진 자체 때문에 감동을 느끼는 것이 아니라 내 선천적 인식 때문에 그렇다는 거잖아요. 나만 경험했던 예전의 감성과 오성 때문에. 그 말이 맞다면, 아이와 어른의 인식능력 차이 때문에 세상을 보는 범위가 다른 것이고, 그렇다면 문사철을 공부한 사람과 그렇지 않은 사람도 인식능력이 다를 수 있겠네요."

방인의 말에 지한은 그렇다고 하며 그들을 한 명씩 봤다. 그들의 얼굴이 붉게 상기되어 있었다. 그들의 열정적인 대화 때문인지 카페를 채운 공기가 뜨겁게 느껴졌다. 지한이 그들을 보고 웃으며 또 다른 질문을 했다.

"어떤 할머니가 힘들게 짐을 들고 가는 걸 보고 나는 순수한 마음에 할머니 짐을 들어드렸지요. 그런데 무거운 짐을 들고 가다 보니 팔에 힘이 빠져 짐을 떨어뜨린 거예요. 그런데 그 안에 있는 반찬 그릇이 깨진 거지요. 할머니는 자식에게 줄 반찬이었다며 변상하라고 했지요. 이것은 최고선最高善, das höchste Gut이라고 할 수 있을까요?"

셋 다 동시에 대답했다.

"아니오."

지한이 왜 그러느냐고 물었다. 명환이 대답했다.

"최고선이 되려면 모두가 행복감을 느껴야 하는데 결과가 좋지 않았잖아요. 하지만 나는 할머니를 돕겠다는 순수한 도덕, 즉 덕을 이뤘기 때문에 최상선이라고는 할 수 있어요."

"맞아요. 칸트는 결과보다 동기를 중요하게 생각했어요. 내가 좋은 의도로 행동을 했을 때는 선이지만 그런 의도가 없이 좋은 결과가 나온 것은 선이라고 보지 않았지요. 그래서 그의 이론을 '동기론'이라고 해요. 그는 이성이 행동을 하도록 시켰다고 했어요. 올바른 이성이 올바른 행동을 부른다는 것이지요. 그리고 올바른 이성이 시킨 것은 반드시 따라야 한다고 생각했어요. 그게 바로 의무이자 최고선(절대선)이지요. 그는 의무에 대해 이렇게 말했지요. 그는 절대선은 신도 지켜야 한다고 생각했어요."

"그의 묘비에는 '도덕법칙'이라는 말이 새겨져 있다는데 그럼 그가 말한 도덕법칙이란 절대선을 지키겠다는 선의지를 말하는 것이군요. 정말 칸트다운 생각이네요. 칸트는 분명 도덕적으로 완벽한 사람이었을 거예요. 그런데 너무 의무론만 지키면 삶이 재미없고 팍팍하지 않을까요?"

방인의 질문에 대로가 답했다.

"너처럼 언제나 일탈을 꿈꾸는 자에게는 좀 답답할지도 몰라. 하지만 그가 지켰던 의무도 결국은 자신의 의지에서 나온 거니까. 자기가 말한 것을 자기가 지킨 셈이니 그렇게 답답하다고 생각하지는 않았을 거야. '최고선'이란 게 뭐니? 인간들의 자유의지가 만든 결과물이잖아. 도덕법칙이란 게 어느 날 하늘에서 뚝 떨어진 게 아니고 사람들이 살면서, 모든 이들이 편하고 행복할 수 있게 만든 가장 바람직한 덕행이잖아. 생각해보면 칸트는 자기 뜻대로 살다가 죽었으니 행복한 사람이야."

* * *

"여러분은 어때요? 행복하게 살고 있어요?"

지한이 미소를 지으며 물었다. 세 친구는 천천히 서로의 얼굴을 바라봤다. 곰곰이 생각해보니 예전보다는 행복하다고 말할 수 있을 것 같았다. 물론 여러 가지로 힘든 일은 많았지만 마음만은 예전처럼 괴롭지 않았다. 그들은 그 점이 신기했다. 예전에는 일이 힘들면 짜증부터 났고 결과가 좋지 않으면 신경질적으로 되었는데 이제는 결과에 그렇게 연연하지 않은 자신들을 발견했다. 세 친구는 삶을 바라보는 시각이 조금, 아주 조금 바뀌었다는 것을 깨달았다. 그들은 생각했다.

'문사철 공부를 해서 그런가?'

"고민하는 세 젊은이가 정말 아름답네요."

지한은 골똘히 고민하는 그들에게 말했다.

그들은 지한이 왜 그런 이야기를 하는지 영문을 몰라 그를 빤히 봤다. 지한이 그들을 보고 미소를 짓자 그들도 쑥스러운 듯 미소를 지었다.

"염화미소拈花微笑입니까? 제가 웃는 뜻을 아십니까?"

지한이 묻자 대로가 괴로운 표정을 말했다.

"왠지《판단력비판》을 말씀하실 것 같네요."

지한이 웃으며 고개를 끄덕였다.

"제 눈에는 여러분이 열심히 고민하는 모습이 정말 아름답게 보입니다. 어떤 뜻이 있어서 하는 말이 아닙니다. 문사철을 진지하게 대하는 모습을 느낄 수 있어서 좋아요."

"순수하게 지금의 저희 모습이 아름답다고 하시는 거지요? 저는 아름다움이란 예술 작품이나 아름다운 풍경에서나 느끼는 건 줄 알았는데 저희 모습에서도 찾을 수 있군요."

대로의 말에 방인이 엄밀히 따지면 자기들도 인간이니 자연의 일부가 아니냐고 했다. 그러니 충분히 아름다움을 느낄 수 있는 존재라고 했다. 지한이 맞는 말이라며 크게 공감했다.

"《판단력비판》은 세 비판서 중 가장 난해하다고 하는 책이에요. 읽느라 정말 고생 많았어요. 칸트의 비판서 시리즈는 인간에 대한 첨예한 관찰 기록이 아닌가 싶어요.《순수이성비판》에서는 우리가 무엇을 알 수 있는지,《실천이성비판》에서는 무엇을 실천해야 하는지, 그리고 마지막《판단력비판》에서는 우리가 무엇을 희망해야 하는지. 저는 칸트가《판단력비판》에서 '미학'을 다뤄서 좀 의외라고 생각했어요. 앞의 두 책에서는 오성(자연: 감성적 영역)과 이성(자유: 초감성적 영역)으로 나누길래 다음에는 어떤 생각을 할까, 많이 궁금했어요. 그런데 '아름다움'에 대해 쓴 것을 보고 놀랐지요. 그리고 칸트의 생각처럼 인간이 찾아야 할 희망은 아름다움에 있겠구나 싶었지요. 다들 책을 읽어서 알겠지만 그가 말한 아름다움은 거창한 게 아니에요. 장미 한 송이를 보고도 아름다움을 느낄 수 있고 아기에게 젖을 먹이는 어머니를 보고도 아름다움을 느낄 수 있잖아요. 이런 모습을 보고 어떤 목적이 있어 아름다움을 느끼는 것은 아니니까요. 그가 말한 아름다움이 어떤 것인지 알 거예요. 어떤 목적 없이 그 자체만으로도 감흥을 느낀다면 아름다움을 느꼈다고 할 수 있지요.《판단력비판》은《순수이성비판》과《실천이성비판》의 연결고리라고 하는데 오성, 즉 '자연' 개념의 영역에서 이성이라는 '자유' 개념의 영역을 이해하도록 이끄는 것이 반성적 판단력이지요. 반성적 판단력은 판단할 수 있는 기준을 미리 주지 않아서, 특수한 상황을 보고 상황에 따라 결정하는 판단력을 말해요. 칸트는 감성적으로 보는 대상에 대해서도 합목적적인 경우 아름답다는 쾌감[lust]을 느낄 수 있다고 했지요. 또한 이 아름다움은 절대선을 보고도 일어나는 것이에요. '이념에 의한 쾌[lust]'는 이처럼 선에 의한 만족, 완전성을 갖춘 도덕적 이념을 보았을 때 일어난다는 것을 알 거예요."

지한의 말에 대로가 말을 이었다.

"여기서도 절대선이 통한다는 뜻인가요? 도덕적 이념이 전제되고 그것이 실현되어 만족을 느낀다면 쾌를 느낄 수 있다, 이렇게 이해해도 될까요? 하지만 언제나 도덕적 행동을 했다고 쾌를 불러올 수는 없을 거예요."

지한이 왜 그러느냐고 물었다.

"이건 다시 《실천이성비판》으로 돌아가서 하는 이야기인데요, 저는 아무리 동기가 좋았다고 해도 결과가 나쁘면 완전하게 만족을 하지 못하겠더라고요. 물론 예전보다는 동기나 과정에 무게를 두기는 하지만요."

지한이 예전과 다른 자신을 느꼈냐고 다시 물었다. 세 친구는 동시에 그렇다고 대답했다. 방인이 말했다.

"조금 느끼지만 앞으로 더 변해야 한다고 생각해요. 문사철 서적을 읽을 때마다 도전한다는 심정으로 읽는데 읽을 때는 무척 힘들고 어렵거든요. 어려움의 정도로 따진다면 이번이 최고였어요. 그런데 읽고 나면 읽기를 잘했다는 생각이 들긴 하지만 처음 문사철 서적을 읽었을 때와는 뭔가 달라요. 아직 갈증이 다 가시지 않았다고 할까요?"

대로도 궁금하다는 듯이 말했다.

"읽기는 잘 읽었는데 뭔가 답답한 건 왜일까요?"

명환도 같은 생각이라고 했다. 지한이 그들을 보고 빙그레 웃었다.

"어때요? 책의 내용을 자기화할 수 있나요?"

그러자 그들을 대충 무슨 말인지 감은 잡았지만 완전히 자기 것이 됐다고는 할 수 없다고 했다. 지한이 고개를 끄덕이며 이유를 말했다.

"이론이 그저 이론에 멈춰서 그래요. 책을 읽고 '아, 이것은 A를 설명하는 것이고 저것은 B를 말하는 거네' 하며 책을 덮는다면 그것은 그냥 글자에 불과하지요. 전에도 말했지만 그래서 정약용이 실천하지 않는 학문은 죽은 학문이라고 한 게 아닐까요?"

그들은 지한의 말에 짧은 감탄사를 터뜨렸다.

"하긴 숨 쉬고 밥 먹고 화장실 가는 일만 하면 사람과 동물이 다를 바가 없겠지요. 거기에 책을 읽는다 해도 읽기만 하는 것은 소용이 없군요."

방인의 말에 두 친구도 그렇지, 그렇지 하며 크게 공감했다.

"칸트는 우리가 전혀 모르는 것을 설명한 게 아니에요. 이미 우리가 생활에서 보고 느낀 현상들을 왜 그렇게 일어날 수밖에 없는지 자기화해서 이론화한 거지요. 하지만 책에 있는 글은 칸트의 말일 뿐이지 글이 나와 동화되지 않는다면 그것은 자신의 것이 아니지요."

대로가 알겠다며 고개를 끄덕였다.

"우리가 답답함을 느끼는 이유는 완전히 자신의 것이 되지 않아서 그런 거였어요. 무엇을 말하려고 하는지 알겠는데, 우리가 책의 내용을 생활에 적용하지 못해서였어요."

지한이 그들을 보고 환하게 웃었다.

"다시 목적 없이 꽃을 보거나 도덕적 덕을 쌓으면서 자기가 한 행동을 인식할 수 있다면 칸트가 말한 미**나 절대선을 확연하게 인지할 수 있겠지요. 칸트가 한 말을 대신해볼게요. '인간이 희망을 가질 수 있는 이유는 이 세계가 아름답고 조화로운 합목적적인 질서로 이뤄졌기 때문이다. 《판단력비판》을 쓴 것은 그것을 밝히기 위함이다.'"

지한의 정리를 따라 그들도 칸트의 비판서 시리즈를 머릿속으로 천천히 정리해나갔다.

　"이제 칸트가 말한 아름다움을 느끼러 다시 세상으로 나가볼까요?"

　세 친구가 자리에서 일어났다.

　"이제 새롭게 배운 것들을 적용해볼까, 친구들?"

　방인이 호기롭게 목소리를 높이자 두 친구도 고개를 끄덕였다. 지한은 그들의 모습에서 점점 강해지는 밝은 에너지를 느꼈다.

앎 에 서 실 천 으 로
옮 겨 가 기

서점에 가장 먼저 도착한 대로는 문사철 서적 코너로 갔다. 그리고 그곳에서 자기가 그동안 봤던 책들을 행복하게 바라봤다. 한 권 한 권 볼 때마다 그때 있었던 여러 일들이 새록새록 떠올랐다. 좋지 않은 일에 처했을 때는 시간이 멈춘 듯 그 일에서 결코 벗어나지 못할 것 같았다. 그런데 지금은 모든 것들이 과거가 되었고, 이를 회상하는 자신이 신기했다.

"이 또한 지나가리라."

대로는 중얼거렸다. 명환과 방인이 뒤에서 아는 척을 했다.

"시간 정말 빠르지? 이게 다 우리가 본 책이야? 이렇게 많이 읽었다니. 책을 베개로 쓰거나 냄비 받침으로 쓰던 내가, 보고만 있어도 감격스럽다."

방인이 우는 시늉을 했다. 명환도 뿌듯하기는 마찬가지였다. 갑자기 방인과 명환이 대로의 어깨를 한쪽씩 잡았다.

"친구! 우리를 문사철의 세계로 이끌어줘서 고마워."

그들의 말에 대로가 친구란 이런 것이라며 어깨를 으쓱였다.

"어허, 자고로 공자님께서 군자의 덕은 겸손이라 하였거늘. 자네는 어찌 그토록 옛 성현들의 말씀을 배우고도 겸손을 익히지 못했단 말인가. 흐흠."

방인이 대로에게 한마디 하고는 뒷짐을 지고 책장 앞으로 다가 갔다.

"방인을 좀 본받게. 문사철 서적에 이끌리듯 움직이는 모습이 마치 N극에 이끌리는 S극 같지 않은가."

명환도 대로에게 한마디 던지고 책을 고르는 방인의 옆에 섰다. 대로는 웃으며 그 둘 사이를 비집고 들어가 가운데 섰다. 세 친구는 한동안 책장의 책을 쭉 살펴보더니 어떤 책에 시선을 두었다. 그러 고는 동시에 그 책을 잡고 각자 한마디씩 했다.

"어허, 이보게들. 어쩜 우리는 이렇게 보는 눈도 같단 말인가."

"유유상종이라더니. 이래서야 원, 어딜 같이 다닐 수가 있나."

"명심하게나들. 같이 다니면 인물로 보나 품위로 보나 내가 가장 손해일세. 나와 다니는 것을 영광으로 알게나."

고전적인 말투로 장난을 치던 세 친구는 서로를 보고 웃었다. 명환과 대로는 방인을 보고 절레절레 고개를 흔들며 책을 골라 계산대로 갔다. 방인도 책을 얼른 꺼내 그들의 뒤를 따랐다. 세 친구는 오랜만에 서점 안 카페에 앉아 책을 펼쳤다. 대로는 서점에 올 때마다 책만 골라서 금방 돌아가곤 했는데 이렇게 친구들과 차를 마시며 책을 보고 있는 이 시간이 정말 좋았다. 책 속에 빠져 있는 친구들이 정말 든든했다. 함께 정신 무장을 하는 동지 같았다. 대로도 질세라 책을 읽기 시작했다.

* * *

얼마나 지났을까 누군가 그들에게 아는 척을 했다.

"여러분, 오늘은 이곳이 문사철 현장이군요."

반가운 목소리에 그들은 고개를 들었다. 지한이 웃으며 서 있었다. 그들이 벌떡 일어나 지한을 맞았다. 셋 다 독서삼매경에 빠져 두어 시간이 지난 것도 몰랐다. 지한이 그들이 읽는 책을 봤다.

"《논어論語》를 읽고 있었군요. 지금 시기하고 딱 맞는."

지한이 미소를 지으며 책이 어떠냐고 물었다.

"대화체로 되어 다른 고전보다 술술 읽혀요. 저희가 해석본을 잘 골라서 그런지 어렵지도 않고요. 저는《논어》를 이야기로만 들었지 이렇게 읽는 것은 처음이에요. 공자에 대해 귀동냥으로 들었는데 읽어 보니 역시 성인은 다르구나 싶어요."

방인의 말에 지한이 물었다.

"공자가 왜 성인인가요?"

"사실 저는 공자가 굉장히 이름 있는 가문에서 태어난 줄 알았어요. 그런데 혼외 자식이었다는 게 놀라웠어요. 자기의 불우한 환경을 딛고 모두가 우러러보는 군자가 됐잖아요. 후대 사람들에게 지대한 영향을 미친 성인이라고 할 수 있지요. 그런데 좀 재밌는 것을 발견했어요."

지한이 무엇이냐고 물었다.

"조선이 유교 국가잖아요. 공자의 사상을 바탕으로 하고 있는데, 생각해보세요. 조선은 가문을 무척 중시했고 서자庶子는 관직에 오르는 것도 힘들었어요. 그런데 그런 조선에서 공자의 사상을 배웠잖아요. 좀 아이러니하지 않아요? 공자가 혼외 자식이었다는 것을 알았을까요? 아님 공자라는 사람의 배경은 상관하지 않고 중국에서 존경받으니 그냥 따라서 우러러본 걸까요? 가문만 따지던 양반 계층에서 공자의 출생 배경을 알고도 그렇게 공자의 사상을 가까이했다는 게 재밌어요."

대로와 명환은 방인의 말에 크게 호응했다.

"사마천의《사기》에도 공자를 소개하는 장면에서 그런 이야기가 있지요. '공자는 야합으로 태어났지만 훌륭한 사람이 되었다.' 그리고 그가 젊어서 했던 일도 보세요. 백성과 맞닿아 있는 아주 평범한 일을 했잖아요. 그가 만약 이름 있는 가문의 출신이었다면 어땠을까요?"

지한의 물음에 셋 다 이런 글을 남길 수 없었을 거라고 대답했다. 지한이 왜 그렇게 생각하느냐고 다시 물었다. 대로가 답했다.

"공자 자신도 이렇게 말했어요. '나는 젊었을 때 사회의 밑바닥에서 일했다. 그래서 비천한 일을 포함해 무슨 일이든 할 수 있게 되었다. 좋은 집안의 출신이라면 그렇게 할 수 있었을까? 그럴 수 없었을 것이다.' 높은 위치에 있는 사람들은 주변에 신분이 높은 사람들뿐이니, 못살고 힘든 사람을 볼 기회가 적었을 거예요. 그런데 백성들은 전부 낮은 곳에 있으니 높은 곳에 사는 양반들이 그들이 무엇 때문에 힘든지 어떻게 알겠어요. 백성들이 살던 집의 담을 생각해보세요. 담은 아예 없거나 싸리나무로 만든 사립문이 전부여서 관리들이 마음만 먹으면 백성들이 어떻게 사는지 바로 들여다볼 수 있지요. 하지만 양반들의 집은 담이 높아 그들이 어떻게 사는지 밖에서는 알 수가 없어요. 양반들은 담을 높이 쌓고 백성들을 보려고 하지 않았지요. 궁궐은 어떤가요? 양반들의 담보다도 더 높지 않은가요? 간혹 임금이 잠행을 나간다고 해도 백성의 삶을 어떻게 다 알 수 있겠어요? 다만 관리들이 들려주는 이야기를 신뢰할 수밖에 없겠지요. 그렇게 볼 때 공자의 탄생 비화는 우리에게 큰 행운이 아닌가 싶어요. 그가 그렇게 불우한 환경에서 태어나고 낮은 곳에서 일을 했기 때문에 이렇게 훌륭한 말을 남길 수 있었던 거라고 생각해요."

두 친구는 대로의 말에 맞장구를 쳤다. 명환이 덧붙였다.

"그래서 공자는 인仁을 애인愛人이라고 볼 수 있었을 거예요. 백성을 사랑하지 않고 어떻게 올바른 정치가 나오겠어요. 갑자기 든 생각인데 세종대왕은 정말 대단하지 않습니까. 임금님이 그렇게 백성을 사랑하기란 힘들었을 텐데 말이에요."

명환의 말에 지한이 다시 물었다.

"왜 그렇게 생각하지요? 백성을 가장 사랑해야 할 사람이 임금 아닌가요?"

명환이 말을 이었다.

"물론 그래야 하는데 임금의 눈과 귀를 막는 신하들이 많아서 그러기가 힘들었을 테니까요. 생각해보면 세종대왕이야말로《논어》에 나오는 내용을 가장 잘 따른 임금이 아니었나 싶어요."

명환의 말에 모두 미소를 지었다. 지한이 말했다.

"저는《논어》를 볼 때마다《국가》도 같이 생각났어요. 동양의 공자, 서양의 플라톤은 동시대 인물이지요. 신은 그 당시의 상황을 안타까워했던 것이 아닐까요? 플라톤이 있던 시대에 아테네는 펠로폰네소스 전쟁으로 정치 상황이 좋지 않았고, 공자가 있던 중국의 춘추전국시대는 그야말로 혼란의 시대였지요. 이런 상황에 신이 플라톤과 공자라는 철인哲人을 인간 세상에 보냈다고 볼 수 있지요. 플라톤과 공자는 위기에 빠진 나라를 걱정할 수밖에 없었을 거예요. 늘 정치적 상황을 바라보며 어떻게 하면 바른 정치를 할 수 있을지 고민을 한 거지요."

경청하던 방인이 의문을 제기했다.

"그런데요, 선생님. 공자의 출생 환경에 대해 다시 생각해봐야겠어요. 플라톤은 그 당시 굉장히 좋은 가문에서 태어났잖아요. 그런데도 큰 인물이 되어 지금까지 우리에게 영향을 미치고 있잖아요. 그런데 공자는 자신이 좋은 가문에서 태어났다면 많은 능력을 가질수 없었을 거라고 얘기했고요. 그래서 저희도 공자가 그의 어려운 환경 때문에 군자가 될 수 있었던 거라고 생각했는데 반드시 그렇지는 않은 것 같아요."

지한이 좋은 지적이라며 그렇게 생각하는 이유를 물었다.

"어떤 인물이 군자가 되거나 소인이 되는 것은 환경 탓이 아닌 것 같아요. 물론 환경이 주는 영향을 무시할 수는 없지만 플라톤과 공자를 보니 그런 생각이 드네요."

그럼 뭐가 좌우하는 것이냐고 대로가 다시 물었다.

"그 사람의 인품이에요. 그렇게 생각하지 않으세요?"

지한이 무릎을 탁 쳤다.

"공자의 생애를 보니 그는 어려서부터 제사에 쓰는 그릇을 가지고 놀았다고 했어요. 그 부분을 보면서 독특한 아이라고 생각했지요. 그리고 어려서부터 모르는 어른들에게도 인사를 하는 등 예의 바르게 성장했다고 해요. 어쩌면 어머니가 엄한 교육을 시켰을지도 모르지요. 그렇게 따지면 엄한 부모 밑에서 자란 사람들은 다 예의가 바를 것 같지만 또 그렇지도 않아요. 그러니 그는 타고난 품성 때문에 군자가 된 것 같아요."

방인의 말에 모두 놀라움을 금치 못했다. 대로는 방인의 추론이 정말 그럴듯하다며 엄지를 몇 번이나 추켜들었다. 명환이 그럼 공자가 왜 환경을 언급했느냐고 물었다.

"시대 탓이 아니었을까? 공자의 눈에는 훌륭한 가문에서 나온 사람들이 가문의 이름만큼 제 역할을 못 했다고 생각한 거지. 아마 자신을 예로 들어 당시 귀족을 비판한 것은 아닐까? '나처럼 태어난 사람도 세상을 어떻게 봐야 하는지 아는데, 너희들은 나보다 훨씬 좋은 환경에서 태어났으면서 왜 나라를 구할 생각을 하지 않는 것인가?' 이게 공자의 생각이 아니었을까?"

대로가 공감하며 박수를 치는 바람에 옆 테이블에 있는 사람들이 무슨 일인가 싶어 그들을 쳐다봤다.

* * *

"방인 씨 말이 일리가 있네요. 역시 환경보다는 그 사람의 됨됨이가 사람을 키우는 거겠지요? 그래서 성선설이나 성악설도 나올 수 있었겠지요."

지한이 흐뭇하게 방인을 보자 그는 쑥스러워했다.

"방인의 말을 듣고 보니 만약 공자 같은 인품의 사람이 좋은 환경에서 태어났더라면 아마 더 높은 자리에 올라가 더 많은 영향을 미쳤을 거란 생각이 드네요."

명환도 연신 감탄하며 말했다.

"여러분 나이가 어떻게 됩니까?"

그들은 이제 서른이 되었다고 하자 지한이 미소를 지으며 고개를 끄덕였다.

"공자가 15세에 배움에 뜻을 두고 공부하기 시작해서 30세에 자신을 얻었다고 했는데 오늘 방인 씨를 보니 이해가 되네요. 제가 방인 씨를 몇 번 보지는 못했지만 오늘 이야기하는 것을 보니 사고의 기존 틀이 깨진 것 같다는 느낌을 받았어요."

지한의 말에 명환과 대로가 박수를 치며 인정했다. 방인은 말도 안 된다며 손사래를 쳤다.

"어떻게 15년 공부한 분을 이제 1년 공부한 제가 따라갈 수 있겠습니까? 공자의 그림자에도 미치지 못해요. 아직 멀고도 멀었지요."

방인은 지한의 칭찬에 귀까지 빨개져 몸 둘 바를 몰랐다.

"우리 모두 열심히 공부합시다. 공자가 그랬지요. '배우고 때때로

익히면 또한 기쁘지 않은가? 친구가 있어 먼 곳에서 찾아오면 또한 즐겁지 않은가? 남이 알아주지 않아도 성내지 않는다면 또한 군자답지 않은가?'라고요. 죽을 때까지 공부하는 것을 게을리하지 맙시다. 공자는 배우고 생각하지 않으면 어둡고, 생각하고 배우지 않으면 위태롭다고 했지요. 공자의 말처럼 한다면 게으를 틈이 없어요. 공자는 왜 이렇게 부지런히 학문 수양을 한 것일까요?"

대로가 답했다.

"역사를 두려워하고 백성을 두려워해서가 아닐까요?"

"그렇지요. 인간의 모습은 후에 역사를 통해 평가를 받지요. 그래서 공자는 '인仁의義예禮'를 끊임없이 갈고 닦았지요. 인의예는 독립적이지 않고 유기적이라 계속 돌고 도는 관계에요. 역사의 평가를 두려워하는 사람은 현실에서 함부로 행동할 수가 없지요. 현재 우리가 공자를 어떻게 평가하는지 본다면 그가 살아생전에 어떻게 행동했을지 가히 짐작이 갑니다. 물론 모든 사람들이 공자를 다 좋아하고 존경한 것은 아니었어요. 그를 시기하고 부정하는 세력도 분명 있고 그의 행동이 옳지 않았다고 평가하는 사람들도 있었습니다. 역사는 언제나 한쪽 방향에서만 평가를 내릴 수가 없으니 그렇게 보는 사람도 있다는 것을 인정해야겠지요."

"현실에서도 한쪽만 보고 평가하기가 쉬운 것 같아요. 뉴스를 보고 듣지만 언론의 말도 다 믿을 수가 없어요. 정치인들이 서로 다른 이야기를 하는 것 같지만 결국 목표는 하나가 아닌가요? 권력 쟁취. 그래서 저는 서로 다른 정당에서 서로 다른 이야기를 해도 다 그 나물에 그 밥이란 생각이 들어요. 정치인을 믿을 수가 없어요. 제가 아직 생각이 짧은 탓이겠죠?"

대로의 말에 지한이 고개를 끄덕였다.

"이해합니다. 공자의 제자 자공子貢이 정치에 관해 묻자 공자는 정치란 경제, 군사 그리고 백성들의 신뢰로 이루어졌다고 했어요. 그러자 자공이 만약 이 세 가지 중에서 하나를 버려야 한다면 어느 것을 먼저 버려야 하냐고 물었어요. 공자는 군사를 버리고 만약 나머지 두 가지 중에서 하나를 버릴 수밖에 없다면 경제를 버리라고 했어요. 예부터 백성이 죽는 일을 겪지 않은 나라가 없지만 백성의 신뢰를 얻지 못하면 나라가 설 수 없기 때문이라면서요. 여러분은 어떤 생각이 드나요?"

대로가 답했다.

"정치는 곧 백성들의 신뢰를 얻는 것이군요."

"대로 씨처럼 생각하는 시민들이 많이 있을 거예요. 우리가 올바른 정치인들보다 그렇지 않은 정치인들을 더 많이 봐서 그렇겠지요. 누군가 신뢰를 잃었다면 그만한 이유가 있을 거예요. 혹 친구의 행동으로 그 친구에 대한 신뢰가 무너졌다면 그냥 교류를 끊으면 그만인가요? 상대에게 물어봐야 하지 않을까요? 그래서 신뢰가 깨진 원인이 상대의 잘못인지 나의 착각인지 알아야지요. 그리고 고쳐야 하지 않을까요? 대로 씨는 정치인들이 마음에 들지 않는다고 그냥 두고 보겠다는 건가요? 정치인이 잘못을 했으면 잘못했다고 말할 수 있는 게 우리의 권리예요. 정치인들은 국민들의 대변인 아닌가요? 정치든 사람이든 관계가 꼬였다면 다시 잘 풀어야겠지요. 사람들 사이의 올바른 관계 설정이 공자가 강조하는 핵심이기도 하고요. 알아

보고 잘못된 것에 대해서는 단호하게 혼을 내는 것도 국민이 할 일이에요. 정치에 관심을 두지 않는 것은 국민의 권리를 포기하는 것과 같지요."

"선생님, 저는 《국가》를 읽고 《논어》를 읽어도 정치에 대해서는 뭐가 옳고 그른지 확실히 모르겠어요. 책을 읽는 순간에는 아, 이게 맞지 싶다가도 현실을 보면 뭐가 뭔지 모르겠다니까요."

"대로 씨, 당연히 모를 수밖에 없지요. 그래서 우리가 문사철을 가까이해야 하는 거예요. 공자도 항상 정답을 알지는 못했을 거예요. 그러니 죽을 때까지 자신과 학문을 수양했겠지요. 문사철을 통해 세상을 바로 볼 수 있는 지혜를 키워야지요."

* * *

지한이 말을 이었다.

"제齊나라 경공景公이 공자에게 정치에 대해서 묻자, 공자는 임금은 임금답고 신하는 신하다우며, 아버지는 아버지답고 아들은 아들다워야 한다고 대답했지요. 이것을 '정명론正名論'이라고 하지요. 실제에 맞도록 바로잡는다는 뜻이에요. 공자는 반드시 명분을 바로 세워야 한다고 했어요. 명분이 바로 서지 못하면 말이 올바르지 못하고 말이 올바르지 못하면 일이 성사되지 않는다고 했지요. 정명론은 정약용의 《수오재기守吾齋記》에서도 볼 수 있어요. '수오재기'란 '나를 지키는 집(서재)에 대한 기록'으로 정약용의 큰형인 정약현의 서재에 붙은 이름이에요. 주된 내용은 사람이 지켜야 할 것은 외부 물건이 아나라 나〔我〕의 내면이라는 것이지요. 이런 내용이 있어요. 정약용과 둘째 형은 '나'를 잃어 유배를 떠났지만 큰형만은 '나'를 잃지 않아 수오재에 앉아 있다고요. '아버지께서 나에게 태현〔太玄〕이라고 이름〔字〕을 지어주셨으니, 나는 오로지 나의 태현〔玄〕을 지키고자 하였다.' 이 말은 정약용의 큰형이 한 말이에요. 부모님이 지어주신 이름을 잃지 않고 이름처럼 산다는 것은 정말 어려운 일이에요. 이름처럼 산다, 이것이 공자가 주장한 것이에요. 각자 자기의 이름과 지위에 맞게 움직인다면 무슨 문제가 있겠어요? 나라가 어려워진 것도 공직자들이 자기의 이름〔名〕, 즉 나 자신을 잃고 지위에 맞지 않는 행동을 했기 때문이지요. 대로 씨는 이름이 무슨 뜻인가요? 그리고 그 뜻처럼 살고 있나요?"

지한의 물음에 대로는 곰곰이 생각했다.

'대로〔大路〕. 거침없이 큰길로 나아가라는 뜻인가? 아니면 내가 남들에게 큰길과 같은 역할을 하라는 것일까?'

* * *

다음 날 사무실에 일찍 출근한 대로는 자신보다 먼저 출근한 주리를 보고 빙그레 미소를 지었다. 주리가 대로를 보고 다가왔다.

"대로 씨, 제가 요즘 관심을 갖고 있는 게 있는데 괜찮으면 같이 하실래요?"

"물론이죠! 주리 씨가 권하는 건 무조건 오케이죠."

무슨 일인지 듣기도 전에 대로가 고개부터 끄덕이자 주리가 웃음을 터뜨렸다.

"지역 아동센터에서 봉사할래요? 문사철 관련해 일정한 과정을 마치고 나면 재능기부를 할 수 있어요. 우리가 배운 문사철을 아이들하고도 나누면 좋겠어요."

대로는 아까보다 더 크게 고개를 끄덕였다. 그러면서 자신의 이름인 '대로'의 의미를 생각했다. 문사철을 통해 아이들과 만나고 싶었다. 친구들에게도 바로 연락해서 함께 문사철 봉사활동을 하자고 했다. 얼마 후, 그들은 주리가 소개한 지한의 문사철 아카데미에서 자원봉사과정을 수료했다. 그리고 재능기부를 하려고 각자 동네에 있는 복지관이나 초등학교 방과 후 선생님 자리에 지원을 했다.

우 리 는   나 선 형 으 로
나 아 간 다

방인은 최근 카페 인테리어를 바꿨다. 간판도 새로 걸었다. 대로는 카페에 들어가기 전에 카페 외관을 꼼꼼히 살펴봤다. 카페 지붕에 장식용으로 뱃머리가 얹혀 있었다. 또 돛대와 돛까지 있었다. 대로는 돛대 꼭대기를 보고 놀랐다.

누군가가 돛대 꼭대기 지지대 위에 서 있었다. 자세히 보니 망원경을 든 사람 모형이었다. 모형은 마치 바다 위에서 무엇인가를 찾는 듯한 모습이었다. 돛은 그리 크지 않지만 봄바람에 힘차게 펄럭였다. 상수동 골목에 들어온 사람이라면 어디서든 바람에 펄럭이는 돛을 볼 수 있었다. 대로는 돛을 본 사람들은 그것의 정체를 찾아 카페로 올 거라고 생각했다.

"상수동에 배라니, 음, 나쁘지 않아. '카페 유토피아^{cafe utopia}' 특히 유토피아 글자 뒤에 붙은 작은 통통배가 트레이드 마크가 되겠군.

자식, 이번엔 진짜 신경 많이 썼네."

카페 문을 열고 들어가니 문에 달린 풍경이 경쾌하게 울렸다. 실내는 영화 〈해적〉에서 본 모습과 비슷했다. 대로가 무엇보다 놀란 것은 오른쪽 벽이었다. 바닥에서 천장까지 책으로 가득했다.

벽면을 가득 메운 책. 그것은 대로가 문사철을 공부하면서 꿈꾸던 책장이었다. 대로가 방인을 부러워하는 눈빛으로 쳐다봤다. 그러자 방인이 자랑스럽게 어깨를 활짝 폈다. 책장에는 그들이 읽은 것도 있었고 앞으로 읽을 책도 있었다. 대로는 빈칸에도 마저 책이 채워지길 바랐다.

"어때? 마음에 들어?"

방인이 대로 옆에 섰다. 대로는 말이 필요 없다며 박수를 쳤다. 명환은 대로보다 먼저 와서 실내 정리를 도와주고 있었는데 그도 이번 콘셉트는 정말 마음에 든다고 했다. 뒤늦게 화분을 들고 온 지한도 확 바뀐 카페를 보고 놀라움을 금치 못했다.

"《유토피아^{Utopia}》 영향을 받았어?"

대로의 말에 방인이 그렇다고 했다.

"앞으로 이곳을 문사철 카페로 만들려고. 벌써 SNS에 광고하고 있어. 알바생 선발 기준도 있지. 무조건 한 달에 한 번은 나와 같이 문사철 모임에 참석할 수 있어야 해."

지한과 친구들이 정말 좋은 생각이라고 했다. 지한은 자리에 앉으며 꼭 유토피아에 와 있는 기분이라고 했다.

"저는 여러분을 만나는 게 정말 즐거워요. 못 본 사이에 얼마나 변했을지 상상하며 오는 내내 설렜답니다. 여러분과 만나고 나면 쌓였던 피로가 풀리니 이 시간은 저에게 비타민과 같아요."

지한의 말에 그들은 오히려 지한에게 고맙다고 했다.

"이렇게 변화할 수 있었던 것은 다 황희 선생님과 이지한 선생님 덕분이에요. 우리가 선생님들을 만나지 못했으면 어떻게 변화할 생각을 했겠어요?"

방인이 카페 안을 보며 감격스러워했다. 두 친구도 방인의 말에 크게 공감하며 지한에게 다시 고마운 마음을 전했다. 지한도 그들에게 감사하다고 인사를 했다.

"그간 또 어떤 재밌는 일이 있었나요? 아이들하고는 잘 지냈나요?"

아이들이란 단어에 그들은 머리를 감싸 쥐었다. 지한은 무슨 일이냐며 걱정했다. 대로와 명환은 자기 동네에 있는 복지관에서, 방인은 조카가 다니는 학교에서 문사철 재능기부를 하게 되었다. 첫날, 아이들 앞에 선 그들은 정신을 차릴 수가 없었다. 모두 '초등학생쯤이야'라며 방심을 했다가 쏟아지는 질문에 혼쭐이 났다고 했다.

대로는 여기저기 돌아다니는 아이를 잡으러 다니느라 첫날을 망쳤다. 명환은 웃음기 없는 진지한 얼굴로 아이들을 대했다가 무서운 선생님이라고 소문이 났다. 방인은 과장된 몸짓과 우스꽝스러운 성대모사로 아이들의 눈과 귀를 사로잡았다. 하지만 방인이 손만 올려도, 무슨 말만 해도 아이들이 웃음을 터뜨리는 바람에 수업을 제대로 할 수가 없었다.

지한이 아이들과 공부한 첫 번째 문사철 책이 무엇이냐고 물었다. 그들은 《논어》라고 말했다. "좋은 출발이군요. 《논어》에는 아이들이 알고 실천해야 할 내용이 많아서 좋아요. 가족, 친구, 이웃, 국가와의 관계로 이야기를 확장할 수 있지요."

그들은 그렇지 않아도 한 주에 하나씩 주제를 정하고 4주 동안 《논어》 수업을 했다고 한다. 지한은 보지 않아도 훌륭한 선생님이었을 거라고 말했다. 지한의 말에 그들은 쑥스러워했다. 지한이 어떤 일이 있었는지 궁금하다고 하자 방인이 먼저 이야기를 꺼냈다.

"아이들 덕분에 제가 확실히 깨달은 사실이 있어요. 제가 살면서 노력을 많이 해보지 않았거든요. 진짜 노력다운 노력을 해본 것은 인생에 두 번 정도예요. 한 번은 이 카페를 차릴 때, 그리고 나머지 한 번은 문사철 책을 읽는 요즘이에요. 아이들한테 꿈이 뭐냐고 물었더니 대부분이 연예인이나 운동선수가 되는 것이라고 답하는 거예요. 그래서 '그렇지. 한 번 뜨면 모든 게 오케이지? 그동안의 고통이 다 사라지는 거야. 그래서 어떤 분야의 연예인이 되고 싶은데? 어떤 운동선수?' 하고 물었죠. 그러자 한 아이가 그러는 거예요. '선생님은 아이돌하고 운동선수가 그렇게 쉬워 보이세요? 엄청 노력 많이 해야 하는데. 노래 잘한다고 금방 데뷔하는 거 아니에요. 연습생 생활은 적어도 3년 이상 해야 한다고요. 어떤 가수는 연습생만 8년 했어요.' 그러면서 아이들이 저를 이상한 눈으로 보는 거예요. 조카도 그 수업을 같이 듣는데 완전 얼굴이 빨개져서 저를 외면하더라고요. 삼촌도 아니야, 그러는 것 같았어요. 그러더니 한 아이가 이렇게 말하는 거예요. '선생님은 처음부터 선생님이었어요? 선생님도 처음에는 우리 같은 어린이였잖아요. 저희 엄마가 그러셨는데 처음부터 잘하는 것은 없다고요.' 어찌나 얼굴이 화끈거리던지. 그래서 제가 생각이 짧았다고, 미안하다고 했지요. 그리고 다음 주에는 과자랑 음료수를 잔뜩 사들고 가서 파티를 했어요. 그리고 아이들하고 서로서로 원하는 것을 위해 열심히 노력하자고 약속했어요. 왜 그런 말이 튀어나왔을까요? 문사철 공부를 하면서 사고가 많이 바뀌었다고 생각했는데. 저는 노력하는 게 태생적으로 맞지 않는 사람인가 봐요. 아직도 마음 한구석에는 '인생은 한 방'이라는 생각이 있나 봐요. 문사철 공부를 더 열심히 해서 그런 생각을 뿌리 뽑아야 할 텐데. 저 같은 놈이 그럴 수 있을지 모르겠어요."

"아이들을 통해 방인 씨가 자신을 돌아볼 수 있는 계기가 생겨서 다행이에요. 반성을 하고 부족한 점을 찾아 고치려고 하는 모습이 이미 예전과 달라진 게 아닐까요? 변하지 않을 것 같다고 하셨는데 저는 매번 변하고 있는 방인 씨를 보는데요."

두 친구도 방인이 좋은 방향으로 바뀌고 있다고 했다. 그러자 방인이 갑자기 키득키득 웃었다. 그들이 왜 그러냐고 묻자 방인이 아이들에게 소심한 복수를 했다고 했다. 특히 조카네 반 아이들에게. 방인은 조카네 반 담임 선생님과 통화를 했고 아이들이 잘못했을 때 줄 수 있는 벌에 대해 제안을 했다고 했다.

"공자께서 그러셨잖아요. 백성들을 덕으로 인도하고 예로 다스리면, 백성들은 부끄러워할 줄도 알고 또한 잘못을 바로잡게 된다고요. 그래서 선생님께 아이들의 언어 예절을 위해 서로 존댓말을 쓰게 하면 어떻겠냐고 했어요. 그리고 교칙을 어긴 벌로는 자기가 잘못한 일과 어울리는 내용을 《논어》에서 찾아 그 부분을 베껴 쓰게 하라고 했어요. 그랬더니 선생님이 너무 좋아하시는 거예요. 그래서 제가 '어린이 논어' 여러 권을 그 반으로 보냈어요. 다음에 조카한테

전화가 왔는데 삼촌 때문에 망했다는 거예요. 친구들끼리 존댓말을 쓰라고 하는데 어색해 죽겠다는 거예요. 제 생각이냐고 묻길래 아니라고 발뺌을 했지요. 그러고는 친구 사이에 예의를 지키는 것이 얼마나 보기 좋으냐고 했어요. 흐흐. 그런데 더 좋은 소식은 친구 사이에 존댓말 쓰기가 학교 전체로 확대되었다고 하잖아요. 하하하하."

방인의 이야기에 친구들은 역시 방인답다고 했다. 지한은 정말 좋은 훈육 방법을 생각했다며 기회가 되면 본인도 그 방법을 써야겠다고 했다.

* * *

다음은 대로가 이야기를 꺼냈다.

"저는 수업 시간에 군군신신부부자자^{君君臣臣父父子子}에 대해 이야기한 것이 가장 기억에 남아요. 임금은 임금답고 신하는 신하답고 아버지는 아버지답고 아들은 아들다워야 세상이 올바른 방향으로 나아갈 수 있다고 했어요. 그랬더니 어떤 아이가 대뜸 묻는 거예요. '그럼 선생님은 선생님다운가요?' 그 말에 바로 답을 할 수 없었어요. 과연 나는 나다운가? '나답다'라는 것은 뭘까? 영업사원, 아들, 친구, 제자, 선생. 생각해보니 뭐 하나 제대로 하는 것이 없더라고요. 그리고 그 많은 '나' 중에 진짜 '나'는 누구지? 만약 정약용 선생이 나한테 어떤 나를 찾고 싶으냐고 하면 뭐라고 해야 할까? 고민이 많았던 시간이었어요."

두 친구도 각자 자신의 역할을 생각하며 진짜 '나'의 모습이 무엇인지 고민했다.

"그래서 다시 돌아가려고요. 초심으로. 관계를 처음 맺었을 때를 생각해보면 그때 제가 얼마나 간절했는지 알 수 있지 않을까요? 회사나 친구들, 제자나 선생님. 또 부모님을 생각하면서 제가 어떤 아들이었는지도 반성하고요."

지한이 좋은 방법이라고 격려를 아끼지 않았다. 이번에는 명환이 이야기를 이어갔다.

"부모님이라고 하니 제가 했던 수업이 생각나네요. 저는 공자님 말씀 중에 이런 얘기를 해줬어요. '젊은이는 집에 들어가서 부모님께 효도하고, 나가서는 어른을 공경하며, 말과 행동을 삼가고 신의를 지키며, 널리 사람들을 사랑하되 어진 사람과 가까이 지내야 한다. 이렇게 행하고서 남은 힘이 있으면 그 힘으로 글을 배우는 것이다.' 그랬더니 이 녀석들이 막 질문을 하는 거예요. '선생님, 효자예요?' '선생님, 사랑하는 사람 있어요?' '선생님, 항상 공부하세요?'라고요. 무슨 말만 하면 질문을 하는 통해 정신이 없었어요."

지한이 어떻게 답을 했냐고 물었다.

"저는 문사철 덕분에 날마다 공부를 하고 있다고 했어요. 전에는 디자인만 했는데 요즘은 그러지 않거든요. 그리고 저는 친구들을 사랑해요. 공자가 말한 벗 사이의 신의도 잘 지키고 있다고 자신해요. 그런데 제가 막힌 부분은 효였어요. 저는 효자가 아니거든요. 제 꿈을 좇는다고 부모님하고 대립이 많았어요."

"명환 씨, 왜 자기 꿈을 좇는 게 불효죠? 여기 두 사람이 있어요. A는 대기업에 다니면서 부모님한테 꼬박꼬박 용돈을 드리지만 너무 바빠 부모님을 뵈러 가지도 못하고 전화도 드리지 못해요. 어쩌다 아들의 얼굴을 본 부모님은 걱정을 했어요. 아들의 모습이 전혀 행복해 보이지 않았거든요. 시간에 쫓겨, 돈에 쫓겨 살던 A는 결국 병이 났어요. 부모님은 A에게 이제 회사를 쉬고 진짜 하고 싶은 일을 하면서 행복하게 살라고 했지요. 하지만 A는 그럴 수 없다고 했어요. 자기가 일을 그만두면 부모님에게 더 이상 용돈을 드릴 수 없다고 했어요. 그리고 자기가 원하는 일을 하기에는 너무 늦었다고 했지요. 어려서부터 꽃을 좋아했던 B는 작은 꽃가게 사장이에요. 주변에서 장사가 안 되는 꽃가게를 접고 다른 일을 하라고 했어요. 하지만 그는 꽃을 보면 괴로움도 힘든 것도 모두 잊을 수 있어 꽃가게를 그만두지 못했어요. 그는 언제나 부모님이 그를 걱정하기 전에 먼저 부모님을 찾아갔지요. 그리고 충분히 용돈을 드리지 못해 죄송하다고 했어요. 하지만 부모님은 그런 것은 개의치 않았어요. 아들을 볼 때마다 늘 미소가 떠나지 않는 얼굴을 보면 지금 아들이 얼마나 행복한 삶을 사는지 알고 있었거든요. 부모님은 자기 일을 통해 행복을 만들어가는 아들이 보기 좋았어요. 누가 효자이고 누가 불효자일까요? 명환 씨는 어느 쪽인가요?"

지한이 물었다.

"부모의 마음을 알고 미리 걱정을 덜어주는 B가 효자 같아요. 하지만 저는 A도 B도 아니라는 생각이 드네요. 꿈을 좇지만 부모님께 한 번도 행복한 모습을 보이지 못한 것 같아요."

대로와 방인도 명환이 자기가 좋아하는 일을 하면서 가끔은 행복해 보이지 않는다고 했다.

"공자 말씀에 개나 말도 자기 부모에게는 먹을 것으로 봉양을 한다고 했어요. 그렇다면 사람은 어때야 할까요? 짐승도 부모를 물질로 봉양할 줄 아는데, 물질적 봉양은 기본이에요. 그리고 사람이라면 부모의 마음을 더 깊이 헤아릴 수 있어야겠지요. 자본주의 사회에서 순수 예술로 성공한다는 것은 정말 힘든 일이에요. 예술 분야를 보더라도 상업화되지 않는 예술은 팔리지 않으니까요. 그래서 부모는 자식이 예술을 한다고 하면 걱정을 하지요. 그러면 그렇게 자식의 꿈 때문에 불안해하는 부모님을 어떻게 설득해야 할까요?"

"저도 카페를 한다고 했을 때 집에서 엄청 걱정하셨어요. 물론 지금도 걱정하세요. 하지만 처음처럼 그렇지는 않아요. 저는 무작정 카페를 열지 않았어요. 너희들도 알 거야. 게으른 내가 어떻게 카페 사장이 됐는지. 저는 정말 카페 사장이 꿈이었거든요. 그래서 식구들한테 제가 한 모든 공부는 이 꿈을 이루기 위해서라고 했어요. 일단 식구들을 모아 놓고 카페 사장이 되기 위해 프레젠테이션을 했어요. 처음에는 긴가민가하더라고요. 저같이 게으른 놈이 장기 계획표를 거실에 붙이고 일의 성과를 하나하나 표시했지요. 식구들은 모두 저를 의심했어요. 그리고 계획을 달성한 다음 이 카페를 열었지요. 계획을 깔끔하게 완성하고 났더니 아무 말씀 안 하시더라고요. 물론 그 이후 다시 이렇게 퍼지긴 했지만요. 계획이란 것도 그때 처음이자 마지막으로 지킨 거예요."

방인이 머리를 긁적이며 웃었다.

"하지만 명환이 성격으로는 그렇게 하지 못했을 거예요. 저는 제 꿈을 이루기 위해 식구들에게 엄청 잘했어요. 부모님을 설득하려고

동생도 포섭하고요. 한마디로 식구를 적이 아닌 동지로 만든 거지요. 그런데 명환이는 성격이 저처럼 살갑지가 않아서 부모님하고 싸우고 가출을 했지요. 그래서 한동안 저희 집과 대로네 집을 전전했어요. 그리고 알바를 하면서 공부하고 돈 모으면서 여기까지 온 독한 놈이에요. 명환 군, 내 꿈을 이루려면 주변을 적으로 만들지 말고 동지로 만들어야 한다고 몇 번이나 말해. 나처럼 말이야. 그런데 넌 좀 힘들긴 하겠어. 네가 아버님이랑 성격이 똑같으니. 그러니 말만 하면 부딪치지."

"방인 씨가 정말 현명하네요. 상대에게 내 뜻을 전하려면 내 상황만 생각하면 안 되고 상대의 입장을 먼저 고려해야 해요."

지한이 손뼉을 세게 치는 바람에 세 친구는 화들짝 놀랐다.

"지금까지는 명환이가 부모님의 의중을 고려하지 않는 편이었어요. 결국 부모님이 명환이의 꿈을 반대한 것은 명환이가 스스로 자기 꿈에 대해 자신이 없었기 때문일 거예요. 디자인을 하면 편안한 모습보다 늘 인상을 구기고 있으니, 부모님은 그러다 명환이가 병이 날까 근심을 하신 거겠죠."

지한이 고개를 크게 끄덕였다.

"꿈을 이루는 것은 정말 중요해요. 부모님도 내 자식이 자기가 좋아하는 일을 해서 행복하다면 가는 길이 힘들어도 뒤에서 응원을 하실 거예요. 하지만 문제는 꿈을 대하는 사람의 자세예요. 내가 내 꿈을 신뢰하지 못하는데 어느 누가 그 꿈을 지지해주겠어요? 부모님은 명환 씨를 통해 명환 씨의 미래를 보셨을 거예요. 명환 씨는 아들의 꿈을 반대하는 아버님의 입장을 진지하게 생각해본 적이 있나요? 나중에 명환 씨 아이가 명환 씨와 꿈 때문에 대립을 하면 어떻게 하겠어요?"

지한의 말처럼 명환은 아버지와 대립이 있을 때마다 자기 뜻을 이해하지 못하는 아버지가 늘 답답했다.

"우리는 상대와 싸울 때 종종 이런 생각을 해요. '아니, 왜 저렇게 생각하는 거지? 왜 이해를 못하지?' 상대가 나와 다른 생각을 하는 것은 당연한 거예요. 왜 그럴까요?"

"상대는 내가 아니니까요. 또한 나도 그도 서로의 상황을 정확히 모르니까요."

대로가 답했다.

"부모와 자식도 마찬가지죠. 어느 한쪽의 일방적인 이해를 말하는 게 아니에요. 부모도 내가 아니니 백 퍼센트 내 마음을 알 수 없어요. 그럼 어떻게 해야 할까요?"

"깊은 대화를 나눕시다."

방인이 명환의 어깨를 두드리며 말했다.

* * *

세 친구의 이야기를 들으며 지한이 웃었다.

"여러분한테 아이들이 스승이군요. 스승에는 나이가 없고 신분의 귀천이 없다고 했지요. 덕분에 저도 많은 생각을 했어요. 부모와 의견 충돌이 있을 때 어머니는 왜 그렇게밖에 생각을 못하냐고 발끈하는 게 아니라 '어머니, 왜 그렇게 생각하는지 이유를 들려주세요. 그래야 제가 이해를 할 수 있지요'라고 하는 게 낫지 않을까요? 물론 이해하고 받아들여야 하는 것이 아랫사람만의 몫은 아니에요. 이해란 한쪽에서만 수긍한다고 되는 것이 아니에요. 양쪽 다 인정할 때 진정한 이해가 이루어지는 것이 아닐까요?"

방인이 말했다.

"지난번에는 《논어》로 정치를 배우더니 오늘은 효를 배우네요. 공자님이 여러 가지로 가르침을 주시네요. 배움에 끝이 없다고 하더니 그런 것 같아요. 이것을 배우고 나면 그것이 나오고 그것을 배우고 나면 저것이 나오고."

"그렇지요. 그러니 옛 성현들도 돌아가실 때까지 공부만 하신 분들이 많지요. 조금만 생각을 달리하면 고전뿐만 아니라 모든 상황들이 나에게는 스승이에요. 이황李滉이 쓴 도산십이곡陶山十二曲 중에 12곡을 보면 이런 내용이 있어요. '어리석은 사람이라도 알며 실천하는데 그것이 쉬운 일이 아닌가? 스승이 될 만한 성인도 못 다 행하니 얼마나 어려운 일인가? 쉽든 어렵든 간에 학문을 닦는 생활 속에 늙어가는 줄 모르는구나'라고요. 그러니 결혼을 하고 아이를 낳았다고 어른이라고 할 수 없는 것 같아요. 저는 항상 제가 배울 게 많은 어린아이라고 생각해요. 그래서 유학儒學을 유학幼學이라고도 생각하지요. 왜냐하면 뜻은 다르지만 유학儒學은 아이가 끊임없이 배우고 익혀 실천해야 하는 학문이니까요. 물론 다른 학문도 마찬가지지요."

그러자 방인이 불쑥 한마디 했다.

"선생님이 어린아이면 저희는 갓난아이입니까?"

그러자 지한과 친구들이 웃었다.

《논어》를 볼 때마다 느끼는 게 그 점이에요. 책에 쓰인 글은 똑같은데 상황에 따라 얻는 가르침은 다르거든요. 그래서 이 책을 인간관계론이라고 해석하기도 해요. 《논어》뿐만 아니라 《사기》, 《한비자》, 《삼국유사》 등의 책도 인간관계를 이해하는 데 많은 도움이 될 거예요. 세상의 모든 일들은 사람을 상대로 한다고 해도 과언이 아니에요. 그러니 이런 책이 우리가 사는 데 하나의 길잡이가 되어줄 거예요. 그래서 저는 누군가 다른 사람의 마음을 알고 싶다면 심리학 서적도 좋지만 앞에 언급한 책을 추천해주지요. 옛 사람들의 삶을 살펴보면 쉽게 사람들을 이해할 수가 있어요."

　방인은 이 책들이 명환한테 필요하다며 꼭 사서 읽어보라고 했다. 사지 않겠다면 자기가 선물로 주겠다고 했다. 선물이 부담스러우면 카페에 비치할 테니 종종 들러서 읽으라고 했다. 방인의 말에 명환은 책을 사서 소장하겠다고 했다. 그리고 방인이 카페처럼 자기 사무실 한쪽도 책으로 채우겠다고 했다. 그러자 대로도 질세라 너희들이 한쪽 벽만 책장으로 만드는 동안 자기는 집 전체를 도서관처럼 꾸미겠다고 해서 두 친구가 혀를 내둘렀다. 지한은 세 젊은이의 모습을 보고 마냥 흐뭇한 기분이 들었다.

지 금 여 기 에
존 재 하 지 않 지 만

　　오늘은 '카페 유토피아'에서 첫 번째 문사철 모임이
있었다. 그들이 정한 첫 번째 작품은 토머스 모어^{Thomas More}의 《유토
피아》였다. 방인은 문사철 모임 참가자를 모집하자는 대로와 명환의
의견에 한참을 망설이다가 관련 사이트에 글을 올렸다.

　　진행을 어떻게 해야 할지 몰라 모집 인원은 선착순으로 열 명만
받았다. 한 명도 지원하지 않을 줄 알았는데 하루 사이에 지원자가
열 명을 넘어섰다. 방인은 오직 독서와 토론을 위해 모르는 사람들이
낯선 장소에 모인다는 게 신기했다.

　　'책을 좋아하는 사람들이 많구나.'

　　방인은 참가하지 못한 이들에게 일일이 함께하지 못해 죄송하다
는 댓글을 달았다. 누군가 방인의 댓글에 바로 반응을 보였다.

　　—님들만 유토피아로 가는 것 같아 아쉬워요. 다음에는 저도 꼭

초대해주세요.

대로는 그 댓글을 보고 묘한 설렘을 느꼈다. 댓글에 적힌 것처럼 진짜 그 공간이 모임을 하는 동안 그들만의 유토피아가 될 것만 같았다. 그는 첫 모임을 잘 해내고 싶었다. 그래서 '유토피아'에서 오래도록 문사철 모임을 하고 싶었다.

참가자는 늘 모이던 이들과 주리, 알바생 그리고 선착순 열 명이었다. 방인은 손수 구운 과자와 음료를 준비하고 의자에 푹신한 쿠션을 놓아 최대한 편안한 분위기를 만들려고 노력했다. 사회는 대로가 보기로 했다. 문사철 모임 준비 기간 동안 명환이 가장 많은 도움을 주었다. 포스터도 자진해서 만들고 매주 찾아와 북 카페 분위기를 물씬 풍길 수 있도록 작은 소품으로 실내를 장식했다.

"명환이 좀 이상해진 것 같아. 부탁하지 않은 일을 자진해서 하니까 무서워. 너 나중에 딴소리하면 안 된다. 네가 스스로 한 일이니 비용을 청구하면 안 돼."

방인의 말에 그런 일은 없을 테니 걱정 말라고 명환이 대답했다. 대로가 물었다.

"너, 진짜 무슨 일 있어? 매주 나와서 카페에서 일하는 바람에 알바생이 어찌할 바를 모르겠다고 하더라."

방인과 대로가 자꾸 무슨 일이냐며 꼬치꼬치 캐물었다.

"아무 일도 없다니까. 그냥 책만 읽었고 책에서 본 대로 따라하려고 노력 중이야. 너희들이 나더러 인간관계 좀 어떻게 해보라고 했잖아. 그래서 선생님이 추천하신 책 중에 《사기》를 읽었어. 읽고 나서 아, 나도 변화의 바람이 필요하구나 싶었어. 그래서 방인이 카페에 나와서 사람들을 만나본 거야."

그러자 두 친구도 《사기》를 읽었다며 죽마고우는 어쩔 수 없다고 웃었다. 그들은 각자 인상 깊었던 부분을 이야기했다.

"뭐니 뭐니 해도 《사기》에서 빠질 수 없는 인물은 바로 사마천이야. 너희도 알다시피 《사기》는 어마어마한 분량이잖아. 130권. 상고의 황제부터 전한의 무제까지 2천 년 이상에 걸친 통사通史를 기록하려면 그 정도로도 부족했을지 모르지. 〈본기本紀〉12권, 〈세가世家〉30권, 〈열전列傳〉70권, 〈표表〉10권, 〈서書〉8권. 나는 그의 역사관을 다시 봤어. 궁형宮刑을 당하면서까지 아버지의 뜻을 따를 수 있을까? 그건 본인의 확고한 신념이 없다면 하지 못했을 일이지. 혹자는 그의 궁형이 《사기》의 내용을 바꿨다고도 하잖아. 만약 그가 이릉李陵을 변호하다 한무제漢武帝의 눈에 들었다면 《사기》의 내용은 어땠을까? 그는 이릉의 입장이 바뀌자 돌변한 신하들의 태도에서 실망을 했을 것이고 자기의 변호와 이릉에 대한 근거 없는 소문으로 사마천을 오해한 무제의 무지함에도 실망했을 거야. 참을 수 없는 시련과 고통의 시간에 위대한 작품이 탄생한다더니, 《사기》가 바로 그런 작품이야. 궁형을 선택하고 만든 작품. 무제의 일로 사마천은 권력이란 눈이 없고 귀만 있는 괴물로 보지 않았을까? 무제가 진실을 제대로 보지 않고 눈을 감아버렸으니 말이야. 그리고 옆에서 간신의 말만 들은 거지. 오늘날과 전혀 다르지 않은 것 같아. 그래서 그는 나라를 살리는 이와 나라를 죽이는 이를 더욱 명확하게 구분할 수 있었을 거야. 그리고 후세에 역사의 비리를 모두 말하리라 다짐을 했겠지. 사마천이 비관에 빠져 비극적 선택을 했더라면 우린 공자, 노자, 장자,

한비자와 같은 역사적 인물을 잃었을 거야. 정말 생각할수록 놀라워, 놀라워."

대로의 말을 명환이 이었다.

"그렇지. 권8, 〈고조본기高祖本紀〉편을 보면 부당한 억압을 딛고 확실하게 복수한 인물들이 넘쳐나지. 그리고 잘못된 권력을 비판하고 약자를 옹호했고. 내가 《사기》를 위대하다고 생각한 이유는 후손들이 반드시 알아야 할 이야기는 임금, 신하, 백성 할 것 없이 다 다뤘다는 점이야. 그것도 구체적으로."

"맞아. 역사에 주인공이 따로 있나? 그도 그것을 말하고 싶었겠지. 역사의 주인공은 따로 없다!"

대로가 주먹을 불끈 쥐었다.

"나는 권63, 〈열전〉편에 나온 '노자한비열전' 중에서 '한비자'가 맘에 들었어. 읽는 내내 답이 딱딱 나오는 수학 문제를 푸는 기분이었어. 어느 누구의 말보다 그의 말이 명쾌하게 다가왔거든. 한비가 법가의 대가가 된 것은 한의 정치적 상황 때문이었잖아. 유능한 인재를 쓰지는 않고 무능한 신하들의 손아귀에서 놀아나는 한의 상황에 가슴이 아팠겠지. 그런 중에 '법法·술術·세勢를 함께 구사하라', '개인적 원한을 공적인 일에 개입시키지 말라' 하고 말한 것은 당시 상황에 딱 맞는 일이었어. 물론 이 말은 지금도 통하잖아. 특히 세에 대해 언급할 때 조보의 고사를 들어 말한 것은 정말 탁월했어. 말을 모는 기술이 있어야 말을 제대로 이끌 수 있잖아. 말이 곧 국가라고 하는데 국가를 잘 이끌 수 있는 기술이 있어야 국가가 제대로 되겠지. 그래서 이 책을 다 읽고 아버지께도 《한비자韓非子》를 사드렸어. 아버지가 일하는 데 도움이 될 것 같아서. 어쩌면 읽으셨을지도 모르지만."

이어서 방인이 말했다.

"특히 사마천이 친구였던 이사한테 모함을 받아 죽은 것은 정말 안타까웠지. 사마천도 그 점은 슬프다고 했어. 친구를 이용해서 왕의 마음을 잡다니. 너희는 아예 나 이용할 생각 마라. 이용할 정도의 능력자도 아니지만."

두 친구는 방인한테 그럴 일은 없을 테니 걱정하지 말라고 했다. 방인이 이야기를 계속 했다.

"나는 권24, 〈서〉 편에서 다룬 '악서樂書'가 기억에 남아. 특히 음악이 예절, 형벌, 정치와 궁극적인 목표가 같다는 데 놀라웠어. 그 네 가지로 민심을 하나로 만들어 올바른 도리로 다스릴 수 있다는 거야. 음악은 사람이 외부에서 감동을 받아 만들어지는 거라고 하는데 생각해보니, 실연의 아픔을 바탕으로 만든 음악은 정말 그 아픔이 전해지고, 즐거움을 생각하고 만든 노래는 듣고 있으면 신이 나잖아. 또 사랑의 감정을 담은 노래를 들어봐. 정말 내가 사랑을 하는 것 같다니까. 그래서 사마천의 말처럼 옛날부터 왕들은 예절로 사람들의 뜻을 이끌었고, 악樂으로 사람들의 소리를 조화시켰으며, 정치로 사람들의 행동을 하나로 만들고, 형벌로 사람들이 간사해지지 않게 대비했다는 말이 딱 맞는 거지. 음악의 흐름을 보면 그 시대의 상황도 알 수 있다는데, 태평성대에 만든 음악은 편안하고 즐거운 반면 정세가 나쁠 때 만든 것은 원망이 가득한 노래가 많다는 거야. 즉 노래가 시대를 대변했다는 거지. 노래가 이런 작용까지 할 줄은 몰랐어. 얼마 전까지 별 생각 없이 들었는데 이제는 좀 달리 들린다니까. 좀 더 진지하게 듣게 됐지. 작곡가와 작사가의 마음을 생각하며. 아울러 시대도 생각하면서. 사마천은 정말 대단해."

방인이 말을 마치자 명환이 말을 이었다.

"그래. 존경할 부분이 있는 것도 사실이야. 그런데 지난번 헤로도토스처럼 부족한 점도 보여. 한나라의 입장에서만 역사를 본 건 아닌가 싶어서 말이야. 당시 고조선은 한나라 이상의 강대국이었는데 그에 대한 평가는 인색한 것 같거든."

"나도 명환의 말에 동의해. 그렇기에 우리의 역사는 우리 몫으로 남은 게 아닐까 싶기도 하고. 지금까지는 정치니 역사니 이런 것에 관심을 갖지 않았는데 문사철 공부를 하면서부터 인식이 바뀌더라고. 우리의 삶이 곧 역사가 된다는 생각도 하게 되고 말이야."

대로가 진지하게 말했다. 명환과 방인도 마찬가지 생각을 하고 있었다.

"참, 이따가 모임 끝날 즈음에 아는 사람이 올 거야. 오늘 모임에는 참석하지 못했지만 다음 모임부터 꼭 참석할 거니까 회원으로 넣어줘. 인사하러 온다고 했어. 앞으로 한 사람씩 문사철의 세계로 인도할 거야. 이제부터 나를 '문사철 전도사'로 불러줘."

대로와 방인은 명환이가 자신을 문사철 전도사라고 칭한 것을 듣고 어리둥절한 표정을 지었다. 그러면서 명환의 '인생 책'은《사기》인 것 같다며 웃었다. 그들이《사기》에 대해 이야기꽃을 피우는 동안 모임 참석자들이 하나둘 자리를 채웠다.

$$*\ *\ *$$

대로는 모인 사람들에게 환영 인사를 했다.

"제가 이렇게 사회를 보는 것은 처음입니다. 그러니 실수를 하더라도 이해해주시기 바랍니다. 여기 모이신 분들은 스물여섯 살에 무엇을 하셨나요? 저는 죽어라 취업 준비를 했습니다. 나라와 시대가 다르긴 하지만 토머스 모어는 그 나이에 영국 의회에 들어갔습니다. 그리고 똑똑한 젊은 의원은 헨리 7세가 세금을 많이 부과하자 반대 운동을 하다가 탄압을 받습니다. 조직에서 탄압을 받아보지 못하신 분들은 아마 그 심적 고통이 얼마나 큰지 상상도 못 하실 겁니다. 제가 한때 회사에서 뜻하지 않게 왕따가 되어 탄압 아닌 탄압을 잠깐 받은 적이 있었어요. 그때 제가 느낀 것은 탄압도 아무나 받는 게 아니구나, 정신력이 강한 사람이 받는 거구나 했어요. 그렇게 본다면 토머스 모어는 분명 용기 있는 사람입니다. 그 일로 그는 정치계를 떠났어요. 처음부터 정치에는 뜻이 없었던 사람이라 미련이 없었지요. 하지만 누구나 인재를 알아보는 법, 헨리 8세가 그를 다시 부릅니다. 그리고 그는 고위 행정관으로 다시 일을 하게 되지요. 그리고 정직하고 능력 있는 정치가로 명성을 얻었습니다. 하지만 그는 종교 개혁을 주창한 마틴 루터Martin Luther와 맞섰어요. 토머스 모어는 헨리 8세의 편에 서서 로마 교황청을 옹호했지요. 그런데 헨리 8세가 캐서린 여왕과 이혼하고 앤 볼린과 결혼하기 위해 로마 교황청과 등지고 개신교로 돌아서는 바람에 토머스 모어의 입장은 무척 난처해졌지요. 어제의 동지가 오늘의 적이 될 줄이야. 하지만 그는 뜻을 꺾지 않고 끝까지 로마 교황청의 편을 들다 반역죄로 몰립니다. 그리고 쉰일곱 살에 사형을 당해 생을 마감하지요. 제가 본 《유토피아》는 그의 정치 이상국이었는데요, 여러분이 보신 《유토피아》는 어떠셨는지요? 자유롭게 말씀해주시길 바랍니다."

대로가 인사를 하고 자리에 앉자 사람들이 주위를 두리번거리며 서로를 보고 배시시 웃기만 했다. 명환이 간단히 자기소개를 하고 소감을 말했다.

"지금은 출생에 의한 신분 차별은 없지만 여전히 경제적 차별은 있다고 봅니다. 지구상에 차별 없는 나라가 있을까요? 어느 누구나 똑같이 대우하는 세상이 존재할까요? 이 작품의 원제목은 '사회에 가장 좋은 정치, 그리고 새로운 섬 유토피아에 관하여'입니다. 토머스 모어가 제목에서 밝혔듯이 그는 정치적으로 가장 이상적인 국가를 이 책에서 말하고 있지요. 그가 살았던 16세기 초 영국은 자본주의 체제가 움트기 시작할 때였습니다. 그는 당시 대부분의 부가 왕과 귀족에게로 돌아가는 것을 봤습니다. 그리고 타락하는 교회를 보며 정치도 종교도 믿을 수가 없었지요. 강직하고 진정한 지식인이었던 그는 부패한 사회를 보고만 있을 수 없었습니다. 그리고 평등한 사회를 꿈꾸며 이 글을 썼습니다. 저희도 그렇지 않습니까? 우리가 낸 세금이 특정 개인에게 흘러간다면 어느 누가 가만히 있겠습니까?"

명환은 《유토피아》가 나오게 된 배경을 이야기했다. 주리는 명환의 말을 이었다.

"우리나라 고전인 허균許筠의 《홍길동전》과 박지원의 《허생전》에도 이상국이 나오는데요. 토마스 모어를 비롯한 작가들은 이 작품들에 나온 '이상국'을 통해 당시 사회를 비판한 거예요. 세 가지 이상국의 가장 큰 공통점은 누구나 배 굶지 않고 평등하게 먹고 산다는 것입니다. 그들의 이상국만 봐도 당시 시대의 문제점을 확인할 수 있는데요. 특히 홍길동 같은 경우에는 본인이 직접 적서 차별의 설움을 당했기 때문에 율도국에서는 차별을 없앴지요. 위정자의 잘못을 가장 직설적으로 지적한 이는 바로 허생입니다. 허생은 먹고살기 힘들어 도둑이 된 백성들에게 살 수 있는 터전을 마련해주고 그 섬에서 다시 육지로 나올 때 글을 아는 자들과 함께 나왔지요. 그가 그곳에서 정한 규칙은 단 하나 '장유유서長幼有序'였습니다. 그는 '글을 안다'는 것은 문제의 발단이 될 수 있다고 봤어요. 그는 종종 선비나 양반이 나라를 위해 일하지 않고 사리사욕만 챙기다 문제를 일으키는 것을 봤지요. 세 이상국 중에 가장 규칙이 많은 나라는 '유토피아'였어요. 다들 책을 봐서 아시겠지만 저는 그의 이상국을 보면서 토머스 모어가 진작부터 이런 정치 이상국을 만들고 싶어 하지 않았을까 생각했어요."

지한이 미소를 머금고 사람들을 둘러봤다.

"이 작품은 원인 분석과 해결 방안을 제시한 것처럼 1권은 유럽과 영국 사회에 퍼져 있던 부정부패를 풍자의 기법으로 기록했고, 2권은 그런 문제를 어떻게 해결할 것인지 해결안을 제시하고 있지요. 작품의 서술자는 여행자 라파엘 히드로다에우스로 라파엘은 '신의 치유', 히드로다에우스는 '농담의 대가'란 거예요. 내용을 보면 여행자 라파엘이 자신이 여행한 곳에 대해 토머스 모어와 대화하는 식으로 진행이 되지요. 그럼 여기서 질문을 하나 하겠습니다. 내용을 보면 라파엘 혼자서도 충분히 이야기를 끌고 나갈 수 있었을 텐데 왜 토머스 모어를 등장시켰을까요?"

참석자 중 한 명이 자연스레 답을 했다.

"아까 이상국이 나온 작품들을 언급하셨는데요. 작품이란 결국 작가의 대변이 아닌가 합니다. 특히 《허생전》의 경우는 허생이란 이름 대신 '나'라는 1인칭을 넣어도 작품 서술상에는 아무런 문제가 없습니다. 하지만 '나'란 인물 대신에 '허생'을 등장시켰고 작품 끝에는 허생을 사라지게 했지요. 그래서 독자는 허생이란 인물의 정체가 궁금할 거예요. 저는 《허생전》에서 마지막에 주인공을 모호하게 처리한 것은 박지원이 자기 검열을 한 것이 아닌가 해요. 허생이 어영대장御營大將한테 말한 조건들이 당시에는 적용되지 않을 거란 사실을 작가는 알았겠지요. 그리고 어쩌면 그런 내용이 오히려 위정자들의 입에 오르내리면 사회적 문제가 야기될 것이라고 생각하지 않았을까요? 그래서 주인공을 실종시켜 작가조차도 논란의 여지에서 도망갈수 있는 빈틈을 마련한 것이라고 생각해요. 하지만 《유토피아》는 달라요. 이 작품이야말로 시대의 상황에 정면 돌파를 시도했다고 생각합니다. 이상 자아인 라파엘을 등장시키고 현실 자아인 작가 자신도 등장해 서로의 의견을 나누는 것이지요. 작가가 독자에게 보내는 일방적 메시지가 아니라 서로 다른 의견을 보여줌으로써 객관성을 유지하고 독자에게 선택할 수 있는 기회를 주는 거예요. 저는 그래서 토머스 모어가 두 인물을 내세운 것은 독자에 대한 배려가 아니었나 생각합니다. 읽는 이도 생각하는 힘이 있는데 굳이 자기의 주장만 옳다고 내세우는 건 토머스 모어의 스타일이 아니었을 거예요."

젊은 청년의 발언에 세 친구는 눈을 동그랗게 뜨고 그를 신기한 듯 봤다. 다른 이들도 그의 말에 고개를 끄덕이며 감탄을 했다. 지한이 미소를 지으며 말했다.

"네, 일부에서는 허생의 실종을 그렇게 보는 이들도 있어요. 만약 허생이 남아 끝까지 할 말을 다 했다면 어땠을까, 하고 말하는 이들도 있지요. 방금 말씀하신 것처럼 서로 다른 의견을 말하면 읽는 이는 양쪽을 듣고 선택을 할 수가 있겠네요. 저는 이렇게 생각해봤어요. 겉으로 보기에는 서로 반대 의견을 내며 싸우는 것 같지만 결국 라파엘의 말이 옳다고 토머스 모어가 직접 나와서 지지한 것은 아닐까요? 어느 날 R이라는 사람이 나와서 사람들에게 잘 살 수 있는 방법을 알려주는 거예요. 공동체 사회를 만들어 함께 일하고 나누며 즐기면 다 같이 즐거운 삶을 살 수 있다고 하지요. 그리고 금과 은은 공동체 사회에서는 필요 없는 물건이니 단단한 특성을 이용해 죄수들의 수갑으로 만들어 쓰자고 하지요. 차별에 지친 사람들은 R의 말이 옳다고 생각했어요. 그런데 T가 나타나 그런 삶은 현실에서는 불가능하다고 해요. 인간이 일한 만큼 가지는 것이야말로 당연한 이치고 그것이야말로 차별이 없는 것이라고 하지요. 사람들은 고민해요. 누구의 말을 믿을까요? 당시 16세기 사람들이라면 누구의 말에 귀를 기울였을까요?"

대부분의 참가자들은 R의 말을 따랐을 거라고 했다. 어떤 참가자가 얼른 그 뒤를 이어 말했다.

"근래에 더 심각해진 빈부의 격차를 보면 '이건 아니다'라는 생각이 드는데. 그때는 빈부와 신분이란 장애물이 있었으니 분명 R의 의견을 따랐겠지요. 하루에 똑같이 여섯 시간만 일을 하고 필요한 물건은 마을 창고에서 가져다 쓰고. 부를 축적한다는 것은 공동체에서는 더 이상 의미가 없겠지요? 그러니 T가 말을 할수록 사람들은 R의 말에 더욱 확신이 생겼을 거예요. 토머스 모어가 활동하던 시대에 양모산업이 유행했어요. 귀족들은 돈을 벌기 위해 소작농이 농사를 짓던 땅을 빼앗았지요. 하루아침에 양들 때문에 일하던 터전을 잃었으니 농민들은 엄청 열 받았겠지요. 그들 중 많은 이들은 먹고 살 수가 없어 도둑질을 했어요. 양 때문에 사람이 범죄를 저지르는 우스운 상황이 된 것이지요. 빵 한 개만 훔쳐도 사형을 시켰다고 하는데. 믿을 수 있으세요? 빵 한 개 때문에 목숨을 내놓아야 한다니. 시대가 그랬다고 해요. 그래서 토머스 모어는 사유 재산제를 폐지하고 공유 재산제를 도입하는 길만이 현실의 문제점을 해결할 수 있다고 봤어요. 그는 영국의 정약용이 아니었나 싶어요. 그는 신분제까지 폐지해야 한다고 말한 것은 아니지만 물질적인 것은 물론 정신적인 차원도 평등해야 진정한 평등이라고 생각했어요. 교육받을 기회의 평등, 그리고 일하고 여가를 즐길 수 있는 평등. 그래서 《유토피아》에서도 일이 끝나고 나머지 시간에는 자유롭게 여가를 즐기는데 사람들은 유흥이 아니라 정신적 여가 생활을 했어요. 정신적 평등이라, 어떻게 귀족의 머리에서 그런 생각이 나왔을까요? 이런 생각이야말로 혁명적인 생각이지요."

참가자의 말에 모두 고개를 끄덕이며 수긍했다. 방인이 말했다.

"하루에 여섯 시간 일하고 여덟 시간 자고. 집도 십 년마다 제비뽑기를 해서 바꾼다니. 우리나라처럼 내 집 마련 때문에 고생할 필요가 없잖아요. 또 그들은 이웃에게 피해주는 일은 절대 하지 않았다고 하니, 싸움 날 일도 없었겠지요. 그리고 결정적으로 돈을 벌 경제적 스트레스가 없으니 말만 들어도 좋지 않나요? 이런 나라가 있다면 당장 이민을 가겠어요."

방인이 두 손을 꼭 모으고 정말 그런 곳에서 살고 싶다는 표정을 지어 모두를 웃게 했다.

* * *

지한이 웃으며 물었다.

"방인 씨 이야기를 듣고 있으니 맘이 편해지는군요. 그런데 그렇게 살기 좋은 나라가 왜 현실에서는 이뤄지지 않는 걸까요?《유토피아》는 정말 완벽한 나라였을까요?"

한 참가자가 말했다.

"세상에 완벽한 제도는 없다고 생각합니다. 토머스 모어는 평등을 주장했지만 완전한 평등을 이룰 수는 없었지요. 이 나라에도 노예제가 있고 학자가 있고 성직자가 있었어요. 물론 죄를 지은 사람들에게 벌을 주는 방법이 노예가 되는 것이었지만요. 어쨌든 작가가 말한 생각과는 어긋난 부분이에요. 완벽한 제도였다면 이 지구상 어딘가에서 실현되고 있지 않을까요?"

지한이 다시 말했다.

"그렇지요. 만약 완벽한 나라였으면 실현됐을 거예요. 완벽한 제도가 없다고 하셨는데, 그럼 제도 때문에 사람들이 힘들게 산다는 뜻인가요? 사람들이 힘들게 사는 것은 진짜 제도 때문일까요? 모두들 한 번쯤은 유토피아에서 살고 싶지 않으세요? 언뜻 들으면 마르크스가 주창했던 사회주의와도 흡사 비슷한 제도인 것 같은데요. 왜 토머스 모어의 《유토피아》도 마르크스의 사회주의도 현실화되지 않았을까요?"

지한은 골똘히 고민하는 그들을 보고 미소를 지었다. 명환이 말했다.

"제도가 문제일 수도 있지요. 하지만 그 제도는 사람이 만든 것이니 결국 사람이 사람을 힘들게 하는 것 같아요. 말씀하신 것처럼 유토피아와 사회주의는 공통점이 있습니다. 하지만 그것은 제도적인 부분만 비슷한 것이라고 생각합니다. 작가는 공동체 제도를 주장했지만 문제점도 같이 언급했어요. 먼저 공동체 노동을 했을 때는 일에 대한 자발성과 창의력이 떨어진다고 했지요. 그리고 남에게 의존하게 되고 나태해진다고 했어요. 또한 정해진 법이 없고 마을의 리더도 2년에 한 번씩 뽑다 보니 무질서한 사회가 될 수도 있다고 봤지요. 토머스 모어는 이러한 문제에 대해 2권에서 답을 하고 있어요. 자발성 문제를 해결하기 위해서 그는 열심히 일하면 학자가 될 수 있다고 했어요. 그리고 게으름도 걱정할 것이 없다고 했지요. 여섯 시간 일하는 것은 이 나라 사람들이라면 당연히 해야 할 의무니까요. 마지막으로 권위가 상실되는 것을 막기 위해 가족제도를 도입했어요. 아버지, 어머니, 자식 사이에는 자연스럽게 권위가 설 수밖에 없으니까요."

지한이 다시 물었다.

"저는 여기서 또 의문이 드는군요. 작가가 말한 공동체란 그 제도를 유지하다가 자연히 발생하는 문제점도 해결할 수 있는 제도라고 생각해도 될까요?"

그러자 참가자들이 그럴 수 있다고 인정했다.

"그럼 작가가 주장한 공동체는 당시 사회제도를 고치려고 한 것이 목적은 아닐 수도 있겠군요. 그런가요? 즉, 작가는 1, 2권을 통해 공동체의 문제점을 밝히고 해결안을 제시했는데요. 그는 분명 책에서 이렇게 말하고 있지요. 만약 공동체가 제대로 실행되지 않는다면, 그것은 공동체라는 제도 자체에 문제가 있는 것이 아니라 그것을 실행하는 사람들의 문제라고 봤어요. 여기서 우리가 생각해봐야 할 것이 있는데요. 우리는《유토피아》가 당시 비관적인 정치적 상황을 비판한 풍자소설이라고 했습니다. 진짜 그는 비관적인 정치적 상황을 비판한 것일까요? 그가 진짜 비판하고 싶었던 것은 무엇이었을까요? 여러분은 아까 제가 제도 때문에 고통스러운 것인가, 사람 때문에 고통스러운 것인가, 하고 질문했을 때 사람 때문에 고통스럽다고 답을 했습니다. 그럼 다시 질문하겠습니다. 토머스는 모어는 정치를 비판하고 싶었을까요, 아니면 사람을 비판하고 싶었을까요?"

지한이 참가자 한 사람, 한 사람을 뚫어지게 봤다. 일순간 카페 안에 적막이 흘렀다. 대로가 주위를 둘러보다 천천히 입을 열었다.

"정치 자체를 비판하려고 한 것이 아니었군요. 그것을 실행하고 지키는 사람들을 비판한 거예요. 다시 말해, 그가 말한 공동체는 잘못이 없어요. 그것을 실행하는 사람들의 마음이 문제였던 거예요."

대로의 말에 지한이 미소를 지으며 크게 고개를 끄덕였다.

"그 점이 사회주의와 유토피아의 차이점입니다."

방인이 말했다.

"그러니까 사회주의는 제도 자체를 비판했다면 유토피아는 인간의 본성을 비판했다는 말씀이신가요?"

"저는 그렇게 생각해요. 토머스 모어가 성악설을 주장한 사람은 아니에요. 하지만 그는 인간의 마음 한 구석에 분명 '악'이 존재한다고 봤어요. 그가 본 '악'이란 무엇이었을까요?"

이번에는 주리가 말했다.

"성직자가 꿈이었던 토머스 모어를 생각한다면, 그가 생각한 '악'이란 성경에서 말하고 단테의 《신곡》에서도 나온 7대 악이 아니었을까요? 7대 악은 교만, 시기, 분노, 나태, 탐욕, 식탐, 색욕인데, 그는 성직자와 정치인 사이에서 특히 교만, 나태, 탐욕을 봤겠지요. 잠언 16장 18절에서 '교만은 패망의 선봉이며 거만한 마음은 넘어짐의 앞잡이'라고 했어요. 잠언 6장 9절에서 11절을 보면 '나태의 삶은 빈궁과 궁핍을 불러온다'고 했지요. 디모데전서 6장 10절에서 바울은 '돈을 사랑함이 일만 악의 뿌리가 된다'고 했고요. 결국 성경에 나온 것처럼 나라를 어지럽히고 사람들의 정신을 혼미하게 하는 것은 이세 가지만 한 것이 없다고 그는 생각했을 거예요. 따라서 모든 사람들이 이것을 경계하길 바랐겠지요."

대로는 주리를 빤히 봤다. 언제나 그녀의 말은 자기를 실망시키지 않았다. 대로와 눈이 마주친 주리가 그를 보고 살짝 웃었다.

모두 그럴 수 있겠다며 고개를 끄덕였다. 지한이 말했다.

"오늘날에도 성경에서 말한 7대 악은 모든 사건의 시초가 되지요.

이 모든 것이 해결된다면 모두에게 즐거운 나라가 되겠지요. 따라서 7대 악이 담긴 마음을 잘 다스려야겠어요. 이제 유토피아가 어디 있는지 아시겠어요?"

지금까지 조용히 그들의 이야기를 듣던 알바생이 잽싸게 대답했다.

"마음이요! 모든 일은 마음먹기에 달렸다고 하니 현실에서 존재하지 않는 유토피아를 보려면 본인이 마음을 잘 다스려야겠네요."

그의 말이 끝나기 무섭게 방인은 알바생이 대견하다는 듯이 박수를 쳤다. 그러자 다른 이들도 힘차게 박수를 쳤다. 대로가 다시 자리에서 일어나 모임을 마무리했다.

"이 작품은 지금까지도 긍정과 부정의 평가를 받으며 논란의 대상이 되고 있어요. 그는 플라톤의 《국가》에서 많은 영향을 받았고 후에 이는 칼 마르크스의 《자본론》과 조너선 스위프트의 《걸리버 여행기》에 영향을 주었지요. 작품은 독자와의 소통을 통해 새롭게 재탄생을 한다고 하지요. 여기 모이신 분들은 작품을 통해 서로 공감대를 형성하기도 하고 서로 다르게 느낀 부분도 있을 거예요. 작가와 소통한 내용을 마음속에만 담아두지 말고 유토피아를 현실화하려면 내가 사회에서 어떤 역할을 해야 할지, 오늘 이 자리가 그런 생각을 할수 있는 시간이 되었길 바랍니다. 고맙습니다."

대로가 그들에게 정중하게 인사를 했다. 그들도 서로서로에게 공손하게 인사를 하고 자리에서 일어났다. 누군가 명환을 불러 세 친구는 출입구 쪽을 봤다. 명환은 그를 선배라고 부르며 다가갔다. 대로와 방인은 '설마 그 뒤통수 친 선배?'라고 생각했다. 명환이 선배를 두 친구에게 소개했다. 그리고 덧붙였다.

"이제부터 혼자 일하지 않고 선배랑 같이하려고. 얼마 전에 만나서 서로에 대한 오해도 풀었고."

"대박 사건!"

방인이 호들갑을 떨었다.

"유아독존, 유명환이 다른 사람과 같이 일을? 조만간 회사라도 차릴 기세인데?"

그러자 명환이 웃으며 못할 것도 없다고 했다. 방인이 어떻게 이런 생각을 했느냐고 명환에게 물었다.

"나 혼자 사는 세상이 아니고 남과 더불어 사는 세상이더라고. 그리고 혼자보다 둘이 머리를 맞대면 더 나은 아이디어가 나올 거 아냐. 앞으로 우리 팀의 디자인을 기대해도 좋아."

대로와 방인은 명환이 확 변했다고 볼 수밖에 없었다. 두 친구는 명환의 발전을 기원하며 뜨거운 박수를 보냈다.

문 사 철 의 궁 극 적 가 치 는
사 랑

"황희 선생님과 이지한 선생님이 외국에서도 봉사
활동을 하신다고요?"

대로가 커피를 마시다 주리에게 되물었다.

"네, 열악한 환경에 있는 아이들에게 학교를 지어주는 사업을 하
세요."

주리는 대로에게 학교 사업에 대해 설명했다. 대로는 그녀의 이야
기를 들은 후 잠시 생각에 잠겼다. 그리고 그런 뜻깊은 일에 동참한
다면 얼마나 멋질까 생각했다. 그날 밤 대로는 지한에게 자기도 해
외 봉사활동에 참여할 수 있느냐고 메일을 보냈다. 다음 날 그는 지
한으로부터 해외에서 같이 봉사활동을 하자는 답신을 받았다. 그는
지한의 메일을 읽고 또 읽었다.

대로는 지금까지 해외에 가본 적이 없었다. 처음 해외 나가는 목

적이 단순한 여행이 아니라 봉사라니, 스스로 생각해도 참 대견했다. 벌써 마음은 하늘을 나는 것처럼 붕 떴다. 그는 봉사활동을 위해 비장한 심정으로 휴가 신청서를 썼다.

방인과 명환은 봉사활동을 핑계로 놀러가는 것이 아니냐며 대로를 의심했다. 대로는 정색을 하며 순수한 의도를 왜곡하지 말라고 했다. 두 친구는 같이 못 가는 것을 못내 아쉬워했다. 특히 해외를 한 번도 나가보지 못한 방인은 대로가 그저 부러울 따름이었다. 그것도 봉사활동으로 말이다.

"내가 해외에서 봉사할 동안 너희는 한국에서 열심히 봉사하고 있어. 그리고 먼저 가서 잘 보고 배워서 다음에 너희랑 같이 가면 가르쳐줄게. 나, 이번에 선생님들이 봉사한 자료를 보면서 결심한 게 있어. 새로운 목표가 생겼는데 뜻깊은 일이니 너희들이 함께하면 좋겠어. 너희도 봉사하는 거 좋아하니까 분명 나의 목표에 동참하리라 믿는다. 선생님들이 문사철에서 배운 것을 실천하기 위해 국내외적으로 봉사를 많이 하셨잖아. 그중에서도 학교 사업이 딱 내 스타일이야. 그래서 나도 그분들처럼 환경이 좋지 않은 곳에 학교를 지으려고. 어때? 너희도 하고 싶지?"

대로가 눈을 반짝이며 두 친구를 봤다. 방인은 학교를 짓는다는 게 엄두가 나지 않는다고 했다.

"학교를 지으려면 돈이 많이 들 텐데. 우리 셋이서 할 수 있을까?"

방인이 반신반의했다.

"지금 당장 짓겠다는 건 아니야. 아직 공부도 많이 해야 하고 물론 열심히 돈도 모아야겠지. 하지만 선생님의 활동을 보면서 느낀 것이 있는데, 뜻이 있는 곳에 길이 있다는 거야. 그러니 우리도 이 꿈을 간절히 원하면 분명히 이룰 수 있는 거지. 어때? 같이하는 거다."

대로가 확신에 차서 주먹을 불끈 쥐자 두 친구도 그러자고 했다. 지한은 카페에 들어오면서 의기투합하는 세 젊은이를 봤다. 지한이 그들에게 무슨 다짐을 그렇게 하느냐고 물었다. 그래서 방인이 대로의 목표를 이야기했다.

"여러분이 그런 계획을 세웠다니, 정말 마음이 든든합니다. 여러분이 지은 1호 학교를 빨리 보고 싶네요."

지한이 그들을 보고 흐뭇하게 웃었다.

* * *

대로가 이번에 가는 라오스는 어떤 나라인지 물었다.

"제가 라오스를 가기 전에는 그 나라를 후진국이라고만 생각했어요. 그리고 그곳에 도움을 주러 가기 때문에 무엇인가를 배울 거라고는 생각도 못했어요. 그런데 그곳에서 지내는 동안 제 생각이 얼마나 교만했는지 깨달았어요. 육체가 가난하다고 해서 정신까지 가난한 것은 아니었는데, 그런 어리석은 생각을 잠깐이라도 한 자신이 부끄러웠어요."

세 친구는 지한의 말을 이해할 수 없었다.

"라오스에서 무엇인가를 배웠다고요? 더군다나 그 나라는 사회주의 국가잖아요."

대로가 의아해했다.

"여러분은 보통 제대로 된 저녁 식사를 몇 시에 하나요?"

그들은 왜 지한이 저녁 식사에 대해 묻는지 궁금했다.

"저는 카페하면서 저녁다운 저녁을 먹은 게 언제인지 모르겠네요. 대로는 퇴근하고 집에 가면 8시쯤 어머님이 식사를 챙겨주시지? 야근할 때는 다르겠지만. 명환이는 규칙적인 식사와 거의 담을 쌓고 살아요."

지한은 방인의 대답에 그들의 모습을 안타까워했다.

"행복지수 1위인 나라는 어디일까요? 2016년 국제연합^{UN}에서 발표한 행복지수 1위는 덴마크였어요. 그리고 유럽신경제재단^{NEF}에서 발표한 행복지수 1위는 코스타리카예요. 우리나라는 80위였어요. 그리고 예전부터 행복지수 1위라고 하면 부탄을 많이 거론했지요. 조사 기관에 따라 1위가 다르긴 해도 각 기관에서 발표가 1위의 공통점이 있어요. 그것은 그 나라 사람들이 편안함, 따뜻함, 안락함 등을 추구한다는 거예요. 이런 덴마크 사람들의 문화적 정체성을 의미하는 단어가 바로 '휘게 라이프'예요. 휘게^{hygge}는 덴마크말로 편안함, 따뜻함, 안락함을 뜻해요. 덴마크 사람들은 가족이나 친구와 보내는 소박하고 여유로운 시간이나 일상 속 작은 즐거움, 편안한 환경에서 행복을 느낀대요. 그리고 그것을 휘게라고 부르지요. 부탄은 어떨까요? 부탄은 하루를 셋으로 나눠 여덟 시간은 일하고 여덟 시간은 자신, 가족, 공동체를 위해 사용하고 나머지 여덟 시간은 건강을 위해 수면할 것을 권하고 있어요. 우리나라에서는 상상하기 힘든 일이지요. 이런 방침에 따라 부탄에서는 공무원을 포함해 모든 공공기관의 직원들은 오후 5시가 되면 '칼퇴근'을 해서 자기 삶을 즐겨요. 라오스 국민들도 그래요. 그들도 저녁이 있는 삶을 살아요. 그들은 저녁 8시가 되면 직장에서 다들 집으로 돌아가요. 왜냐하면 돈과 직장보다 가정을 더 소중히 여기기 때문이에요. 그들은 돈을 많이 버는 것보다 사람이 행복하게 사는 것을 더 중요하게 생각해요. 가난해서 무엇보다 돈이 중요할 줄 알았는데 가족과 지내는 행복을 가장 중요시 여기는 모습이 좀 놀랍더라고요. 라오스 사람들보다 훨씬 잘사는 우리나라 사람들은 어떤가요? 행복하게 살려고 분명 노력을 하는데 전혀 행복해 보이지 않아요. 어찌 보면 라오스는 정신적인 면에서 우리보다 더 선진국일수도 있어요. 행복지수 1위였던 부탄의 경우를 보더라도 물질적 부가 행복의 척도를 말하는 것은 아니란 걸 알 수 있어요."

"행복하기 위해 노력을 한다면 분명 행복해야 하는데 왜 사람들의 표정은 그렇지 않은 걸까요? 자기가 원하는 것을 얻기 위해 노력하면 힘들어도 즐거운 것이 아닐까요? 그런데 우리나라 사람들은 즐거워 보이지 않아요."

대로 말에 명환이도 한마디 했다.

"행복의 기준은 사람마다 다르겠지만 행복을 얻기 위해 노력하는 모습이 즐거워 보이지 않는다면 그것은 행복의 목적을 잘못 설정한 것이 아닐까요? 예를 들어 정신적 행복을 추구하는 것이 아니라 행복의 목적을 물질로 잡은 거지요."

방인이 그럴 수도 있겠다고 했다.

"라오스에 가면 봉사만 하는 것은 아니에요. 자유 시간도 있어서 개인 활동을 할 수 있어요. 그때 저는 봉사자들에게 라오스의 자연을 맘껏 즐기라고 해요. 자연 속에서 놀면서 우리나라에서는 정신없이 사느라 잃어버린 여유를 찾았으면 좋겠어요. 봉사를 하면서 느낀 것은 봉사를 하면 내가 무엇인가를 받는다는 거예요."

"무엇을요? 봉사하러 간 사람이 받을 게 있나요? 주고 오는 거지. 너무 힘들어서 열을 받나? 아니면 그들이 고맙다고 선물을 준비해두나요?"

방인의 말에 지한이 웃었다.

"일종의 선물을 받아요. 만약 여러분이 봉사를 할 때 누군가를 도와준다고 생각한다면 그건 진정한 봉사가 아니에요, 계몽이지. 여러분이 결코 그들보다 위에 있는 사람이 아니잖아요? 동등한 사람이지. 누군가를 부러 일깨울 수는 없는 것 같아요. 깨우침이란 내가 준다고 해서 상대가 느끼는 건 아니니까요. 상대가 먼저 느껴야 깨우칠 수 있지요. 나는 너희보다 잘 살아. 그리고 나는 너희보다 더 많은 것을 배웠지. 그러니 내가 하는 방식대로 너희는 따라와야 해. 이런 식의 태도로 누군가를 돕는다는 건 하지 않느니만 못해요. 성인들이 우리에게 한 이야기를 생각해보세요. 오긍에서부터 토머스 모어까지 어느 누구도 우리에게 이렇게 살라고 강요하지는 않았잖아요. 다만 우리가 그들의 말씀을 보고 듣고 생각한 후에 지금처럼 살면 안 되겠구나 깨달아서 행동에 변화를 보이는 거잖아요. 또 성인들의 말씀을 아무 때나 듣는다고 깨달음이 생기지는 않아요. 깨달음도 다 때가 있는 것 같아요."

지한이 대로를 보고 부드럽게 미소를 지었다. 대로는 너무 부끄러워 얼굴이 화끈거렸다. 지금까지 봉사활동을 할 때마다 그는 자기가 대단한 사람인 양 생각하고 행동했으며 이번에도 라오스 아이들에게 반드시 도움을 주고 오리라 다짐했었다. 그런데 자기가 뭔가를 주는 입장이 아니라 받는 입장이라니. 그동안 자기의 잘못된 생각에 화들짝 정신이 났다.

'또 문사철 책을 읽었다고 자만에 빠졌어. 다시 '정의의 사도 병'이 도진 줄도 몰랐네. 내가 그동안 무슨 정신으로 봉사를 한 거야.'

그와 함께 했던 복지관 아이들의 해맑은 얼굴이 스쳐갔다.

'어른이라고 훈계나 하고. 내가 진짜 어른이야? 나도 라오스 아이들에게 무엇인가를 받고 싶다.'

"봉사활동이 뭐라고 생각하세요?"

"사람과 사람이 소통하는 시간이요?"

방인이 말했다.

"행복해지는 시간이요?"

명환이도 말했다. 아무 말도 않고 있던 대로가 입을 뗐다.

"나를 키우는 시간이요?"

지한이 고개를 끄덕였다.

"소통, 행복해지는 시간 다 맞아요. 그리고 내가 성장하는 시간."

"그래서 선생님께서 문사철의 마지막 과정을 봉사라고 하신 거군요. 봉사는 사람을 사랑하는 마음이 바탕이 되어야 시작할 수 있는데 문사철의 기본 사상도 '사랑'이잖아요. 그리고 봉사에는 사람과의 소통이 있어요. 문사철에서 말하는 내용도 결국 인간관계에 관한 것이지요. 우리는 봉사를 하는 동안 그들과 힘들고 즐거운 시간을 보내며 행복을 느낄 수 있지요. 그리고 그 모든 것들을 통해 내가 성장할 수 있어요."

대로의 말에 지한과 두 친구는 크게 공감을 했다. 지한은 세 젊은 이의 열린 사고에 감탄하며 그들의 변화에 무한한 박수를 보냈다.

'명심하자, 제갈대로. 봉사는 내가 누군가를 돕는 것이 아니다. 내가 누군가를 도우러 갔다는 것은 내가 그에게서 정신적인 도움을 받는다는 것이다. 아, 이렇게 해서 내가 진짜 사람이 되어가는 거구나. 이게 바로 인간다운 삶이야.'

대로는 가슴이 벅차올랐다.

* * *

지한이 그들에게 각각 책 두 권씩을 주었다.

"《굶주리는 세계, 어떻게 구할 것인가?》Destruction Massive》와 《인간의 길을 가다.Retournez Les Fusils!》?"

그들이 소리 내어 책 제목을 읽었다.

"이 글을 쓴 장 지글러Jean Ziegler는 스위스에서 태어났으며 2000년부터 2008년 4월까지 유엔 인권위원회 식량특별조사관으로 일했어요. 그리고 현재 유엔 인권위원회 자문위원을 맡고 있지요. 그는 《왜 검은 돈은 스위스로 몰리는가La Suisse Lave Plus Blanc》를 출간하고 연방의회 의원 면책 특권을 박탈당했어요. 그리고 그 책이 나온 후 고소, 고발, 목숨의 위협을 받고 있지만 지금도 그는 신념을 가지고 진실을 알리는 데 여념이 없지요. 《굶주리는 세계, 어떻게 구할 것인가?》는 그가 유엔 인권위원회 식량특별조사관이었을 때 있었던 일을 바탕으로 쓴 거예요. 이 작품을 읽고 느낀 공포감은 이루 말할 수가 없어요. 우리의 편의를 위해 이렇게까지 약자에게 잔인한단 말인가? 우리 개인이 기아 문제에 직접적인 영향을 미친 것은 아닐지라도, 이 책을 읽고 나면 우리 역시 지구촌 내 불평등과 빈부격차의 가해자라는 것을 확인하게 되지요. 말 없는 방관자랄까? 이 책을 읽고 나면 세계 기아 문제가 단순히 식량이 없어서 생긴 일이 아니라는 것을 알게 될 거예요. 그리고 읽는 내내 마음이 불편할 거예요. 하지만 참고 끝까지 읽었으면 좋겠어요. 그리고 장 지글러의 신념에 감탄만 할 것이 아니라 지구라는 공동체의 한 일원으로 앞으로 어떻게 살아야 할지 깊이 고민하고 실천하길 바랍니다."

세 친구에게 밥은 필수조건이 아니었다. 먹고 싶으면 먹고, 먹기 싫으면 먹지 않아도 되는 선택이었다. 그런데 그들이 메뉴판을 보며 음식의 종류를 고르는 단 1분 만에 세계 곳곳의 아이들이 죽어간다는 사실을 알고 경악을 했다. 죄 없는 아이들이 1분에 열두 명 죽어가는 동안 자신이 그들을 방치하고 있었다고 생각하니, 너무나 미안한 마음이 들었다.

"분위기를 이렇게 무겁게 만들려고 한 것은 아니에요. 이 책의 내용이 기아의 절망적 상황을 보여준 것은 사실이지만 그렇다고 희망이 없는 것은 아니에요. 그는 기아와 맞서 싸우는 국제기구 활동가를 비롯해 '브라질의 땅 없는 농민들의 연대', 국제 농민운동 단체인 '비아 캄페시나', '기아대책행동' 등을 언급하며 희망을 얘기하고 있지요. 그러니 여러분, 그렇게 심각한 표정은 제발 풀어요."

지한의 말처럼 그들은 애써 미소를 지었다. 방인이 화제를 바꿔

지한에게 물었다.

"《인간의 길을 가다》는 어떤 내용이에요?"

"이 책은 세계 시민으로 살아가는 데 도움이 되는 지침서와 같은 책이에요. 장 지글러는 그에게 지적 원동력이 되었던 루소, 마르크스, 그람시 등의 삶을 이 책에서 재조명하고 있어요. 아마도 이들의 사상이 장 지글러가 지치지 않고 불평등과 맞서 싸우게 하는 사회학자로 만들었을 거예요. 이 글을 읽고 나면 이번에는 이런 생각이 들 거예요. '나는 지식인인가? 만약 내가 지식인이라면 시대를 위해서 어떤 일을 해야 하는가?' 이 책은 여러분에게 이런 질문을 할 거예요. 잘 생각했다가 다 읽고 스스로에게 답해보세요."

세 친구는 의미심장한 표정으로 고개를 크게 끄덕였다.

"장 지글러는 남에게 가해지는 비인간성은 결국 자신의 인간성도 파괴한다는 칸트의 말을 인용하며 지글러 자신은 세상이 아무리 어지럽게 흘러가고 그런 세상을 인간이 만들었다고 해도 인간에게서 길을 찾겠다고 다짐하죠. 저도 짧은 시간 동안 여러분을 만나면서 여러분 사이에 난 길을 봤어요. 장 지글러가 본 길도 이와 비슷할 거라고 생각해요. 그래서 저는 여러분 사이에 난 길을 따라가보려고요. 저와 동행하시겠어요?"

지한의 눈빛은 한없이 깊고 맑았다. 대로는 생각했다. 그의 말대로 자기들 사이에 길이 나 있다면 그 길을 지한과 가보고 싶었다. 설령 그 길이 무성한 잡초와 가시넝쿨로 뒤덮여 있을지라도. 세 친구는 미소를 지으며 그러겠다고 다짐했다.

인천국제공항은 해외로 나가려는 사람으로 북새통을 이뤘다. 대로는 일행에서 떨어질세라 주변도 돌아보지 않고 지한만 뚫어져라 봤다. 잔뜩 긴장한 대로를 본 지한이 웃으면서 그의 어깨를 톡톡 쳤다. 그리고 한곳을 가리켰다. 대로는 그가 가리킨 곳을 봤다. 주리가 뛰어오고 있어요. 대로는 일행도 아닌 주리를 보자 깜짝 놀랐다. 그녀가 지한에게 인사를 하고 대로 앞에 서서 숨을 몰아쉬었다. 대로는 들고 있던 물을 건네주며 손으로 부채질을 해주었다.

"난, 벌써 들어갔으면 어쩌나 해서 막 뛰어왔는데, 다행이에요."

그녀가 그를 보고 활짝 웃었다.

"방인 씨하고 명환 씨가 해외 처음 나가는 대로 씨한테 엄청 겁을 줬다며, 아마 잔뜩 겁을 먹었을 거라고 하면서, 저더러 공항에 나가보라고 어찌나 등을 밀던지……. 일주일 나가는 건데, 남들이 알면 이민 가는 줄 알겠어요."

"그래서 나 걱정하지 말라고 여기까지 나왔어요? 이 황금 같은 휴일에요?"

대로가 주리를 보고 웃었다. 순간 그녀의 얼굴이 발그레해졌다. 대로는 그녀의 얼굴을 빤히 봤다. 그러고는 주리를 꼭 안아주었다.

"고마워요, 이렇게 와줘서. 그리고 내가 문사철 세계를 여행할 수 있었던 것도 다 주리 씨 덕분이에요. 그것도 고마워요."

"대로 씨가 모르는 것 같아서 얘기하는 건데요. 실은 내가 문사철에 빠진 것은 대학생 때 본 어떤 남학생 때문이었어요. 그때 교양과

목으로 문사철을 들었는데 거침없이 교수님한테 질문하는 한 남학생한테 반했거든요. 그리고 그 남학생이 좋아하는 문사철이란 어떤 내용인지 궁금해서 그때부터 공부를 했어요. 그때 제 교양 과목 교수님이 황희 선생님이었어요."

주리의 말에 대로가 너무 놀라 눈을 크게 뜨고 그녀를 뚫어지게 봤다. 주리는 너무 예전에 있었던 일이라 그간 얘기하지 않았다고 했다. 그리고 우연인지 필연인지 대로를 회사 입사 동기로 다시 만나서 정말 반가웠다고 했다. 대로의 가슴이 마구 방망이질을 해댔다. 그는 알아보지 못해서 미안하다고 했다. 그러고는 그녀의 손을 덥석 잡았다.

"다음에는 해외 봉사활동 같이 가요. 네? 꼭이요!"

주리가 웃으며 천천히 고개를 끄덕였다. 같이 있던 일행들이 커플 탄생이냐며 환하게 웃으며 박수를 쳤다.

주리와 헤어져 비행기에 오르는 내내 대로는 떨리는 마음을 주체할 수가 없었다. 주리 때문인지, 라오스라는 나라 때문인지 알 수가 없었다. 좌석에 앉자마자 그는 가방에서 책 두 권을 꺼냈다. 한 권은 《굶주리는 세계, 어떻게 구할 것인가?》이고 다른 한 권은 《인간의 길을 가다》였다. 대로는 이번 라오스행을 준비하면서 이 책들을 읽었다. 읽는 내내 느꼈던 뜨거운 감정에서 벗어날 수 없어 여행길에도 굳이 챙겨 든 것이다.

그는 두 권의 표지를 보며 사진으로 봤던 라오스 어린이들을 떠올렸다. 그리고 앞으로 그 꼬마 스승님들에게 무엇인가를 배우고 받을 생각을 하니 마음이 몹시 설렜다. 진정한 공부는 이제 시작이라고

생각했다. 소리 없이 그러나 강하게 대로의 마음속에서 자기 혁명의
기운이 소용돌이치고 있었다.

文史哲

부록

일상에 지혜를 더하는
리딩멘토의 추천도서

정관정요

오긍 저 | 김영문 역 | 글항아리 | 2017년 1월

중국의 황금기를 이끌었던 당 태종 23년 치세 동안의 정치 토론 기록을 담은 《정관정요》
는 '리더십의 영원한 고전'이라고 불린다. 군주와 신하 간에 치열하게 주고받은 토론의 기
록인 만큼 국가의 시스템에서부터 공직자의 마음가짐에 대한 중요한 통찰을 얻을 수 있
다. 특히 소통을 중요하게 생각하는 리더로 성장하고 싶다면 반드시 읽어야 할 필독서다.
당시 사관이었던 오긍은 당 태종 사후 20여 년 뒤에 태어났으나 당 태종과 신하들이 나
눈 문답의 기록을 보고 후세 제왕들이 본으로 삼기를 바라는 간절한 마음으로 이 책을 저
술했다. 격을 갖추면서도 격에 얽매이지 않는 대화는 지금 이 시대의 이야기라고 불러도
좋을 만큼 생생한 시대성을 담보하고 있다.

국가

플라톤 저 | 천병희 역 | 숲 | 2013년 2월

국가의 정의란 무엇인가? 인간은 어떻게 살아야 하는가? 굵직한 정치적·사회적 사건을
겪을 때마다 떠올리는 질문일 것이다. 《국가》는 플라톤이 인간의 올바른 삶과 국가의 정
의를 실현하는 방법을 고민한 결과물이다.
플라톤은 귀족 집안에 태어나 정치에 뜻을 두었지만 스승이었던 소크라테스의 죽음에 영
향을 받고 철학자의 길을 걸었다. 《국가》는 단순히 철학적인 담론으로 그치지 않고 형이
상학, 윤리학, 교육, 경제, 종교, 예술 등 인류가 나눌 수 있는 거의 모든 주제를 풍성하게
담고 있다. 지루하고 어려울 것이라는 생각은 버리자. 그것이야말로 선입견이다. 널리 알
려진 '동굴의 비유'와 영화 〈반지의 제왕〉이 영감을 얻은 '귀게스의 반지' 이야기에 대한
대목 등 읽을거리도 쏠쏠하다.

단테의 신곡

단테 저 | 다니구치 에리야 편 | 양억관 역 | 황금부엉이 | 2016년 1월

신곡은 장편 서사시다. 산문이 아니기 때문에 서사시의 호흡으로 읽어야 제 맛을 알 수

있다. 사후 세계인 지옥, 연옥, 천국을 여행하는 이야기인데 중세의 시대상을 날카롭게 풍자하는 동시에 인간의 욕망과 구원의 문제를 심도 있게 다루고 있다. 훌륭한 가문에서 태어난, 명석한 두뇌와 풍부한 감성의 소유자였으나 정치적 이유로 피렌체에서 추방당한 단테는 이후 자신의 모든 역량을 이 작품에 쏟아부었다. 프랑스의 국민적인 일러스트레이터 구스타브 도레의 그림을 볼 수 있는 것은 또 다른 호사다.

다니구치 에리야의 해설은 작품을 이해하는 데 도움이 되지만 엮은이의 입김 없이 원작을 묵직하게 읽고 싶다면 민음사에서 나온 세 권 세트를 권한다.

논어

공자 저 | 김형찬 역 | 홍익출판사 | 2016년 2월

《논어》는 현장에서 태어난 말을 엮은 책이다. 그렇기에 대화가 살아 있다. 공자가 직접 한 말은 물론 공자와 제자 사이의 대화, 공자와 당시 사람들의 대화, 공자의 말에 대한 제자들의 말을 모은 것이기에 공자와 관련된 모든 '말'의 기록이라고 할 수 있다. 제자들이 각각 기록해놓은 것을 공자 사후에 논의하고 편찬했다.

고전 중의 고전이라고 불리는 책이지만 처음 읽을 땐 내용이 제각각 떨어져 있어서 긴밀하게 하나로 이어진다는 느낌을 받지 못할 수도 있다. 질문하는 사람이 누구냐에 따라 공자의 대답이 달라지기 때문이다. 그러나 반복해서 읽다 보면 어느 순간, 각기 다른 강물이 흐르고 모여 바다로 가듯 거대한 흐름을 깨닫게 된다. 모든 고전 중에서 단 한 권만 꼽으라면 단연 《논어》를 선택하고 싶다.

소크라테스의 변명

플라톤 저 | 강철웅 역 | 이제이북스 | 2014년 12월

화이트헤드는 "서양 철학은 플라톤 철학의 각주에 불과하다"고 했지만 소크라테스가 없었다면 플라톤 철학은 시작조차 못했을 것이다. 《소크라테스의 변명》은 플라톤 철학의 출발점이며 철학의 알파와 오메가를 보여주는 책이라고 할 수 있다. 기원전 399년 불경죄와 젊은이를 타락시킨 죄로 고발당한 소크라테스가 재판에서 한 말을 읽다 보면 소크라테스는 한 사람의 이름이라기보다 삶의 방식을 나타내는 말이라는 것을 깨닫게 된다.

한 가지 덧붙이자면 원제에 쓰인 아폴로기아(apologia)를 번역하는 문제를 두고 변명으로 할 것이냐 변론으로 할 것이냐 학자들 사이에 논쟁이 오가기도 했는데 양쪽의 아폴로기아로 해석해보는 것도 독자 입장에서는 꽤나 재미있을 것이다.

_____

중용
자사 저 | 동양고전연구회 역 | 민음사 | 2016년 8월

중용을 누가 썼느냐를 두고 한때 의견이 분분했지만 공자의 손자인 자사가 썼다는 것이 거의 정설로 굳어졌다. 《중용》은 하늘과 인간의 관계, 인간과 인간의 관계, 인간과 사회의 관계를 설명한 책이다. 그러나 여기에 그치지 않고 인성의 근원을 밝힘으로써 사람은 하늘로 돌아간다는 성인의 도에까지 확장해서 말하고 있다. 일생을 지상에 속한 존재인 인간을 한시적 존재로 보지 않고 시간적·공간적으로 확대해 더 넓고 깊은 존재로 본 것이다.
영화 〈역린〉에 나왔던 명대사 "작은 일도 무시하지 않고 최선을 다해야 한다. 작은 일에도 최선을 다하면 정성스럽게 된다. 오직 세상에서 지극히 정성을 다하는 사람만이 나와 세상을 변하게 할 수 있는 것이다"는 《중용》 23장에 나오는 내용이다. 치열한 삶의 현장에서 살아남는 것을 넘어 성장하고 성공하길 원한다면 일독을 권한다.

_____

역사
헤로도토스 저 | 김봉철 역 | 길 | 2016년 12월

이 책은 두 가지 면에서 놀라움을 선사한다. 하나는 방대한 정보량이고 또 하나는 예술성이다. 특히 테르모필레 전투와 살라미스 해전에 대한 묘사는 블록버스터 영화의 장면들을 상상하게 할 정도의 웅대한 스케일과 박진감 넘치는 표현으로 넘쳐난다.
그러나 이 책을 읽는 진짜 묘미는 작가의 시선을 그대로 따라가지 않고 뒤틀어보는 데 있다. 그리스인이었던 헤로도토스의 시각으로 그리스와 페르시아 사이에 일어났던 전쟁을 평가한 기록을 그대로 받아들일 수는 없기 때문이다. 비슷한 예를 들자면 임진왜란을 놓고 조선과 일본의 입장은 확연히 다르지 않겠는가? 역사란 무엇이며 승자의 기록으로 남겨진 역사를 어떻게 볼 것인가? 역사를 생각할 때 균형 잡힌 시각이 절실하게 요구되는 이유다.

사기

사마천 저 | 김원중 역 | 민음사 | 2015년 12월

흔히 말하기를, 진시황이 중국 영토를 통일했다면, 사마천은 관념적으로 중국을 통일했다고 한다. 그만큼 《사기》가 미친 영향력은 막대하다고 볼 수 있다. 본기, 열전 등 총 130편으로 이루어져 있으며, 시간적으로는 상고(上古) 시대부터 한나라 무제 때까지, 공간적으로는 중국과 주변의 나라들까지 다루었다.

《사기》가 뛰어난 역사서인 것은 틀림없다고 해도 헤로도토스의 《역사》와 마찬가지로 서술자의 관점에 대한 문제는 여전히 남는다. 사마천은 뼛속까지 한나라 사람이었으니 한나라 중심의 서술일 수밖에 없을 것이다. 한나라와 조선(고조선)의 영토를 둘러싼 고대사 논쟁의 촉발이 된 '패수(浿水)'가 처음 등장한 것도 사기 조선열전이다. 균형 잡힌 시각으로 역사를 살펴본다는 것이 얼마나 어려운 일인지 알면 우리 또한 다른 나라의 역사에 대해서도 함부로 말하지는 못할 것이다. 이것은 고스란히 나와 타자와의 관계에도 적용된다. '나' 중심주의는 '타자'를 주변인으로 만들 위험이 다분하기 때문이다.

시골빵집에서 자본론을 굽다

와타나베 이타루 저 | 정문주 역 | 더숲 | 2014년 6월

자본주의의 최대 목표는 '이윤을 남기는 일'일 것이다. 그러나 인류의 놀라운 발명품일지도 모르는 자본주의는 언제부터 '적절한 선'을 넘어 부도덕하고 비윤리적인 상황이 되기 시작했다. 노동자들의 기름과 피로 이루어진 그들만의 피라미드가 된 것이다.

그런데 여기 이윤을 남기지 않겠다고 선언한 경영자가 있다. 그가 지닌 야심은 자본주의 자본가의 야심과는 전혀 다른 것이다. 세상이 요구하는 성공 잣대를 버리고 자신의 방식대로 만든 빵을 통해 지역경제를 활성화하겠다는 야심이다. 장사를 하면 이윤을 남겨야 한다는 기존의 생각에 통쾌한 펀치를 날린다. 발효와 순환에 대한 통찰만으로도 읽을 만한 가치가 있다.

돈키호테

미겔 데 세르반테스 사아베드라 저 | 안영옥 역 | 열린책들 | 2014년 11월

'니체 이후 최고의 작가'라 불리는 에스파냐 철학자 호세 오르테가 이 가세트는 돈키호테
를 통해 '세상 속에서 새로운 의미를 부여하며 진정한 자기 자신을 찾는 길'을 탐색했다.
돈키호테를 꿈만 꾸는 망상가로 치부하면서 비웃는 사람도 있을 테지만 책을 읽고 나면
삶을 휘젓는 두 가지 질문에 휩싸인다. 생각만 하면서 살 것인가? 행동하는 인간으로 살
것인가?
오르테가의 말을 빌려 답하자면 이렇다. "우리는 우리가 준비되어 있을 때까지 우리의 삶
을 정지시켜 놓을 수 없다. 삶이 가지는 가장 큰 특징은 바로 그것의 강제적인 힘이다. 삶
은 언제나 몰아치는 것이고 어떠한 유예의 가능성도 없는 '지금' '여기'인 것이다." 지금
여기에서 어떻게 살 것인가는 각자의 선택에 달려 있을 것이다.

————

불찬성의 디자인

밀턴 글레이저 · 미르코 일리치 저 | 박영원 역 | 지식의숲 | 2006년 4월

세계의 사회적 · 정치적 사건에 관련된 디자인을 해설한 책인데 내용은 정말로 제목 그대
로다. 불찬성의 주제는 다양하다. 인종, 총기, 전쟁, 인권, 미디어 등 지금도 세계 곳곳에
서 일어나는 불합리하고 부조리한 일에 대해 반대를 외치고 있다.
다양한 사회 문제를 볼 때마다 늘 딜레마에 빠진다. 세상을 더 행복하게 하려면 어떻게
해야 할까? 디자인 혹은 예술이 과연 쓸모가 있는가? 소수의 유희가 아닌가? 이 책에 한
가지 답이 쓰여 있다. "예술은 사람만을 변하게 할 수 있다. 하지만 사람은 모든 것을 변
하게 한다." 나 또한 이 말에 찬성한다.

————

방법서설

르네 데카르트 저 | 이현복 역 | 문예출판사 | 1997년 10월

《방법서설》은 데카르트 자신이 강조하고 있듯이 누구를 '가르치기 위해' 쓴 글이 아니라
진리 탐구를 위해 자신이 설정한 방법과 결과에 이르는 과정을 '보여주기 위해' 쓴 글이

다. 이 책의 가장 유명한 구절은 "나는 생각한다. 고로 존재한다"일 것이다. 재미있는 것은 이 책이 철학 고전과 과학 고전의 반열에 동시에 올라 있다는 것이다. 읽을 때 용어를 명확히 파악하고 이해하면 도움이 될 것이다.

누누이 말하지만 과연 내가 이 위대한 책을 이해할 수 있을까 겁먹을 필요는 없다. 정말로 '생각'보다는 읽을 만하기 때문이다. 그래도 철학과는 거리가 멀고 과학과는 더더욱 거리가 먼 자신의 독서력이 미덥지 않다면 《만화 데카르트 방법서설》(주니어김영사)로 먼저 접근하는 것도 추천한다.

걸리버 여행기

조너선 스위프트 저 | 신현철 역 | 문학수첩 | 2000년 5월

풍자문학의 걸작 《걸리버 여행기》를 읽고 나면 '인간이란 무엇인가?' 하는 회의가 들지도 모른다. 그만큼 신랄하게 인간을 풍자하고 있기 때문이다. 하지만 풍자야말로 인간이 지닌 독특한 재능이다. 나는 누군가 자신을 풍자의 대상으로 삼을 줄 안다면 그는 건강한 인간이라고 믿는 편이다.

이 책의 진수를 제대로 맛보고 싶다면 반드시 어린이 책 말고 어른용으로 나온 두툼한 책을 읽을 것을 권한다. 줄거리만 파악하는 독서만 피한다면 우리가 지금 살고 있는 세상과 인간에 대한 깊이 있는 성찰을 하게 될 것이다. 단, 밤에는 독서를 하지 않는 게 좋다. 한번 읽으면 손에서 놓을 수 없는 흡입력이 있기 때문이다.

로빈슨 크루소

다니엘 디포 저 | 김병익 · 최인자 역 | 문학세계사 | 2004년 10월

근대소설의 출발점으로 일컬어지는 《로빈슨 크루소》는 영화, 애니메이션, 현대소설부터 경제학 이론에 이르기까지 오늘날에도 다양한 장르에서 재생산되고 있다. 원제는 《요크의 선원 로빈슨 크루소의 생애와 신기하고 놀라운 모험》인데 제목이 스포일러인 셈.

무인도라는 극한의 상황 속에 불굴의 의지를 지닌 주인공의 영웅적 행적만이라고 하기에는 어딘지 찜찜하다. 식민주의, 노예제도, 인종차별, 문화차별 등 책 곳곳에 생각할 거리가 많기 때문이다. 그래서 부모와 아이가 함께 토론하며 읽으면 더 좋은 책이다.

목민심서

정약용 저 | 이계황 편 | 제이프로 | 2012년 6월

워낙 방대한 저작이라 시중에서 구입해서 읽을 수 있는 것은 거의 요약본이다. 수령의 역할을 고양이 털 고르는 것보다 더 세밀하게 적어두어 이런 지침을 따라 공직자가 되면 나도 훌륭한 공직자가 될 수 있지 않을까 하는 망상에 잠시 잠겨본다. 공직자의 필독서라고도 하지만 과연 이 책을 읽은 공직자는 몇 명이나 될지 궁금하기도 한다.

마음에 가장 와 닿는 부분 하나. 제2편 율기(律己)6조 제1조 칙궁(飭躬)에 나오는 대목이다. "공무에 여가가 생기면 반드시 정신을 집중하여 고요히 생각하며 백성을 편안히 할 방책을 헤아려 지성으로 최선의 방법을 강구해야 한다." 좀 더 자세히 읽고 싶은 분에게는 창비에서 나온 여섯 권짜리 《역주 목민심서》를 권한다.

유토피아

토머스 모어 저 | 주경철 역 | 을유문화사 | 2007년 06월

《유토피아》는 작가가 라파엘 히슬로다에우스라는 포르투갈 선원을 만난 이야기다. 라파엘이라는 허구의 인물을 통해 현실을 비판하고 새로운 사회의 모습을 그리고 있다. 라파엘은 신세계를 여행하던 중 유토피아 섬에서 5년간 지내다 왔다. 그 섬은 평등하면서도 풍요로운 이상세계다. 아이러니하게도 이상세계에 대한 묘사를 통해 거꾸로 현실의 부조리한 모습을 깨닫게 된다.

비록 한 권의 책이지만, 이 책을 읽다 보면 그 힘이 얼마나 강한지 느끼게 된다. 내가 서 있는 '지금 여기'를 돌아볼 수밖에 없기 때문이다. 정의란 무엇일까? 인간을 행복하게 하는 공공선은 무엇일까? 이것은 과연 실현가능한 것일까? 질문은 던지는 자의 몫이지만 실천은 언제나 우리의 몫이다.

순수이성비판

임마누엘 칸트 저 | 백종현 역 | 아카넷 | 2006년 6월

누군가는 이 책에 대해 이렇게 말했다. 읽지 못해도, 이해하지 못해도, 서재에 꽂혀 있어

야 하는 책이라고. 처음 이 책을 읽기 시작했을 때 목차만 보고도 질려서 조신하게 덮었던 기억이 있다. 그러니 솔직히 고백하겠다. 이 책을 읽었으나 완벽히 이해하지는 못했다고. 일부 이해를 했으나 제대로 된 이해인지 확신할 수 없노라고.

그럼에도 불구하고 이 책을 왜 읽어야 하냐면 이 책을 통해서야 비로소 "인간은 무엇을 알 수 있는가?" "나는 무엇을 알 수 있는가?"라는 질문을 하게 되었기 때문이다. 문사철은 질문에서 시작한다. 그리고 그 질문에 대한 답을 항상 찾을 수 있는 것은 아니다. 질문을 던지고 그 과정을 찾아가는 데 의미가 있기 때문이다.

실천이성비판

임마누엘 칸트 저 | 백종현 역 | 아카넷 | 2009년 08월

칸트를 생각하면 이런 상상을 하게 된다. 그는 내면에 도덕률이라는 거대한 밤하늘을 지니고 있고, 그 밤하늘의 별들은 한 치 오차도 없이 정확하게 운행하지 않았을까? 그리고 상상은 또 이렇게 이어진다. 우리 안에도 완전무결한 도덕률이 있어 그에 따라 행동할 수 있다면 이 세상은 좀 더 나은 곳이 되었을까?

책의 내용을 다 이해하지는 못했다 해도 처음으로 자신의 이성에 대해 다시 생각해보게 되었다면 그것으로 되었다. 그래서 이 책이 던지는 질문은 다음과 같다. "인간은 무엇을 해야만 하는가?"

판단력비판

임마누엘 칸트 저 | 백종현 역 | 아카넷 | 2009년 05월

《순수이성비판》《실천이성비판》과 함께 칸트의 3대 비판서인 《판단력비판》은 미학에 대한 비평서이다. 《순수이성비판》이 형이상학과 인식 이론에 관한 문제를 다룬 '진(眞)'에 해당한다면, 《실천이성비판》은 실천철학의 근본 문제를 다룸으로써 선(善)의 문제를 논의했다. 그러니 비판서의 완결작인 《판단력비판》은 당연히 미(美)의 문제를 다뤄야 할 터이다. 그러나 서양철학에서 압도적인 위치를 차지하며 우뚝 솟은 산맥 같은 칸트라 하더라도 개인적인 한계를 지니고 있었다. 스스로 생각하고 자신의 다리로 서라고 사상의 자유를 일갈하면서도 신분적 차별을 인정했다. 심지어 여자가 학문하는 것을 빈정대기도 했다.

산이 높으면 골짜기가 깊다는 말처럼 눈부신 철학적 성취를 이뤘으나 시대성이라는 한계를 뛰어넘지는 못한 것 같다.

홍길동전

허균 저 | 허경진 역 | 책세상 | 2004년 2월

'조선이 낳은 천재 중의 천재' '조선 최고의 감식안을 자랑하는 시 비평가이자 시인'이라는 수식어가 전혀 아깝지 않은 허균의 일생은 홍길동의 일생만큼이나 드라마틱하다. 《홍길동전》은 흔히 홍길동이라는 인물에 대한 이야기로 알고 있지만 조선이 처해 있던 각종 문제들을 첨예하게 다루고 있는 사회소설에 가깝다.

율도국이라는 이상향으로 떠나는 마지막 장면을 두고 현실도피로 볼 것인지 반항적 혁명으로 볼 것인지에 따라 전혀 다른 결말이 된다. 또는 홍길동을 영웅으로 볼 것인지 역적으로 볼 것인지에 따라서도 소설은 전혀 다른 주제를 갖게 될 것이다. 나의 관점이나 생각과는 정반대의 입장에 서보는 것. 이 또한 문사철을 바탕으로 한 태도가 아닐까.

자본론

카를 마르크스 저 | 김수행 역 | 비봉출판사 | 2015년 11월

자본주의 세상에서 읽기에는 낡은 책이 아니냐고? 《자본론》은 지금도 읽을 만한 가치가 충분한 책이다. 자신은 사회주의에 관심이 없다고 생각하는 사람, 마르크스는 위험분자라고 생각하는 사람, 제목만 딱 봐도 어려울 것이라고 슬그머니 포기하려는 사람들에게 특히 추천한다. 별책 포함 전 여섯 권으로 된 《자본론》을 일독하는 것만으로도 독서인생에 혁명이 일어날 것이다.

자본론에서 말하는 마르크스의 주장에 동의하거나, 그렇지 않거나 독자의 몫이겠지만 자신이 처한 현실에 실망한 사람이라면 개인적 분노를 어떻게 사회적 힘으로 변화시킬 것인지, 어떻게 주어진 환경에 굴복하지 않고 나아가야 하는지 실천적 방법을 치열하게 고민하길 바란다.

한때 일반인은 이 책을 구할 수도 없었을 뿐더러 번역본이든 해적본이든 갖고 있는 것만으로도 위험분자로 취급받았다. 그런데 마르크스 경제학자의 손에 완간이 되어 제대로 출

간되기까지 했으니 새삼 세상의 변화를 실감하게 된다. 함께 읽으면 좋은 책이 있어 추천한다. 《자본론》 역자가 쓴 《자본론 공부》 | 김수행 저 | 돌베개 | 2014년 8월

_____

굶주리는 세계
프란시스 무어 라페 등저 | 허남혁 역 | 창비 | 2003년 10월

왜 세계의 절반은 굶주리는가? 분명히 먹을 것이 부족해서는 아니다. 누군가의 굶주림이 누군가의 이득이 되는 세상이다. 이 책은 굶주림의 원인이 식량과 토지의 부족이 아니라 민주주의의 부족이라고 말한다. 식량부족이 인구증가나 자연재해 때문이라고 생각하고 있었다면 반드시 이 책을 읽어봐야 한다.

식량 문제는 개인의 문제가 아니라 인류의 문제이며 가장 첨예하면서도 민감한 정치적 문제다. 하지만 이 책이 나를 부끄럽게 하는 이유는 다른 데 있다. 내가 정녕 몰랐던 문제가 아니라 알면서도 모른 척해오던 문제이기 때문이다.

_____

인간의 길을 가다
장 지글러 저 | 모명숙 역 | 갈라파고스 | 2016년 04월

《인간의 길을 가다》는 세계를 종횡무진 누비며 빈곤의 그림자를 파헤친 장 지글러의 인문학적 자서전이다. 굳이 인문학적 자서전이라고 하는 이유는 이 책 자체가 인문학의 근본 질문 즉, "사람은 무엇이며 어떤 존재인가?"를 생각하게 하기 때문이다.

위대한 사상가들이 시대와 어떻게 호흡했는지 숨결을 느낄 수 있을 뿐만 아니라 장 지글러라는 한 인간이 어떻게 행동하는 지식인, 실천적 지식인이 되었는지 그 행보도 알 수 있다. "굶주림으로 죽은 아이는 살해된 아이다." 그의 말에 가슴이 사무친다면 빈곤과 관련된 그의 다른 책 《왜 세계의 절반은 굶주리는가?》《굶주리는 세계, 어떻게 구할 것인가?》《탐욕의 시대》《빼앗긴 대지의 꿈》도 꼭 읽어보길 권한다.

나를 세우는 단단한 힘

문사철

ⓒ 이지성·스토리베리, 2017

초판 1쇄 발행일 2017년 10월 23일
초판 2쇄 발행일 2017년 11월 1일

지은이   이지성 스토리베리
펴낸이   정은영
주간   배주영
편집   최성휘
마케팅   이경훈 한승훈 윤혜은
디자인   서은영 김혜원
제작   이재욱 박규태

펴낸곳   ㈜자음과모음
출판등록   2001년 11월 28일 제2001-000259호
주소   (04083) 서울시 마포구 성지길 54
전화   편집부 (02)324-2347, 경영지원부 (02)325-6047
팩스   편집부 (02)324-2348, 경영지원부 (02)2648-1311

ISBN 978-89-544-3808-7 (03320)

이 도서의 국립중앙도서관 출판시도서목록(CIP)은 서지정보유통지원시스템 홈페이지
(http://seoji.nl.go.kr)와 국가자료공동목록시스템(http://www.nl.go.kr/kolisnet)에서
이용하실 수 있습니다.(CIP제어번호: CIP2017025615)